富山直人 著

古墳時代社会の比較考古学

同成社

目　次

序——本書の目的と視点——　v

第1章　古墳時代における基礎社会の理論的側面
　　　——人・もの・情報の流れをとおして—— ……………………………… 3
　第1節　模倣と社会　3
　第2節　土器づくり　5
　　1　甑と模倣　5
　　2　出合窯の存在について　6
　第3節　自己と社会　6
　第4節　食料の獲得における自己と集団関係　8
　第5節　集団と広域ネットワーク　9

第2章　古墳時代中期の古墳と集落からみた対外交流 …………………… 11
　第1節　播磨における古墳時代中期の政治変動——古墳と渡来人の動向を中心として——　11
　　1　播磨における中期古墳の編年　12
　　2　出土遺物からみた地域内部ならびに中央との関係　19
　　3　畿内周辺の勢力の盛衰——まとめにかえて——　22
　第2節　古墳時代中期における副葬品配置　24
　　1　学史　24
　　2　遺物出土状況　27
　　3　副葬品配置からみた被葬者の性格の変容——まとめにかえて——　32
　第3節　播磨における古墳時代の集落——渡来人の動向を中心として——　34
　　1　集落の基礎的分析と土器様相　34
　　2　流通の変化と集落の盛衰——まとめにかえて——　43
　第4節　摂津・河内の集落と流通経路　51
　　1　摂津の集落構造の分析　51
　　2　河内・和泉の集落の構造分析　57
　　3　古墳時代中期社会の変容——まとめにかえて——　63

第3章　横穴式石室の導入と対外交流 ………………………………………… 69
　第1節　横穴式石室内部の利用実態とその変化過程　69
　　1　石室内の遺物配置　71

2　一須賀古墳群の石室と埋葬の変化　74

　　3　播磨における横穴式石室の遺物出土状況　76

　第2節　九州系石室の検討　84

　　1　芝山古墳　84

　　2　摂津周辺の九州系横穴式石室　94

　　3　九州系石室の分布とその存在意義　98

第4章　横穴式石室からみた地域間交流 ………………………………………………… 101

　第1節　前方後円墳への横穴式石室採用動向　101

　　1　近江　101

　　2　南山城　104

　　3　西摂　105

　　4　播磨　106

　　5　小結　110

　第2節　前方後円墳への石室導入後の状況　111

　　1　大和における石室の変化と前方後円墳　111

　　2　南河内の横穴式石室　142

　　3　中河内の横穴式石室　144

　　4　北河内・淀川流域南岸地域の横穴式石室　148

　　5　山城の横穴式石室　149

　　6　淀川流域北岸の横穴式石室　152

　　7　西摂津の横穴式石室　157

　　8　丹波の横穴式石室　162

　　9　播磨の横穴式石室　165

　　10　大和・河内とその周辺地域との情報の流れ──まとめにかえて──　181

第5章　古墳時代後期の諸段階 ………………………………………………………………… 183

　第1節　大和における石室分布の実態と時間的変化　183

　第2節　大和周辺地域の動向と画期　183

　第3節　群集墳の動向と被葬者　185

　第4節　石室の移入の実態とモデル化　188

　第5節　石室伝播からみた集団関係の実態　189

　第6節　社会復元に向けて　190

　第7節　石室からみた後期古墳時代社会の変化──まとめにかえて──　192

第6章　流通からみた古墳時代社会の発展過程 ……………………………… 195
　第1節　学史　195
　第2節　古墳時代中期古墳からみた集団の諸関係　199
　第3節　集落からみた集団の諸関係　202
　第4節　古墳時代後期の集団の諸関係　203
　第5節　流通経路の変化と社会の諸変革　204

第7章　日本における古墳時代中期の社会
　　　　──海外における社会発展過程との比較研究試論── ……………………… 207
　第1節　集落　207
　　1　黒井峯遺跡　207
　　2　海外の集落──防御機能の発達を中心として──　209
　第2節　古墳　215
　　1　埼玉稲荷山古墳の出土状況の分析　215
　　2　楽浪郡大同江面9号墳　216
　　3　Hochdorf Chieftain Grab（Germany）　216
　　4　Glauberg Grab（Germany）　218
　　5　中央ヨーロッパにおける戦車葬の開始と階層　218
　　6　紀元前3世紀以降のEnglandの埋葬形態　219
　　7　Sutton Common 'marsh-fort'（South Yorkshire）　220
　　8　中央ヨーロッパにおける剣の変化　220
　第3節　地域比較からみた社会発展の様相──まとめにかえて──　221

参考文献　225
挿図表出典一覧　242
初出一覧　246
あとがき　247

序——本書の目的と視点——

　古墳時代の社会は、古墳を中心とした研究によって復元されてきたといっても過言ではあるまい。弥生時代の研究が人びとの暮らしを中心とした題材をもとに優れた研究成果を挙げてきているのに対し、古墳時代では、古墳を中心とした研究、つまり古墳を築ける（築く対象となる）人物の歴史とも言い換えられる。弥生時代から古墳時代への変化は大きな変化と捉えられているが、古墳時代に入ってから人びとの暮らしがどのような変化を遂げたのかについてはいまだ課題は多い。

　その古墳時代は、有力者間の関係を説明することで、古墳時代の概要の説明とされてきた側面がある。さらに、上位有力者層と周囲の有力者層との関係による説明など、中央からの視点が研究の中心であり、周辺地域でも中央との関係性を立証することで論の成立をみる傾向にあった。その関係性を示すうえでは、社会的な威信の獲得が大きな問題として取り扱われた経緯があり、再分配経済の枠のなかで語られてきた研究は多い。

　本書では、これらの研究成果を尊重しつつ、地方の実態を明確にすることで、その独自性と地域がもつ周辺との関係のあり方など新たな視点からみた地域のあり方を復元することをひとつの目的としている。また、古墳時代中期以降の社会変化を集落ならびに古墳双方の観点から、あらためて検討を行う。その場合、地域の中心人物だけにとらわれることなく、一般の集落の動向に目配せを行い民衆史の復元を行うための最大限の努力を払う。個別の集落は、交換経済社会の中に組み込まれているとの観点にもとづき、それぞれの社会の変化によって、流通経路の変化が起こると想定し、流通経路の変化も考察の大きな柱とした。流通の変化は、ものや人や情報の動きの変化として現れると考えられるので、その動向を復元するためのさまざまな方法を試みている。

　また、これまでは海外の研究成果を援用しつつ、日本の古墳時代が初期国家の概念に該当するかどうかの議論に終始してきたが、近年の動向としては、国家への発展過程は地域によってさまざまであることが明らかとなっている。そこで、現時点で日本の古墳時代のどの段階が初期国家段階に該当するかといった議論ではなく、社会発展過程の諸要素をあらためて検証し提示することが重要と考える。その諸要素をアジア諸国などと比較可能な状況とすることが、今後の議論を発展させるうえでもっとも重要な作業となろう。

　本書での古墳時代中期とは、円筒埴輪におけるＢ種ヨコハケの出現以降とし、これ以降の土器を対象とする。集落では須恵器出現以降を対象とする。具体的にはTG232型式以降であり、実年代としては４世紀末以降が対象となる。地域としては現在の近畿地方を研究の対象としている。本書で命題とするのは、古墳ならびに集落、人・もの・情報の動き、流通経路、渡来人をキーワードとして社会の変化を時期的に区分し、そのなかで諸要素の実態を明らかにすることである。具体的には、①渡来人の動向と流通経路の変化の追求、②畿内と播磨の関係について古墳と集落から検証、③集落から格差と複合化を検証しつつ社会を復元、④量的な格差から質的な差に至る変換点の探求、を行っていく。

古墳時代社会の比較考古学

第1章　古墳時代における基礎社会の理論的側面
──人・もの・情報の流れをとおして──

　古墳時代中期は、朝鮮半島からさまざまな資源や技術が大量に入ってきた時代といえる。その技術や資源を獲得できるかどうかは、各地域が他者から管理された状態かまたは開放経済のなかで独自性を保てたかによって大きく意味合いが変わってくる。純粋に閉鎖経済のなかに陥っている地域は対外交流の恩恵や影響を受けず地域の発展性も望めないため、各地域の変化を読み取ることは、各地域の対外交流による恩恵の度合いを量ることにもつながる。

　その意味において、地域の大きな発展と維持には、交換経済の中継地点としての地位を保てるかどうかが重要な意味をもつ。物流の中継地点としての地位を獲得し維持することは、地域内部の経済的発展とともに、周辺地域への物資獲得における優位性を維持することになり、周囲に対する発言力の強化につながる。

　よって、古墳時代中期における対外交流の中継地点としての役割を担った地域を特定し、その地域の独自性を観察することは、古墳時代の社会の枠組みを探るうえで重要な作業となる。

　古墳時代中期は朝鮮半島の技術や文化を模倣するという側面があるが、その模倣自体そう簡単なことではない。いくつかの諸条件によってできに差が生じる。これについて、まず、理論的側面について若干述べることによって解釈の一助としたい。

第1節　模倣と社会

　模倣といえば、タルドの理論がある。タルドの言説を借りれば、「躊躇という個人行為は、『ある模倣の流れと、それとは別の流れに向かう傾向が、彼の内部で交錯する』状態であり、一方の流れを選ぶかれの決断によってこの『個人的対決』が収束すると選択された模倣の流れは別のそれとの『社会的対決』に赴く」（タルド 1890）。これは、人がコミュニケーションを日常的に行っているなかで、常に模倣と否定の選択を行っていることを表している。それゆえ「社会的事実の個人への決定力を強くとればとるほど、個人の自己決定性はあやうくなる。ところが、科学の対象領域としての社会の発見とは、いいかえれば、社会的事実がある規則性・恒常性をもって個人の決定に影響を及ぼしていることの認識にほかならない」。さらには「『一方的な模倣から相互的な模倣への移行』により、模倣の相互化はそれ自体、人々の類似を増大させ、さらなる模倣を生じやすくするので、幾何級数的に人々の均質化を進行させる。その極限をとると、『ある人の精神のなかで何らかのすばらしい創意が生じると、それは模倣をつうじてほぼ一瞬のうちに人類全体へと伝わる』という状況、いわば『完全な弾性をそなえた olastique 媒体』のごとき状態になる」。

このタルドの言説を土器製作の場面に置き換えて考えてみる。土器製作技術を習得していく過程のなかで、土器づくりが世帯内生産ないしは世帯内産業のレベルでは制作者は女性と考えられ（齋藤 2009)、土器製作の技術習得は母から子へと受け継がれていく。本来、子供は生まれた時点から、言語修得において、母からの影響を受けやすい環境にあり、母の言語の模倣による修得がなされる（小椋ほか 1997)。一般的には子供の直接的なコミュニケーションの範囲は親族内を中心とした集落内部であることが前提として存在する。母親が長距離移動する場合には、子供はしばしば同伴することなく預けられる事例が存在する（金子 2011)。母親は集落内部でさまざまな事象を模倣し、また、周囲も母親の行動から再度模倣を行うという模倣の連鎖が生じる。この模倣の連鎖の継続性と維持が担保される範囲において均質な社会が維持される。逆に連鎖の欠落はひとつの社会範囲とは異なった社会範囲を生成しているといえる。

このように模倣の連鎖が担保された範囲において、コミュニケーションないしは日常的儀礼に規定された個人としての母親の存在を介在として子供はその母親を模倣するのである。それゆえ日常的な社会参加を経ずとも、母親を介して社会の日常的なコミュニケーションへ間接的に参加していた子供はその社会（連鎖が担保されている）に参加する準備が備わっていたといえる。つまり、子供は生まれながらにして相互作用の中に組み込まれており、コミュニティー形成の一員として組み込まれている。

その子供が土器製作の技術を習得する過程は、一般論としては、言語化を伴わない、見て学ぶ、自覚的修得過程をたどる（金子 2011)。そのために、つねに修得過程はある一定の順序が母親によって先導されるが、修得のあり方は習得者自身にゆだねられる。ここに発明が起こりうる要因が存在し、土器の連続性に変化が生まれる基本要素が内在する。新たな変化を受け入れるにあたっては、その社会が受け入れたという前に、それを体験した個人が存在することを認識すべきである。その個人の体験が言説化して語られるとき、周囲がその語りを追体験しようとするか、つまりは周囲が連鎖的な模倣へと動くか、または、躊躇という判断のなかで停止してしまうかいずれかの動きへと選択される。均一な関係のなかでは、その連鎖が起こりうる可能性が高まるためには、複数の人間が体験しうる機会を増やす必要がある。また、安定したコミュニケーションの範囲においていくつかの場面で模倣の規範となるような優先的な発明者（言説とともに体現化された物質形成者）が存在する場合、その人物の動向に左右されるケースもまた存在する。

つまりは、安定した模倣の連鎖の範囲において受容が起きうるのは優先的な発明者への接触機会が起きうるかどうか、または内部での体験機会の増加にかかってくる。要は、単発的な接触による偶発性は起きにくいと考えられる。また、新たな土器の受容には、製作技術習得のために見て学ぶ必要が発生するため、身近に制作者を獲得するか、製作したい土器が作られている場所まで行って、学ぶ必要がある。そのため、単に運ばれた土器をもとにした模倣による土器製作の可能性は低いと考えるべきかもしれない。

第2節　土器づくり

1　甑と模倣

　第1節の思考のうえで、いくつかの事例について考えてみたい。これまでにも、韓式系土器の研究は朝鮮半島との交流を確認するうえで重要な位置を占めてきたが、ここでは、新たな米の食事法として米を蒸して食べるために必要な甑の受容について考えてみたい。

　本来的に土器そのものは対外交流のなかで搬入される場合もあるが、甑自体は容器としての機能をもたないため、朝鮮半島で生活していた人びとが持参したか、日本国内であらためて製作したかに限定される。また、日本在住の人間が甑を製作して使用するに至るためには、蒸した米を食べて、その必要性が接触した人間から居住空間集団へ広まる必要がある。

　朝鮮半島で生活していた人びとが日本で生活を始める場所は、少なくとも、朝鮮半島と人・物・情報・技術が行き交う交流の中継地点と考えられるが、彼らの生活期間が一時的なキャンプ程度のものか永住に近いものかは、土器の出土量とともに変化を追うことによっても可能である。しかしながら、量的なものは、居住集団の規模によっても左右されるため確かではない。

　ここで重要視したいのは、一時的にでも交流拠点としての地位を獲得した地域では、人・物・情報・技術が行き交うだけに、朝鮮半島からの移住者との接触も可能と考えられる。それゆえ土器の入手も容易であったと考えられる。そこで、交流の拠点として成立していたかどうかは、先の甑を基準にある程度想定することが可能と考えられる。それは、蒸して食べるという米の食し方をいち早く受容するかどうか、という前提があり、そのうえで土器製作における技術的差、つまり正確な模倣度の差異を見極めることとなる。

　甑を受容するケースとしては、たとえば、①甑をたまたま入手し用途も気にせず土器から模倣して製作する場合、②甑製作者の製作過程を見学し独自に製作を行う場合、③甑制作者から直接指導をうけて製作する場合、などが考えられる。

　以上の製作過程において、甑の形と機能に差は生まれることはないが、外来の土器製作技法の受容には微妙な差が生まれるのであり、その差に対外交流における密度の差を図ろうとするものである。お米を蒸して食べるという新たな食事法を受け入れるにあたっては体験機会が増えることによる体験の言説化が多発する必要がある。そのためには、日常的にお米を蒸して食べる習慣を保持している人物との接触機会が増える必要がある。それによって、蒸して食べる習慣の部分的移入が開始された時点で、甑の製作を獲得する必要が生じるのである。

　お米を蒸す作業は女性によって行われており、家庭内消費のための手づくねの土器は女性の手によると考えれば、甑製作の獲得とお米を蒸す方法を模倣可能にするには、ある一定期間の女性同士の接触、コミュニケーション機会が必要となる。つまりは、蒸して食べる習慣の移入にはその習慣を保持している男女2名以上の移住が必要になる。または、その場所への学習のための女性の移動が前提ということである。農耕社会における女性の長期不在については可能性が低いとされる事例もあり、社会の習熟度や重層制の進展度にも左右されると考えられるため、いずれとも決定しがた

い要素を含む。

2　出合窯の存在について

　出合窯の生産を、その規模から個人工房生産と考えたとき、その土器制作者は轆轤を使用した製作者でもあることから、男性である可能性が高い。周囲に軟質の土器も出土しているが、これらも状況に合わせて小規模な野焼き生産にも従事した可能性がある。

　問題はこれらの土器制作者が女性を伴った一時的な定住であったかどうかである。確かに女性を伴った一時的な定住としても、そこに土器制作者が男性へと移行している時点で、周囲の土器制作者が女性であるがゆえに参照されない可能性も考えられよう。つまりは周囲の環境のなかでも常に模倣・習得が行われるのではなく、そこに制約または拒否といった選択も存在する。タルドのいうところの躊躇である。

第3節　自己と社会

　事例を引きながらもいささか概念的で論理性に欠けてしまっているが、再度考察を進めることとする。個人は生まれてから数年の間、言語習得において母親を中心に周囲の環境から模倣し習得する。そのため、乳幼児の言語においては母親との相関関係が一番強い。要は、生後母親を中心に模倣によって成長するともいえる。成長により、歩くなどの行動範囲の広がりとともに対面する他者との接触機会の増大が母親を模倣することによって成長した内在的自我が再認識される。

　母親は、常に日常的実践の場において日常的儀礼とコミュニケーションを繰り返すことによって対面する他者を模倣し、また、自我を主張し躊躇する繰り返しにより自我を再認識している。ゆえに人は生まれながらに、間接的に母親をとおして母親が行う周辺に存在する他者との模倣と躊躇の結果を模倣することになる。

　それゆえ行動の広まりとともに行われる他者との行為において、すでに間接的な準備は備わっているといえる。しかしながら、自我とは躊躇の一部とも考えられ、対面的な模倣行為による対面する他者との共通性は模倣の連鎖によって生成された表層的な同一性と考えられる。そのため、個人は他者との対面において、共通項以外の部分（自我）もちらつかせるのであり、模倣の連鎖自体も袋小路のルーティーンではなく流動性が担保されている。

　また、模倣の連鎖は常に対面行為により、自己のなかで再生産と更新が行われるため、その対面の頻度つまりはその個人の行動範囲を中心とした距離的な関係でなされることとなる。近接した居住空間での対面行為の連続性に対して、居住環境による地理的規制によって起こる距離的な範囲は表層的同一性を担保させる要因のひとつである。さらには一時的に自己の行動範囲を逸脱し非日常的な他者との対面により、自己のなかで生成された模倣の容認範囲とは異なったこれまでの接触した他者とは異なる部分を見出したとき、違和感・嫌悪・憧れ・表層的同一性をもつ他者への安心感など錯綜した意識をもつこととなる。そして自己は表層的同一性を再認識するか無視するかの選択を迫られることとなる。常に自己は、日常的な儀礼・同居関係・生活の年齢階層など、あらゆる場

面ごとに選択を迫られることとなる。その選択は実のところ模倣か躊躇かといった二択的行為ではなく多元的な抽象的選択行為によって成り立っている。

　深層的意識の中で、錯綜した意識、つまりは他者との関係において自己がどうありたいのかという思いに関連してくる。本来的に父・母など生別や年齢階層も含めて何らかの階層は存在しており、日常的な対面行為の中で自分の帰属する地位についても再認識をくり返すことになる。たとえば、子供は対面する他者からは個人名を与えられず、父の子として呼称されるなど周囲の他者にとってある親族の一員としての認識が示されるだけで、他者にとっての階層的位置については明確には組み込まれていない。それよりは、他者にとって子供が属する親族との関係性に置き換えて子供を評価するといった行為も含まれる。つまりは子供が誰の子供であるか認識されるような相互の関係性が担保され、表層的同一性が認められるような自己の集まりをひとつの集団としての単位が与えられる。この集団は、小さくは親族を単位とする場合と複数の親族を含む場合とがある。

　集団内における地位については、たとえば、自己が他者の服装を参照して模倣を前提に受容し自己内において取捨選択行為のうえで、再構築され、自己の服装が決定される。その服装に関する自己の言説によって、他者は受け入れるか拒否するかの選択が行われる。その逆で、他者から模倣の対象とされ、その対象とする他者が複数に及んだとき、自己が発する言説は周囲に対し、「同意をもとに活動に参加していると感じている主体」を形成させ、自己は周囲との間に主体と「従属」関係を形成させ、服装のリーダー的地位を得る。ただし、この地位は自己の日常的な服装の選択によって変化するため継続性は担保されない。

　また、自己が自我の発動により模倣行為とは異なった非日常的行為や言動に対して他者が躊躇するか模倣の対象として参照するかによって自己の地位は変化する。複数の他者が模倣参照の対象として自己の行為を選択したとき、自己はその行為の初現者として表象される。とはいっても自己が改革者としての地位を確立できるわけではなく、決定権はあくまでも他者にゆだねられる。つまりは、日常生活における行為の実践においては、地位というものは常に更新され再確認される。一見安定的ともいえるものでも、それは表層的であり、確約されたものではない。しかも、自己が関係する社会の諸場面（生産・流通・儀礼）において、「同意をもとに活動に参加していると感じている主体」は異なるため、固定的な地位としては確定しない。

　しかしながら、他者が地位の確認行為を放棄するか、リーダーの地位に対して継続性を容認するとき、集団内において、リーダーという地位が誕生する。この場合は、集団の規模に規定されない。集団内の自己それぞれが必要として継続性を認めた場合に決定されるものであるためにその規模は問われない。服装であれ何であれ、リーダーとしての地位を獲得した自己は常にその地位を維持するか放棄するかの葛藤にさいなまれる。維持するためにはそのための行為を継続する必要があり、新たなリーダー候補とも競わなければならない。そして、最終的に決定するのはリーダーではなく、複数の他者にゆだねられる。

　その原理は、単にリーダーだけに向けられるものではなく、自己にも向けられる。社会が個人を規定するというよりも模倣行為にもとづく自己内部での社会の再構築の過程で自己の行動は制限される。あるいは、他者との模倣の連鎖によってなされる表層的同一化にもとづき集団内部において

行動の一定程度の規範が誕生しているとも表現できる。この規範から逸脱した行動に対して、集団からの追放か規範の変更かといった2つのベクトルの間で他者の個々が選択行為を行いその総意として、逸脱行為に対する集団としての意志が決定される。

第4節　食料の獲得における自己と集団関係

　人は食料を獲得することが生き抜くうえで必須条件である。個人でも食料の獲得は可能であるが安定性に欠ける。より食料獲得の確度を増すためには集団での行動が優位である。また、集団での食料獲得において、常に自然環境に左右されることを前提に、生存を維持するための食料を獲得すべく努力を行うが、偶発的な食料の余剰生産は来るべき飢餓に備えて保管される。自然環境の克服による安定的な食料獲得のために、創意工夫と技術の革新が行われる。

　農業においては、灌漑等常に自然災害に抗するべく対策がとられる傾向にあり、生命の維持への最低生産量という目標に対して頻繁な余剰生産を生む潜在性を秘めることとなる。偶発性による余剰生産とはいえ、緊急時の再分配に対して、人の心理として争いの要因となる可能性を秘めている。対外的要因の前に、集団内における一見平等と思われる再分配行為を安全に終わらせるには、分配を受ける側を納得させる批評者が必要となる。

　食料獲得を目的とした共同作業においても、自己はより多く働き集団に貢献すべきか、少ない働きに留めるか自己のなかで葛藤することとなる。より多く貢献することで自己の地位を高めるか分配での不平等を主張するか、沈黙するかといった多くの選択肢と葛藤が自己のなかでは渦巻く。こういった葛藤や主張の選択は常に自己の内在的意識として保有されるが、共同作業の規模により参加人数の増加とともに優劣の差が平均化され、自己の主張の意識は不明確になる。

　集団の複合化のなかでは、自己は集団内での地位の確認・認識作業が全体の中で行えなくなり、自己の葛藤は埋没しストレスとなる。仮設的に複数の集団による共同作業の場合、自己は自己が含まれる集団内での地位の再確認とともに、帰属意識を高めるか、共同作業により自己が満足の得られる結果がもたらせるかによって自己の葛藤によるストレスを克服しようとする。

　集団が、限定された合理性のもとで行為能力を行使する個別的存在である自我を内在する自己によって構成されるものであるとすれば、集団にとって何が重要な問題かという決定は、自己による多様な解釈と意味形成を通じた組織的認識の帰結であり、何が集団にとって重要な資源であるのか、何が集団として取り組むべき問題であるのかという決定は、組織的行為に関与する各個の自己の間の利害対決の克服と、合意形成の過程を伴う権力現象として捉えられる必要がある。

　集団内における意志決定を代表してそれを行う個人の存在を認めるか否かもまずは内的状況と環境によって決定される。通常は家族での意志決定の代弁者は家内の長老である可能性が高いが、複数の家族からなる集団にとっては意志決定のプロセスが繁雑であり全体的意志へと発展しない場合において、意志決定の調整役として拮抗する双方の中立的立場の自己が担ぎ出される場合もある。

　集団にとっての必要最小限の食料獲得のための協業において、自己が組織化されなければ、協業における作業効率は著しく低下する。それゆえ、集団の行動を統制する組織の存在が必要となる。

その組織は常につきまとう自己の葛藤に対して満足のえられる結果をもたらすか、ストレスを増大させるか、この２つのベクトルのなかで結果を与え続けることとなる。満足のえられる結果が継続すれば、自己は集団の意志決定に従い、ストレスが増大すれば、自己は集団から逸脱するか異なった方向性を主張する。その結果として集団は分裂するか組織の改編がおこる。

常に自己の意志決定であったとしても、複数の自己の集合的意志決定の合意という過程を経ることで、それは組織の意志決定であり、手続きとして自己は組織の意志決定に従うこととなる。組織の意志決定を権力と読み替えれば、自己は総意という名のもとに権力に従うこととなる。また、組織の意志決定の代弁者は仮設的権力者ともいうべき存在となる。この仮設的権力者は先に述べたとおり、自己の葛藤のなかで犠牲となる場合もある。

つまりは、自己の日常的実践と生存をかけた食料獲得という経済活動と食料獲得の確実性を目指して生まれた協業作業における組織的制御や身を守るという基本的防衛という要素のあり方のさまざは要素の組み合わせが自己の中で再構成され、小さな社会が形成される。その個々の集合として組織化された集団ないしは社会は存在する。

しかしながら、これまでの考察は基本的に静的な閉じた内的な社会である。本来的には開かれた周辺環境を含めた考察が必要である。一般的にいわれる余剰生産物は、農耕の開始とともに生まれると考えられているが、農業には生産性の低い地域もあるわけで、必ずしも余剰生産が発生するわけではない。自然環境の作用によっても生死に関わることのないように生産量の安定化を目指して生産性の効率化は進められ、工夫される。しかしながらある程度生存権が保証される程度に食料の生産性が上がった時点で生産性の向上は不必要なものとなる。

それゆえ、余剰生産物は自然発生しない。農業における必要労働人口の獲得のために人口増加がおきたとしても、生産効率の向上と技術改革によって達成された生存権の獲得とともにそれ以上の生産向上は本来的には停止する。自然環境による偶発的な余剰生産物は周囲にも同時発生しやすい傾向にあるため供給過多となり、近距離の交易には意味をなさない。それでも、集団の safety net として貯蔵されている食料は数年単位でしか保存できないため、連続的な豊作の場合、集団保管の食料は消費されることになる。これらは偶発的な集団所有の余剰生産物となるわけである。

第５節　集団と広域ネットワーク

これを近距離での単純な資源の再配分による消費が供給過剰で消費しきれない場合、中・長距離での交易消費となる。この場合、居住範囲では入手不可能な資材や原料など必需品が優先されるが、偶発的な余剰生産物を、より有効的に消費するために、相互互助的な中・長距離間での safety net が形成される。この場合、陸上輸送の整備には至らないため、海上輸送などの船舶輸送可能な地域間でのネットワーク形成が優先される。

この不安定な生産状況においては、人口の急激な増加は発生しない。また、生産性の向上とともに緩やかな人口増加の可能性はあるものの、人口圧による急激な技術革新の必要性は発生しない。

また、環境によっては、相互に偶発的な生産性の低下が継続すると、相互互助機能は果たさなく

なり、食料の争奪による緊張感が生まれる。そういった緊張感も一部の地域が技術の向上とともに生産性を高めた結果として、周辺地域に食料を供給しはじめると、緊張感はゆるみ、相互互助関係は中心的な地域への依存関係へと変化する。その場合、特段交換経済にもとづく優先的な余剰生産物がない場合、労働力の供与といった方法による生産性の低い地域での消費調整機能を働かせることとなる。

　こういった人の移動に伴う急激な人口増加が、技術革新ないしは生産向上のための基盤整備を促進するための労働力となり、分業による必需品生産の余剰人員となる基礎が確立する。この場合、可能な耕作範囲が大人口を支える基盤となりうる地域に限定される。

第2章　古墳時代中期の古墳と集落からみた対外交流

第1節　播磨における古墳時代中期の政治変動——古墳と渡来人の動向を中心として——

　播磨における古墳時代中期の政治変動を知るうえで、これまでにも重要な視座が示されている。まず、十河良和は、古市古墳群や百舌鳥古墳群が、築造時に該当する周辺の有力な集落への眺望より、河川や港湾などの交通の要衝への眺望を重視していると指摘している（十河 1997）。これは、この時期の河内王権において、交通、つまりは物流を大きく意識した結果ともとることができる。それは、大和王権から河内王権へとの移行のなかで海上交通への重要性を認め、より積極的に関わることを目指した証と考えられる。

　あらためて述べるまでもなく、河内や大和は、東の地域に対して鉄などの物資の入手において地理的に優位な位置にあり、物資の中継地点としての機能を兼ね備えている。それに比べ西にあたる瀬戸内沿岸は、地理的には河内などとその物資の入手条件では遜色のない位置にある。

　瀬戸内沿岸部では、愛媛県の市場南組窯（三吉 2010）や兵庫県の出合窯（亀田 2008）のように早い段階から須恵器の焼成が開始されており、焼成技術は河内で独占されることはなく、瀬戸内沿岸でも入手可能な状況にあったと考えられる。このことは、朝鮮半島との交流において、地理的条件から直接的にかかわることのできた時期が存在した可能性を教えている。この地理的関係から単に物資の入手条件の優位性においては、東と西で中央とのかかわりに微妙な差が存在していたと予[1]測される。しかしながら、単に地理的な位置関係による優位性だけで、物流の拠点としての地位が確保し続け得たかは検証の必要があろう。そのためにも、韓式系土器などの出土のあり方から、播磨における対外交流の変化を把握し、それを交通の要衝の重要度の変化過程として読み取ることは重要な作業となる。

　また、小野山節は、5世紀の巨大古墳の出現と古墳の小型化や帆立貝式古墳・方墳・円墳の出現などの現象を細かく分析され、それを河内政権による周囲への規制として理解した（小野山 1970）。小野山は、前方後円墳から墳形が変化しても出土遺物の豊富な場合、在地首長としての地位は保っていると考え、墳形が規制によって変化したとみる。また、このような規制は地域の事情によって異なるとした。

　これまでの播磨における古墳時代中期の首長系譜の変化は、規制として理解されることが多かった。しかしながら、壇場山古墳の後に築かれる古墳は、副葬品や埋葬施設などに外来系的要素を多く含む宮山古墳である。外来系的要素が強まる古墳の出現だけを捉えれば、朝鮮半島との対外交流

においてさまざまな活躍をした人物が、播磨で在地首長へとのし上がった結果と考えるべきであろうが、本来的に彼らの盟友ともいうべき在地勢力の衰退と引き替えに出現している点は重要である。それゆえこの状況は、単に規制として説明しきれない部分があると考えられる。

　そのため、古墳時代中期における播磨の首長系譜の動向は、連続・規制・衰退・断絶の4パターンに分けて理解する必要性がある。それぞれが意味するところは以下のとおりである。連続とは前方後円墳が首長系譜上、継続される状態であり、この場合は在地首長と中央との関係が良好であり、かつ在地首長が安定した地位にある状態を示している。規制とはすでに述べたとおり、在地首長の系譜に連続性が認められ、副葬品の保有に変化がなく単に墳形の変化や規模が縮小した場合である。衰退とは、在地首長の系譜は継続するが墳丘規模並びに副葬品の質・量共に変化する場合であり、これは、在地勢力の衰退とともに起こる場合と、中央勢力からの強い働きかけによる場合がある。断絶とは、在地の首長系譜が途絶え、前方後円墳がその地域で築かれなくなることを意味しており、これには在地首長の勢力の急激な衰退または中央からの強い力が働いた場合の二者が考えられる。

　以上のケースのうち、中央勢力からの強い働きかけがあったかを判断するためには、中央勢力の状況を把握することが必要であり、一瀬和夫による研究が重要な意味をもつ。一瀬は、埴輪の編年作業によって古市古墳群周辺の動向を再整理し、古墳群内部における古墳の小型化と墳形の変化について検証を行っている（一瀬 2008）。この成果から、誉田御廟山古墳築造開始時以降に内部の序列が整備されたと考えている。この成果は、周辺地域への影響関係を量るうえで重要な視座を与えている。

　というのも、中央の序列の整備後にこそ周囲への影響を想定することが可能になるとの前提に立てば、規制関係を読み解くうえでの時期的な判断基準を手にすることとなる。そのうえで、周囲への影響の内容も中央の墳形序列に準拠したものであるとの想定が成り立てば、時期的関係や内容によって、中央からの影響かまたは地域の内在的変化によるものかという判断が可能となる。

　よって、古墳の変遷ならびに出土した副葬品の質的内容と量的な変化をより詳細に検討し、中央との連動関係を注視しつつ地域ごとに再検討を行うことも重要な作業と考えられる。それに関して、田中晋作が示した筒形銅器や石製模造品・銅鏡などの関係から中央の勢力関係とその変化についての考察は特に重要であろう（田中晋 2009）。

1　播磨における中期古墳の編年

（1）円筒埴輪の編年

　播磨における古墳の編年については、すでに多くの先行研究があるが（岸本道 2000）、新資料も加わり新たな知見も得られているので、再度編年案を提示しておきたい。というのも、個別の古墳群ないしは流域ごとの古墳の時期的序列にはほぼ異論がないようにも見受けられるが、流域間の並行関係や古墳の時期差をどう見積もるかについては未だにさまざまな問題が残されているからである。特に行者塚古墳と壇場山古墳と玉丘古墳の時期的関係や外来的要素の強い古墳の出現について、再度、新資料を積極的に用いながら詳細に検討し直す作業は、微細な修正であっても播磨の古

墳時代中期全体の評価に大きく関わる問題と考えている[(2)]。

　ここでは、近年の埴輪研究の成果にもとづき（小浜 2003、上田睦 2003、埋蔵文化財研究集会 2003）まず埴輪の分類を行い、いくつかの共伴資料を用いての検証と補強によって古墳の変遷を確立したい。

　埴輪研究において、その基準とされているのが王陵系埴輪（高橋克 2008）の変遷であるが、王陵系の埴輪が地方でいつ成立するかといったの時期的な関係が必ずしも明確ではない。また、播磨全体で一様に影響を受けたか地域差が存在していたかも不確定である。同時期に存在する古墳でも規模の差によって、技術の更新に差が生じる可能性は十分にあることから、編年作業ではより慎重でなければならない。そこで、各古墳から出土した大型の円筒埴輪を中心に検討を進めることとする。そのうえで、須恵器を利用して時期差について検証を行う。

　普通円筒埴輪の分類には、川西宏幸の視点（川西 1978・1979）を用いるが、対象とする資料の大半が破片資料であるため、項目は限定してある。つまり、形態的部位として、口縁部と突帯、透かしなどがあるが、対象資料の制約から、突帯のみを対象とし、3タイプに分類する[(3)]。技法的属性としては外面調整の2次調整として、タテハケ、A種ヨコハケ、B種ヨコハケ、Ca種ヨコハケがある。B種ヨコハケは一瀬による細分案（一瀬 1998）にもとづき、Ba種・Bb種・Bc種・Bd種に分類する。突帯間設定技法として、鐘方正樹の分類（鐘方 1997）によるL字型工具による割り付けが行われたか否かを対象とする。焼成については、黒斑の有無にもとづき、有黒斑と無黒斑に分類する。

　上記の視点をもとに分類した結果は、埴輪の変遷に対応しており、その成果を以下に示す。

【播磨円筒埴輪Ⅱ−2式玉津大塚古墳・北大塚古墳事例】　ヨコハケには継続痕が認められるが、その出現率は低く、ヨコハケ自体が波打つ傾向がある。ハケ原体の幅は、最大8cm程度であり、タテハケを完全に消すまでには至らない。突帯はaであり、黒斑のあるもので占められる。

【播磨円筒埴輪Ⅲ式】　ヨコハケには継続痕が認められるが、ヨコハケ自体が波打つ傾向がある。静止痕の出現が認められるが主体とはならない。

【播磨円筒埴輪Ⅲ−1式行者塚古墳・玉丘古墳事例】　黒斑のついているもので占められており、野焼き品が主体である。だだし、黒斑の出現率は減少の傾向にある。継続痕のあるものが主体であるが、一部に静止痕のあるものも出現している。ヨコハケの最終仕上げは突帯間の中央付近を中心に1周させるものがある。底部の高さに企画性は認められないが底部外面に薄い沈線状の窪みをもつものがある。突帯はM字状を呈するが、上部が突出するものが残る。台形のものも出現している。透かしは円形のものが主体となるが、その他の形状も残る。

【播磨円筒埴輪Ⅲ−2式壇場山古墳・人塚古墳事例】　窖窯製品が出現するが依然として野焼き品が主体である。黒斑の占める範囲はかなり小さくなるため、小片になるとその出現率は低くなってきている。継続痕のあるものが主体ではあるが、ある一定量B種ヨコハケも出現している。ヨコハケは動きにうねりがあり、静止位置は不規則である。透かしは円形が主体となり、底部高、ならびに突帯間の企画性が進む。

【播磨円筒埴輪Ⅳ式】　無黒斑つまり窖窯焼成の製品が主体となる。B種ヨコハケが主体となり、埴輪

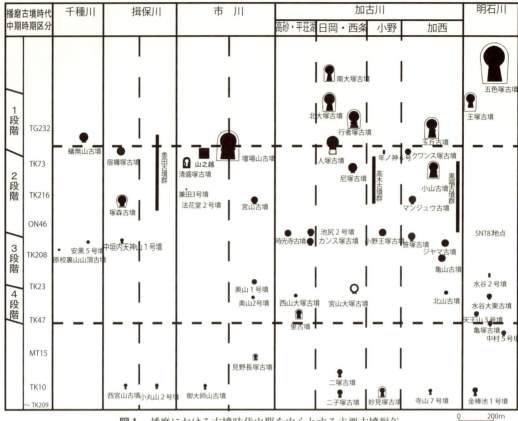

図1 播磨における古墳時代中期を中心とする主要古墳編年

によってはタテハケのみで仕上げられている小型の埴輪を含む。

【播磨円筒埴輪Ⅳ-1a式小山古墳・尼塚古墳事例】 窖窯焼成の製品が主体となる。調整技法では、Bb1種が主体となり、突帯間を2～3周以上動かしハケで充足しようとするが、一部に波打ちが認められる。また小型品が出現する。なお、無黒斑の普及に比べ、B種の出現率は必ずしも高い事例ばかりではなく、古墳ごとに異なっている。

【播磨円筒埴輪Ⅳ-1b式時光寺古墳事例】 一部に波うちは残るが、Bb2種ヨコハケが主体となり、Bc種ヨコハケが出現する。突帯はbが主体となる。

【播磨円筒埴輪Ⅳ-2式亀山古墳事例】 ハケは、Bc種ヨコハケが主体となるが、一定量Bb2種ヨコハケも残る。なお、一部ではあるが、Bd種ヨコハケが出現している。

【播磨円筒埴輪Ⅳ-3式北山古墳事例】 Bd種ヨコハケが主体となる。突帯としては、cが主体となる。

【播磨円筒埴輪Ⅴ式里古墳事例（山本 1996）】 粗いタテないしはナナメハケの1次調整で終える。突帯はcが中心であるがさらに扁平なものも含まれる。須恵質の堅いものが半数を超え、埴輪の大きさも2条3段～3条4段のものが中心となる。

　以上のとおり、埴輪にもとづく変遷を整理したわけであるが、次に各古墳から出土した須恵器をもとに検証作業を行いたい。

（2）編年の検証

ここでは、須恵器が出土している古墳をもとに検証作業を行うこととする。

行者塚古墳からは須恵器の出土は確認されておらず、行者塚古墳出土の埴輪からは一部ではあるが、ヨコハケの静止痕が存在する（高橋克 1997）。また、玉丘古墳の埴輪でもヨコハケの静止痕が確認でき（加西市教育委員会 1990）（以下、教育委員会は「教委」と略して表示する）、人塚古墳出土の埴輪からもわずかながらヨコハケの静止痕が確認できる[(4)]。蟻無山古墳の埴輪でもヨコハケの静止痕が確認でき（荒木 2011）、この古墳からは TG232 型式並行の須恵器が出土しており、播磨円筒埴輪Ⅲ-2 式の時期を TG232 型式並行期とすることができる。

窖窯焼成の埴輪が主体となる小山古墳の埴輪には、B 種ヨコハケが認められ（加西市教委 1993）、この古墳からは TK73 型式の須恵器が出土している。尼塚古墳出土の埴輪は窖窯焼成のもので占められており、B 種ヨコハケは一部で認められるもののその出現頻度はそう高くはない[(5)]（金澤 2012）。また宮山古墳第 3 主体部から TK216 型式並行の須恵器が出土しており、宮山古墳出土の埴輪は窖窯焼成で、B 種ヨコハケが認められる[(6)]（松本 1982）。よって、窖窯焼成で B 種ヨコハケが認められる播磨円筒埴輪Ⅳ-1a 式の事例は、TK73～TK216 型式型式並行期と考えられる。

池尻 2 号墳（加古川市教委 1965）やカンス塚古墳（富山 2006）からは、ON46 型式～TK208 型式並行の須恵器が出土している。埴輪は、突帯間隔が 8 cm 程度で 3 条 4 段が中心である。一部に B 種ヨコハケが認められる事例もあるが、基本は 1 次調整のタテハケのみで終わる。これは、黒福 1 号墳などでも認められ、これらの小型墳では、埴輪の製作技法に差が認められる。

マンジュウ古墳からは、TK73～216 型式の須恵器が出土しており、黒福 1 号墳とは切り合い関係にある。黒福 1 号墳のほうが新しいとされ、この黒福 1 号墳からは、TK216 型式の須恵器が出土している。マンジュウ古墳の埴輪には Bc 種ヨコハケが認められ、TK216 型式並行期が Bb 種から Bc 種主体へとの移行期と考えられる。また、笹塚古墳からは、TK208 型式の須恵器が出土しており、笹塚古墳の埴輪には Bd 種が確認できるものの、Bb 種が主体で、時期的に離齬が認められる。時光寺古墳の埴輪は Bb2 種主体であるが、一定量 Bc 種の埴輪が認められる。また、Bb2 種のヨコハケは波打ちがみられるなど、技術としては Bb1 種のイメージが強い。しかし、検出された長持形石棺からみれば、やや新しくみえる。

以上のように、窖窯焼成の埴輪が主体となった後でも、B 種ヨコハケがすべての古墳で主体となったわけではなく、ばらつきが認められる。その後も順次埴輪の技法が正確に伝達されたわけではないようで、Bc 種が主体となる埴輪を採用している古墳とそうでない古墳が同時に存在している可能性がある。それゆえ、単なる埴輪の分類型式を超えた、時期幅としての設定が必要となる。よって、型式をもとに時期としての期間を表す期をもってその時期幅を示すこととする。そこで、Ⅳ-1a 期は Bb1 種ならびに窖窯焼成の出現、Ⅳ-1b 期では、Bb2 主体で Bc 種の出現、Ⅳ-2 期では Bc 種主体で Bd 種の出現として基本的には考えられる。これらから、Ⅳ-1b 期は TK216 型式～ON46 型式並行期、Ⅳ-2 期は TK208 型式～TK23 型式並行期と考えられる。

しかしながら、B 種出現後、埴輪技術の伝達が各古墳にくまなく正確かつ迅速に行われていなかったことが起因してか、古い技法が主体として残る古墳も存在したと理解できる。たとえば、亀

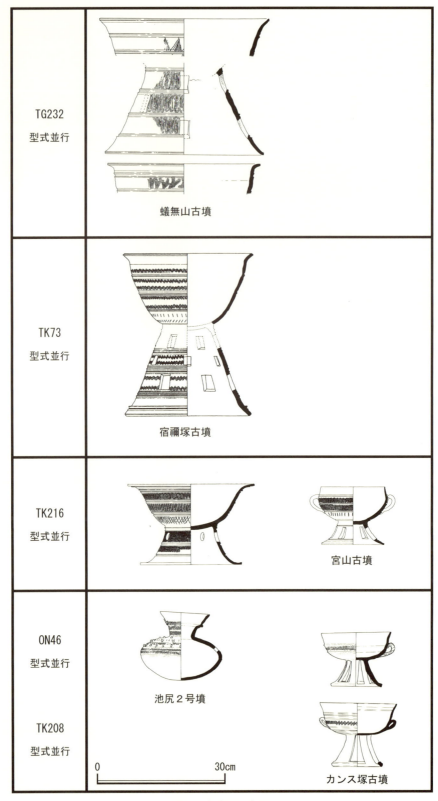

図2 須恵器の変遷

山古墳は、埴輪が Bc 種主体で Bd 種が少量という状況にある。しかし、副葬品からすれば、Bd 種主体へと変化していてもおかしくない時期の古墳である。眉庇付冑をもち、中央との関係が看取される古墳でも埴輪としてはやや古い傾向を示す場合があり、中小規模の古墳では、埴輪の製作技法の受容にばらつきがあったと理解すべきであろう。

　埴輪にもとづく古墳の変遷に加え、武具や須恵器の出土した事例をもとに検証、修正を施した編年図を図 1 に示す。また、須恵器の変遷については TG232型式並行から TK208型式並行までの事例を図 2 に示す。

（3）系譜の検討

　以上の根拠から想定される変遷について、以下のとおり説明することが可能である。

　五色塚古墳（神戸市教委 2006）は 4 世紀でも第 3 四半期に属し、佐紀陵山古墳と墳形が酷似し、高橋克壽が指摘する鰭付埴輪の存在などからも（高橋克 1994）、佐紀陵山古墳との関係が複数の事項で認められる。この五色塚古墳は海に面した立地となっており、中心的な基盤は海に関わると考えられる。特に佐紀古墳群を中心とした勢力への鉄資源などの対外的な物資の供給源として重要な位置を占めていたものと思われる。なお、五色塚古墳と近い時期の前方後円墳には、三木市の愛宕山古墳（岸本直 2005a）や加古川市の日岡山古墳群中の南大塚古墳がある。

　これに続く玉津大塚古墳（清喜 2002）も同様な関係であったと思われるが確証はない。[7]

　千種川流域の蟻無山 1 号墳出土の須恵器は TG232型式並行と考えられる。また、宿禰塚古墳から出土した須恵器も型式的には TG232〜TK73型式並行と考えられ、蟻無山古墳の須恵器よりやや新しいと考えられる。これらの須恵器は朝鮮半島での出土事例との比較において在地性を含む部分がある（中久保 2010）。

　日岡山古墳群北大塚古墳では、方形板革綴短甲が出土しており（高野 1996）、その供給源としては、佐紀古墳群を中心とした勢力である可能性が考えられる。また、行者塚古墳から出土した巴形銅器についても佐紀古墳群を中心とした勢力との関係が指摘されており（田中晋 2000）、西条古墳群の出現はこれらの勢力との関係強化がなされた結果と考える。

　玉丘古墳では、その中心主体として長持形石棺を使用し、墳形が津堂城山古墳と類似しているなど（岸本直 2005b）、その関係が考慮される。周囲に前段階の古墳が存在していないことから、玉丘古墳群の出現には津堂城山古墳と何らかの関わりが存在すると考えられる。

　壇場山古墳（松本 2010a）では、長持形石棺が使用されており、埴輪の編年から TK73型式並行期直前と考えられる。山之越古墳は壇場山古墳の主軸に一致した方向をとる方墳であり、築造時に一体として計画されていたと考えられ、同時期としうる。また、櫛ノ堂古墳も長持形石棺を埋葬施設としているが、この古墳も壇場山古墳と近接した関係にあり、同時期である可能性が高い。なお、壇場山古墳の墳形は仲津山古墳との類似が指摘されている（岸本直 2005b）。

　ここまで述べてきて、次に重要な項目は、玉丘古墳・壇場山古墳・西条古墳群それぞれのその後の系譜であろう。

　一般に中央からの規制として最初に想定されているのは津堂城山古墳築造以後であるが、古市古墳群の内部で明確な格差が生じるのは誉田御廟山古墳出現後とみる指摘もある（一瀬 2008）。筆者

は、百舌鳥古墳群の大仙古墳出現に伴う内部格差の確立と周囲の古墳が円墳に変化する状況を評価したい。したがって周辺地域の場合でも首長墓の墳形が円墳へと変化することをより重視するべきと考える[8]。

その意味で、蟻無山古墳や宿禰塚古墳（松本ほか 1984）では、TK73型式並行期以前の時期にもかかわらず、墳形としては円墳に造り出しがつく形状であり、渡来系的性格を加味すれば、直ちに規制による小型化と断定することには躊躇を覚える。

壇場山古墳に次ぐ古墳は宮山古墳であるが、宮山古墳は棺に鋲が使用されるなど、あらゆる点で外来系的要素の強い古墳と考えられ（亀田 2004）、被葬者自身渡来人である可能性すら指摘されている。なお、規模は減少するものの、奥山1号墳（梅原 1935）、2号墳（松本 2010b）ともに棺に鋲を使用しており、それぞれ三角板鋲留短甲、横矧板鋲留短甲が出土していることから、勢力を弱めながらもそこに系譜を見出すことは可能である。

本来、中央の規制により、壇場山古墳から宮山古墳へと移行したとするならば、被葬者の性格自体が変化したとする明確な説明が必要となろう。そのため、壇場山古墳の首長系譜が断絶した後に、宮山古墳などの外来系的要素の強い古墳が出現したと理解すべきである。この現象を在地首長の弱体化と小地域への直接介入を中央が目指した結果とするならば、壇場山古墳以後、周囲に中央との関係を示す遺物を保有する中規模古墳が増えるような傾向があるはずである。しかし、実際にはそのような状況は認められない。そのため宮山古墳などの出現は、中央内部のバランスの変化に伴い在地首長との関係に変化が起こり、在地首長の勢力の弱体化が急激に進んだ。それにより、在地首長のもとで力をつけていた渡来人が、はからずもその地域の中心的な地位を獲得することになった結果と考える。

西条古墳群では、行者塚古墳の後、人塚古墳、尼塚古墳と相次いで築かれるが、人塚古墳が前方後円墳である可能性もあり、尼塚古墳で規模の縮小が起こった可能性が高い。その尼塚古墳に継続する古墳の築造は認められないため、この地域の首長系譜は断絶したと考えられ、新たに平荘湖周辺に池尻2号墳、カンス塚古墳が相次いで築かれることとなる[9]。これらの古墳の副葬品も朝鮮半島南部からの要素が強いものが多数含まれており、棺に鋲を使用するなど、行者塚古墳よりさらに渡来系色の強い被葬者像が浮かび上がる。

なお、時光寺古墳はカンス塚古墳に近い時期に築かれたと考えられる（今西・清水 2009）。時光寺古墳には長持形石棺が使用されているが、立地や後述の石棺の型式差からみて、壇場山古墳とは別系譜と考えられる。

玉丘古墳群の小山古墳には、窖窯焼成による埴輪が使用されており（加西市教委 1993）、Ⅳ-1a期に属する。この時期まで前方後円墳が築かれているが、それ以降は帆立貝式古墳へと変化する。玉丘古墳群マンジュウ古墳の周囲には黒福古墳群（加西市教委 1993）という初期須恵器が伴う古墳群が存在しており、渡来人を傘下に収めた人物の墓とも考えられる。

これまでの成果を整理するために、播磨における古墳時代中期について通覧してみたい。なお、行者塚古墳出現以降、TK47型式並行期までを古墳時代中期とし、円筒埴輪の窖窯焼成ならびにBb1種が出現するⅣ-1a期を境として、播磨古墳時代中期1段階と2段階に分け、カンス塚古墳

などの渡来系色の強い古墳の築造が終焉するⅣ-2期以降を、播磨古墳時代中期3段階とする。な
お、Ⅳ-3期については、4段階として設定可能と考えるが、論旨から外れるので、設定だけに留
める。

　播磨の古墳築造における変化としては古墳時代中期1段階では、中央との関係が複数の事項で認
められる。そこには、五色塚古墳から引き継がれた対外交流の実績から、佐紀勢力との関係が継続
していたが、百舌鳥・古市勢力も対外交渉を有利に進めるべくまずは播磨との関係を重視していた
段階があったと理解している。しかし、2段階に入ると在地首長の系譜に断絶が目立つ。また、埴
輪では、宮山古墳において王陵系埴輪の技術の伝達が認められ、奥山1号墳へも引き継がれていく
が、墳丘の小型化が進んだ池尻2号墳やカンス塚古墳では、部分的にしか確認できない。さらに、
埴輪の制作技法などでは、ヨコハケの使用のあり方にも地域や古墳ごとにばらつきがある。

　この点については、以下のような説明が可能であろう。

　生駒西麓のように在地首長の下に複数の小首長が存在するような場合では、中央の工人派遣を在
地首長が受けたうえで、周辺の小首長へと製作技法が伝達（西本 2009）される。しかし、播磨の
ように中央から埴輪製作技術の供与を受けるはずの在地首長が欠落してしまうような地域では、古
墳ごとに技法の導入や規格などに差が認められ、埴輪の製作技法の伝達が正確かつ迅速とはいえな
い状況となる。つまりは中央から工人を受け入れ、その地域に広く製作技法を伝達する役割を担っ
ていた在地首長が存在する場合としない場合では埴輪の製作技法の伝達のあり方に違いが存在する
ことになる。本来、在地首長の弱体化を中央が積極的に推し進め、小地域ごとに直接支配を貫徹し
ようとしていたのであれば、上記のような違いは生まれないはずである。それゆえ播磨のような事
例の場合、地域の直接支配を中央が目指したことに起因して在地首長の系譜が断絶したのではない
ことを示している。

　よって、播磨古墳時代中期2段階は、中央との関係が薄れ、渡来系要素が目立つ様相と表現でき
る。これは、河内などで、渡来人との関係がうかがわれる韓式系土器が大量に出土するようにな
り、播磨を重視しなくとも、渡来人を経由することで容易に最新の技術や文物が入手可能になった
ことと関係しているものと考えられる。

　播磨古墳時代中期3段階以降になると、大型円墳が出現するなど徐々に中央とのつながりも再び
認められるようになるが、そのつながりはあくまでも個別の交流によると考えられ、継続性には乏
しい。また、埴輪の製作技法や副葬品などがセットとして伝達・配布を正確になされるようになる
わけではなく、部分的な有り様を示す。このような流れからみれば、直接的に突然規制が現れるの
ではなく、地域の首長勢力の盛衰の中で、中央とのつながりが変化する様相が認められる。このよ
うな傾向について、以下で、さらなる検証を試みたい。

2　出土遺物からみた地域内部ならびに中央との関係

（1）竜山石製長持形石棺

　竜山石製の長持形石棺は、津堂城山古墳や大仙古墳前方部などで確認されていることから大王の
棺（和田 1996）と考えられており、生産地としての播磨と中央勢力との関係を考えるうえで重要

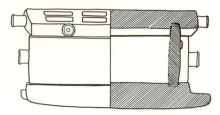
津堂城山古墳長持形石棺事例（A類）

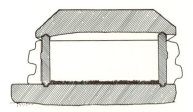
久津川車塚古墳長持形石棺事例（B類）

図3　長持形石棺分類

である。この長持形石棺については、和田晴吾による詳細な研究のほか（和田 1996）、竜山石製の長持形石棺について岸本一宏の研究がある（岸本一 2009）。これらの分析視点を参照しながら長持形石棺が出土する古墳について出土遺物の組み合わせも参照し、相互の関係について探り、長持形石棺を使用する古墳について考えたい。

　ここでは、時期的な傾向と捉えられている棺蓋の長辺方向の断面において、短辺側がハの字状の傾斜をもつかもたないかという単純な分類基準を用いる。その代表例として、津堂城山古墳例（A類）と久津川車塚古墳例（B類）をあげることとする（図3）。なお、この分類のうち、大仙古墳前方部出土事例（佐藤孝 1996）については、平面の絵図面からは判断がつかないが、平面形の図面に亀甲との表現がなされており、短辺側面では、かなり天井部が盛り上がった形となり、下方の突起中央付近には横方向に補助線が引かれている。この補助線を堺に、色の濃淡がつけられており、この濃淡が傾斜を表しているとの判断から、B類と判断した。

　これまでの研究にあるようにA類は革綴技法の甲冑に伴うことが多く、B類は鋲留技法による甲冑が伴うことが多い。当然ながら甲冑において革綴と鋲留は重なる時期がある。そのため長持形石棺の2者も同時期となる時期をもつものと理解される。このことは、大王の棺としてA類からB類へと時間的な重なりをもちながら変化したと理解できる。そのうち、A類については、産土山古墳の事例（梅原 1940・1955）が在地の凝灰岩製である可能性を考えれば、中・小型の古墳に採用されている竜山石製の事例は壇場山古墳に付随する櫛ノ堂古墳と山之越古墳のみであろう。

　このA類は、その分布が播磨と河内ならびに大和南西部に偏りをみせている。ただ古記録に大和北部にも出土事例が存在しているとされていることから、この地域も含め、A類の長持形石棺は、この4地域限定と考えてよさそうである。とすれば、長持形石棺を埋葬主体とする古墳の副葬品の組み合わせに偏りが少ない点からみて、長持形石棺の供給主体は壇場山古墳の被葬者が中心であったと考えられる。それは、周囲の小型の古墳にまで採用されていることからも、制作を中心的に行った集団と考えられ、この集団から、関係の強化を目的に重要な地域とされる3地域に重点的に送られたのだろう。ただし、B類への移行後は、播磨の時光寺古墳の被葬者が制作の中心となった可能性はあるが、配布は中央主導へと変化していたと理解しておきたい（図4）。これについては、B類がA類に比べ、格段に分布域が広がることも傍証としてあげることができよう。

　つまりは、A類が生産地と中央だけの集中的な分布であるのに対して、B類は中央を含めた周辺地域に広がる分散的な分布を示しており、長持形石棺の中でもその意味が異なると考えられ、そこには生産主体である播磨と中央との関係にも変化があったと捉えることが可能である。

　次に播磨の古墳から出土した副葬品の変化から、中央との関係や内部での変化過程をみたい。

第 2 章　古墳時代中期の古墳と集落からみた対外交流　21

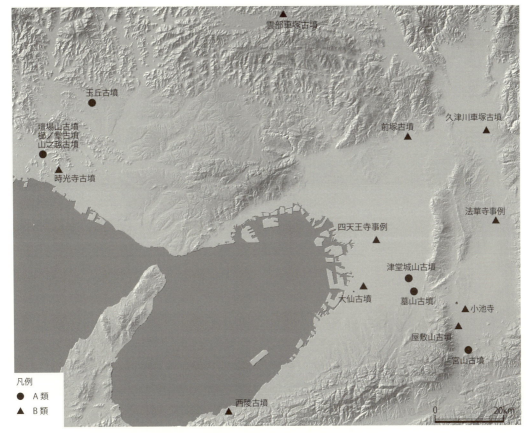

図 4　長持形石棺分布図

（2）播磨における古墳時代中期の副葬品の組み合わせ

　播磨における副葬品の組み合わせで比較可能なのは、宮山古墳出現以後となるが、その宮山古墳には3つの埋葬主体があり、朝鮮半島南部を源流とする遺物が多数みられる（姫路市教委 1970・1972、大谷輝 2005、吉井 2005）。カンス塚古墳や池尻2号墳でも同様な傾向がうかがえる。[12]

　この宮山古墳や池尻2号墳といった外部との接触をうかがわせる古墳からも、三角板鋲留短甲の出土が認められる。さらに、横矧板鋲留短甲はカンス塚古墳を含め、小規模な円墳を含み、分布域も広がりをみせる（田中晋 1988、兵庫県埋蔵文化財発掘調査事務所 1995）。これは、外来系的要素の強い時期においても中央との関係が個別に強弱はあるものの完全に失われていないことを示している。[13]

　年ノ神古墳ではわずかな出土遺物の中に三角板革綴短甲（兵庫県教委 2002）を含むが、陶質土器も出土していることから、外部との関係をもっていたという被葬者の性格が認められる。

　奥山1号墳では、鋲が棺に使用されていることから、宮山古墳との間に関連性がみられ、何らかの系譜関係も考えられる。しかし、朝鮮半島との関係に宮山古墳ほどの強固さは看取されない。また副葬品の量と質に大きな差が現れている。

　つまりは、外来系的要素の変化でいえば、外来系要素の多い古墳が多数認められる時期（播磨古

墳時代中期2段階）から、それが薄くないしは特に特徴のない段階へと変化する時期（播磨古墳時代中期3段階）があると考えられる。そこには役割の減退と共に勢力の衰退として捉えるべき面も存在するものと考えられる。

播磨古墳時代中期3段階に前後して、西神87地点（神戸市埋蔵文化財センター 2006）や小野王塚古墳（坂口・藤井 2006）ならびに亀山古墳（加西市教委 2006）には眉庇付冑が副葬されるようになる。[14] この眉庇付冑は小野山が規制を考えるうえで重要としており（小野山 1970）、それが、明石川から加西へつながるルートで出土している点は見逃せない。

このことから、眉庇付冑を配布した地域を足がかりに、交通の要衝にあたる地域に対して、小地域の首長であっても関係を結ぶために甲冑等の配布を行った可能性が考えられる（図5）。以上の点から、播磨古墳時代中期3段階に中央との関係が一時的に整備されたと理解できるが、それは、甲冑の入手の段階としては、横矧板鋲留短甲が主体となる時期と考えられる。

3　畿内周辺の勢力の盛衰——まとめにかえて——

これまでの考察からいくつかの事実を示すことができた。

まずは、五色塚古墳の存在から、佐紀古墳群との関係が理解でき、直接海に面していない佐紀古墳群を中心とした勢力にとって播磨が物流を確保するうえで重要な拠点であったと理解できた。おそらくはその状況は播磨全体で受け継がれていったと考えられ、行者塚古墳の埋納箱から出土した朝鮮半島系の文物は、被葬者が対外交流のなかで、さまざまな物資の入手に関わっていた可能性を示唆する。[15] それは、ものの入手にとどまらず、壇場山古墳を中心とした勢力では、竜山石を加工し、長持形石棺制作にかかわる技術の習得も想定される。これらの技術や物資を入手する役割は、宮山古墳やカンス塚古墳へと受け継がれ、当初は何とか命脈を保つものの、百舌鳥・古市古墳群を中心とした勢力とって、渡来人を経由して、さまざまな技術や文物が入手可能となることによって[16]対外交渉による播磨の重要度は低下したと考えられる。そのため、播磨では勢力が減退し、前方後円墳が消滅し、古墳が小型化したと考えられる。さらに百舌鳥・古市古墳群を中心とした勢力による直接的な対外交渉の強化[17]とともにその地位を失い急速に衰退したのである。

今後さらなる考察の必要性があるが、ここでは、前方後円墳の一時的消滅は、播磨における役割の衰退と考えておきたい。また、百舌鳥・古市古墳群を中心とした勢力との関係が再構築されるのは、甲冑の分布からみれば、横矧板鋲留短甲が播磨で広がる時期と考えられる。

ただし、玉丘古墳群では、海上ルートにくらべ重要性がすぐに失われるような立地にはないことから、地位の後退はあるとしても急速な衰退には至らなかったと考えられる。後の情勢からすればある意味規制ととられるべき余地も十分にあるものと思われる。

ただ、西条古墳群における古墳の規模の縮小は、時期的な変遷からみれば、対外交流の中心が壇場山古墳へと移り、そのために西条古墳群の勢力が急速に衰えたとも考えられる。その場合、壇場山古墳の墳形が仲津山古墳と類似している点は何らかの関係を考慮する必要もあろう。さらにいえば、佐紀古墳群西群より、百舌鳥・古市古墳群の方が勢力を伸ばしていく動きも、西条古墳群の衰退と何らかの関わりがあったものと考えられる。

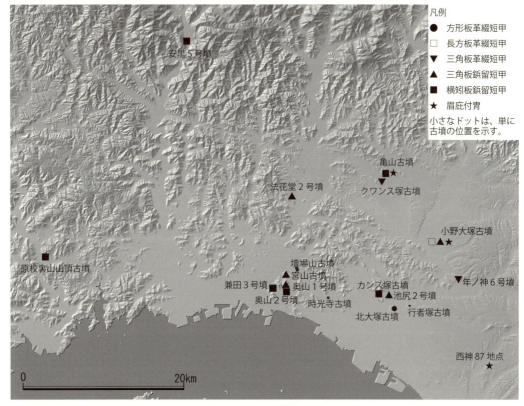

図5　甲冑出土地分布図

　また、時光寺古墳や小野王塚古墳などの大型円墳がこれまでに系譜の認められない地に出現する意味をあらためて考えれば、それは百舌鳥・古市古墳群を中心とした勢力との結びつきとともに、関係の再構築の過程で新たに勢力を得たことが大きく作用していたと考えられる。特に大仙古墳出現に関わる動きと取ることもできるが、その意味で、玉丘古墳群中に近い亀山古墳も同様に考えられよう。

　ただ、畿内周辺地域では、前方後円墳の規制が弱まる時期に前方後円墳が復活するとされているが、播磨では前方後円墳の復活は5世紀末を待たねばならない。それは、中心となるべき氏族が急激な変化と共に衰退し、小規模な地域ごとの集団へと分裂してしまったために、あらためて前方後円墳を築くには至らなかったと考えられる。それは、奥山1号墳以降、墳丘規模の縮小とともに副葬品の質・量的な変化からもうかがえる。

　この状況からすれば、玉丘古墳群以外では、規制よりも勢力の衰退としての要素の方が意味としては強いと思われる。つまりは、播磨では物流の拠点的役割を段階的に失うことによって在地首長は衰退し、中心となる勢力が姿を消し、明確なまとまりのない小地域ごとの首長の林立へと変化していく。この変化過程は、緩やかな段階的動きのなかにあり、規制によるような突発性は看取されない。特に中央との関係からみれば、前方後円墳の消滅よりもその後の、大型円墳の出現にこそ、百舌鳥・古市古墳群を中心とした勢力との強い上下関係の再構築が認められるのである。

第2節　古墳時代中期における副葬品配置

　集落がほとんど防御機能を保有しない点は後に述べるが、対象とした古墳時代中期における古墳側からみた戦闘行為に関する側面について議論を先に進めることとする。

　本節での目的は、副葬品配置の変化を読み取ることにある。

　従来より、副葬品配置ならびに埴輪の配列などから「護る」意識に関する考察は多く、近年では、長大な木棺の空間利用に関する考察から、中期に変化が現れることが明らかにされている。また、従来盛んであった軍事組織について、新たな視点から考察されたものもある。その多くは、副葬品配置にも触れながら前期から中期への変化を指摘するものの、中期段階での変化については、十分に議論が尽くされたとは言い難いものがある。

　古墳時代前期から中期への変化は大きな画期として捉えられている。なかでも鏡の副葬の減少と鉄製武器の増加傾向から、古墳時代の被葬者の性格が司祭者から武人へと変化したものと捉える考え方が半ば定説化している。各階層上の武人の出現は、階級的な軍の存在を想起させるものであり、そこには戦争エリートの出現すら可能性をにおわせるものである。戦争エリートの出現は、国家形成過程を検証するうえで、重要な要素であり、さまざまな角度から検証が必要と考えられる。

　古墳からはさまざまな発展段階がみえるが、集落からみた場合、戦争に特化した職業軍人的な集団が居住したような空間、すなわち階層的な格差のある量的な空間差をもつ居住空間は確認されていない。つまり、日常的には常備軍の存在は、集落からみれば否定的な結果をみている。それは、集落からみれば、戦争エリートの存在や、武人の存在は不必要なものとして映るのであり、否定的な立場を示す。

　本来的に軍事組織のリーダーが地域首長と同義であるとはいえないが、古墳の被葬者の性格を探ることは重要な作業と考えられる。これまで、軍事組織を探る研究では武器の出土数に伴う組成が議論され、前期を中心とした研究では鏡の位置は重要な問題として取り上げられてきた。

　本節の目的は、軍事組織の存在を否定するものではなく、副葬品配置の変化を読み取り、被葬者自身の性格を検証するものである。そのため、古墳時代初頭から後期にいたる遺物出土状況を研究の対象とするが、その中でも、被葬者に身近な遺物の配置を検証し、棺内のその他の遺物配置や棺外遺物の配置関係についても検討を加味することによって、被葬者が地域の首長として占める立場（性格）を軍事・祭祀の両側面から探ることとする。ここでは、古墳時代中期に軍事的性格をもった人物の存在が肯定できるかを中心的問題として取り扱うこととなるので、まずは先学の研究成果を学ぶことから始めたい。

1　学　史

　小林行雄は、中期における古墳への多量副葬は、葬送儀式に必要な器物の副葬品への追加であり、そこに葬制の変化があったと述べる（小林 1950）。後に松木が指摘することになる副葬品の多量埋納についても（松本 1994）、すでに先駆的な考えを示している。

田中晋作は、野中古墳の分析から、武器組成の単位を抽出し、人体埋葬を伴う武器副葬の事例に対して、個別に武器の保有する数を問題として上げ、さらにセット関係（武器組成）を問題視する（田中晋　1995）。しかしながら、論の目的が異なることにもよるが、この節で問題としている、人体に対する武器の出土状況についてはあまり考慮されていない。

　松木武彦は、墓に副葬された武器・武具は、「第一義的には、そこで行われた葬送儀礼の結果である」と捉えており、「遺物の解釈は、つねにそれが置かれた遺構の性格を通して行うべきである」と述べる（松木　1994）。墓に置かれた武器・武具は、単に葬送儀礼の結果というより、死者への当時の捉え方を反映している可能性すらある。しかしながら、松木が述べるように、遺構の性格として、被葬者の身近に配置された遺物群は、配置状況の詳細な解釈によって、個人に帰するものも選別可能であると考える。

　なお、野中古墳のような大量埋納の事例が、「器物の大量集積・埋納という葬送儀礼の始まり、盛行したことの痕跡である」との松木からの指摘がある。時期差のある武器・武具の存在からそれ以前の保有形態を推察することは可能と思われるが、それとともに、武器が大量に一括して保管されていたものが、最新のセットも含めて、なぜ埋納する必要があるのかという点は十分に検討が必要であろう。そこに武器管理上の何らかの変化を認めるべきかもしれない。

　藤田和尊は、大量埋納の武器・武具に対して、「最新相甲冑セットを主体としつつ一括して大量に保管されていた所から、無作為に取り出した多くの短甲・頸甲・冑をそのまま各施設へ埋納した結果である」としており（藤田和　1998）、これらの埋納された武器類が常に最新相のみのセットで構成されているわけではなく、葬送儀礼のために生産された武器・武具だけではないことが理解される。

　葬送儀礼に関しては、本節とも強い関連性があるので述べておきたい。恵解山古墳の鉄器・武器の検討から、豊島直博は「鉄器埋納施設は、中期初頭に特別に一括生産した武器を用いた痕跡として出現し、中期中葉には一般的な埋葬施設に副葬するものと同じ鉄器・武具を儀礼に用いるようになった」「軍事組織の検討には埋葬施設への副葬品を用いることが適切である」と指摘しており（豊島　2010）、これらは、副葬品が葬送儀礼を目的とされた場合、その時点での最新の技術によって製作されたと考えるべきであろう。また、軍事組織の検討には埋葬施設への副葬品を用いるべきとの指摘は、副葬品配置から被葬者の性格の変化をみようとするこの節での趣旨と一致している。

　泉森皎は、剣・刀の出土状況を検討し、古墳時代中期の刀剣の副葬配置は、「刀剣が個人に伴う」か「死者の霊を鎮めるため」としている（泉森　1999）。

　また野中古墳のような事例は（北野　1976）、周囲ですでに保有されていた甲冑を集積して埋納したと考えるべきであろう。儀礼に使用されたとしても、儀礼専用に生産されたとは言い難いものである。形象埴輪群にみられるような葬送儀礼が展開され、武装した武人が葬送儀礼に参加、その後に武器類が副葬されたとして、副葬のあり方が武器本来の意味をもって配置されているかどうかは重要な意味をもつ。人体の埋葬のあり方は、確かに葬送儀礼をへた最終形態であるため、直接的に被葬者の性格を表しているとは限らない。しかしながら、時期的変化とともに葬送儀礼の変化や埋葬のあり方の変化を推察し、その中から、最終形態としての人体埋葬と武器配置から、被葬者の性

格の変化を読み取ることは可能だと考える。

菱田哲郎は、木棺内の空間を意識しつつ、埴輪配置や楯の出土状況から、死者を護るという意識がなみなみならず働いていたと指摘する（菱田哲 1993）。さらに甲冑の出土状況を、小口を塞ぐという意識の結果と読み解く。

藤田和尊は鏡の出土位置から、古墳時代前期の鏡の出土位置について、頭部集中型から頭足分離型へ変化すると指摘した（藤田和 1993）。

福永伸哉は「近接直交配置の剣は他の武器とは区別されて被葬者の頭部あるいは側部に置かれた」と指摘し（福永伸 2000b）、剣を特別に意味あるものと考え、中期古墳の新しい要素をいち早く取り入れた古墳にみられるとした。

玉井功は、福永の考察を受けて、剣と鏡は近い位置に置かれることが多いとして、その出土状況を詳細に検討し、多くの鏡と刀剣で被葬者全体を囲むもの、頭部のみを囲うものなどに分けた。そのうえで、初期段階には棺そのものを守るために棺の周りに刀剣類や鏡を配置していたが、その後被葬者を守るために被葬者の周りを刀剣類や鏡で囲むようになり、その後簡素化され、頭部周辺に刀剣類と鏡を置くようになると指摘した（玉井 2009）。

岡林孝作は、膨大な資料を整理し、木棺の空間利用について詳細な検討を行った（岡林 2016）。前期的な様相は、棺内空間を3分割にすることとし、中央の空間保持が前期における長大な木棺の本来的機能と考えた。中期的な様相は遺体の数が1体に限らないなど各種の棺内空間の利用法が併存し、多様性に富むとした。特に中期的な様相として、同棺複数埋葬が相当普遍的に行われていたことを明らかにし、前期末を堺にして、使用法が大きく変化したことを指摘した。

藤原哲は、古墳時代前期～後期の未盗掘の竪穴系墳墓を中心に武器の副葬状況を検討し、近畿を中心とする大・中規模の古墳においては、「遺骸の外部との遮断」から「武器の同種多量埋納」、「記号的属性を帯びた副葬」へという変化過程を経ることを明らかにした（藤原 2015）。そのうえで副葬行為は武器を大量に副葬するという象徴的な、または記号的な意味合いが強いと結論付けた。さらに、中・小型の古墳では、中期において少数の武器を人体付近に副葬する事例が多いと指摘したうえで、人体付近に武器を副葬しており、それら武器は実際に使用していた、または生前の身分を表すような価値的な背景を推察している。

さらに藤原は、甲冑が出土する古墳の副葬品をもとに、甲冑副葬Ⅰ型：甲冑1、複数の刀剣や長柄の武器、数群までの鉄鏃で構成された武器副葬、甲冑副葬Ⅱ型：甲冑3以上または1器種5以上の武器など、個人使用の範囲を逸脱した多量の武器副葬、甲冑副葬Ⅲ型：主体部の大部分をきわめて大量の武器を集積したものに分類した（藤原 2015）。そのうえで、甲冑副葬Ⅲ型は、当時の社会階層や階層別の儀礼程度の強弱の具象化によるとした。また、前期から中期前半にかけての甲冑副葬Ⅲ型では実用品としての組成の統一は認められず、むしろ同種多量の"並べる"という行為に重点が置かれたとし、中期後半では武器の埋納に際しては実用的なセット関係が重視されている様相がうかがわれるとしている。そのうえで、中期後半～後期初頭の武器の扱いについては、武器の実用品としての認識が強くなっていると指摘している。

以上の研究成果からみて、分類としては、藤田が指摘する古墳時代前期の鏡の頭部集中型、玉井

が指摘した被葬者の周りを刀剣類や鏡で囲む副葬品配置、藤原が指摘する中期後半では、武器の埋納に際しては実用的なセット関係が重視されているという点に特に留意しつつ論を進めていくこととする。つまり、人体埋葬想定位置周辺の武器・武具の副葬品配置を中心として取り扱い、棺周辺での副葬品配置にも触れることとする。そのうえで、従前から指摘されている「護る」ための副葬品配置の変化並びに人体周辺での副葬品配置の変化を読み取り、藤原が指摘する武器の実用的セットの意味を検証しておきたい。

2　遺物出土状況

（1）分　類

まず人体周辺の副葬品配置について、いつかのパターンに分類が可能である。

Ⅰ型：藤田が指摘する鏡の頭位集中型（頭位型）

Ⅱ型：玉井が指摘した被葬者の周りを刀剣類や鏡で囲む副葬品配置（全身囲込型）

Ⅲ型：鏡の頭位集中型の中期段階のあり方として、刀剣類の上半身囲い込み（上半身囲込型）

Ⅳ型：刀剣類を下半身に配置するもので、（下半身囲込型）

上記の分類をもとに、以下に実際の出土状況について述べておきたい。

（2）鏡の出土状況

鏡の出土から、司祭者的性格を読み取るかどうかは別にしても、前期に特有とされる鏡の副葬が、中期・後期に至っても完全に消える訳ではない。そこで、鏡の副葬から被葬者の性格が変化するかどうかについて、検討を行うこととする。なお、鏡の出土状況は、被葬者に近い位置に配置されたケースのみを取り扱う。

綾部山39号墓出土の鏡は破砕され、頭部から胸部付近に撒かれていた（中溝 2005）。

権現山51号墳では、5面の鏡が鏡面背を上に向けて頭位を囲みこむように配置されており（冨田 1991）、Ⅰ型である。

雪野山古墳における鏡の出土状況としては、被葬者の人体頭部近くに内行花文鏡が置かれ、その北の仕切り板に立てかけるように2面の鏡が鏡面背を仕切り板にむけて配置されていた。さらに南の仕切り板に北側から　2面の鏡が鏡面背を仕切り板にむけて配置されていた（杉井 1996）。この配置から、内行花文鏡が人体に伴う副葬であり、各2面ずつの鏡は小口部分に立てかけることによって、小口部分からの邪気の侵入または広まりを防ぐ意図が読み取れるものと考えられる。

鴨都波1号墳（御所市教委 2000）や、黒塚古墳（奈良県立橿原考古学研究所 1999）・真名井古墳（北野 1964）の事例からみて、人体頭部に鏡を配置することが基本としてあったと考えられる。その他に、寺戸大塚古墳の事例（向日市埋蔵文化財センター 2001）のような足下にも鏡を配置する手法も追加されたと考えられる。

これらの鏡の配置は、権現山51号墳のように、頭部周辺を鏡とともに剣を配置して（冨田 1991）頭部付近を囲む事例が認められ、黒塚古墳（奈良県立橿原考古学研究所 1999）でも刀と剣をもって頭部付近を囲む意図が認められる。

これらの事例から、人体頭部付近に配置された鏡は剣等の武器を伴う事例と合わせて、頭部周辺

を守るまたは霊魂のようなものが死者の頭部から出て行くことを防ぐ意図が読み取れる。

　このように古墳時代前期には頭位配置が基本として存在するが、中期以降、武器の多量副葬の開始とともに変化はあるのであろうか。中期以降の鏡の配置について見てみることとする。

　黄金塚古墳中央槨では、頭部周辺に鏡が1面置かれていた（島田 1954）。御獅子塚古墳（柳本 2005）や新開1号墳（西田 1961）でも同様の傾向が認められる。茶すり山古墳では頭部周辺に鏡が2面置かれていた（岸本― 2010）。今林6号墳（福島 2001）や豊中大塚古墳（柳本 1987）では、頭部より離れた位置に鏡が1面置かれていた。楯塚古墳（末永編 1991c）や小野大塚古墳（坂口・藤井 2006）では足下から離れた位置に鏡が1面置かれていた。

　宮山古墳3号主体部（松本 1972）からも頭部周辺に鏡が1面置かれていた。後出3号墳では、頭部周辺に鏡が1面置かれていた（吉村和 2003a）。土保山古墳（陳 1965）や新沢千塚48号墳（伊達 1981b）でも同様の傾向が認められる。

　後期古墳の高井田山古墳の左の木棺埋葬では、頭部周辺に2面の鏡が置かれており（桑野 1996）、藤ノ木古墳では、頭部周辺に3面の鏡が置かれている（関川 1989）。

　このように見てみると、鏡を頭部周辺に配置する原則は、一部楯塚古墳などで変化するケースも出現するが、一貫して後期まで変わらないものと考えられる。つまり、中期の武器を多量に副葬する段階においても、鏡の副葬がなくなるわけではなく、前期以来の伝統的な鏡の副葬位置は堅守され続けるのである。

（3）剣・刀の出土位置

　次に剣や刀といった武器の出土位置を確認することとする。

　前期に人体周囲に剣や刀を副葬する事例は少ないが、鏡の項ですでに述べたように、頭部周辺を囲むように刀や剣が配置される事例が存在する（Ⅲ型）。愛宕神社1号墳の事例からみれば（竹井 1998）、刀の柄部分が頭頂部付近に置かれる事例があることがわかる。雪野山古墳のように刀の柄が肩付近に置かれる事例や（杉井 1996）、寺戸大塚古墳のように胸の部分に剣が置かれる事例（向日市埋蔵文化財センター 2001）も存在する。これらは個人に属する武器と捉えることも可能であるが、これらの武器が儀礼用として用いられていた可能性も考えられよう。よって、鏡とともに、武器で頭部周辺を囲むという祭祀的要素を含む事例（Ⅲ型）も存在していたと考えられる。

　中期の古墳では、茶スリ山古墳の事例（岸本― 2010）のように身体周辺を多くの刀で囲むⅡ型が出現する。このような人体周囲を武器で囲むあり方は、新開1号墳や（西田 1961）、久津川車塚古墳（梅原 1920）でも認められる傾向である。小規模墳のような、多量に武器の副葬が認められない事例では、当然人体を囲むだけの武器は保有していないため、頭部周辺を囲い込むまたは、頭部の両サイドに武器を配置するⅢ型が認められる。

　つまり、前期に認められた、頭部を鏡や武器で囲むやり方（Ⅰ型）は、中期に入りⅠ型・Ⅱ型・Ⅲ型の3パターンに増えるものの、基本的に頭部を中心に囲む行為は一貫している。また、刀や剣の置かれ方から考えても、人体の身近に置かれた武器であっても、個人が生前所有していた固有の武器を身近に配置したという訳ではなく、人体を囲むことを目的として配置された儀礼的意味を含む武器であることが理解される。またこれらの武器の配置は、墳丘規模によって特に大差はなく、

	前期前半以前	前期後半	中期前葉	中期中葉	中期後葉	中期末	横穴式石室
120m以上	黒塚			久津川車塚			
60m以上	雪野山	園部垣内	黄金塚		大谷		
60m以下	権現山51号	長法寺南原		御獅子塚	新沢109号		鴨稲荷山
円墳・方墳	安満宮山	長良龍門寺	茶スリ山	新開1号	西小山	土保山	藤ノ木
小規模墳	綾部山39号		今林6号	法花堂2号	後出3号	新沢173号	高井田山
分類	頭囲囲込 上半身囲込	上半身囲込	上半身囲込 全身囲込	上半身囲込 全身囲込	頭囲囲込 上半身囲込	下半身囲込	上半身囲込 下半身囲込

0 5m

表1 時期・規模別にみた刀剣類と鏡の副葬位置

規模などの差による傾向も特に認められない。

　ただし、中期後半でもやや下がる時期、土保山古墳（陳 1965）や新沢千塚173号墳（伊達1981a）などでは、下半身または脇下あたりに武器を１振配置しているⅣ型が出現する。これらは、被葬者が生前に武器を所有していたであろう時の状態とほぼ近い様相を復元するかのような配置である。よって、武器が副葬品として、被葬者のそばに置かれていたと推測可能な出土状況を示す。

　高井田山古墳（安村・桑野 1996）の被葬者でも同様な状況がみてとれ、この頃、小規模墳では、下半身に沿わせる刀の副葬品配置が認められる。しかしながら藤ノ木古墳では（関川 1989）、やはり２体ともに頭部周辺囲込の変形といった状況が認められ、下半身に刀を沿わせるあり方は、小規模墳に限定的なあり方と思われる。

（４）甲冑の出土状況

　短甲の出土事例は多いが、前期の事例は棺外ないしは棺の外郭であり、人体の埋葬された中央には短甲は副葬されない。

　革綴短甲の事例でもその多くが、人体の埋葬された中心から仕切られた外にあり、小野大塚事例（阪口・藤井 2006）のように胴後部分を小口外に向けて立てて置かれるなど、床に立てて置かれる事例が多い。豊中大塚など（柳本 1987）、複数の短甲を副葬されている事例では、武器で囲まれた外側を頭部と足下を守るように短甲が配されており、鏡は頭部付近の短甲２領の間に置かれている。これは、前期にみられた鏡の配置が短甲に置き換わったかのような配置を示す事例とも考えられる。近接する御獅子塚古墳でも（柳本 2005）武器で囲まれた被葬者の頭部の北側に短甲が立てて置かれる。しかしながら、鏡は頭部近く、武器で囲まれた中に置かれており、地域内部で、鏡と短甲の配置関係が変化し、その傾向が維持されるような状況にはなく、鏡の配置関係における優先が完全に崩れたわけではないと考えられる。

　事例としては、今林６号墳（福島 2001）、新開１号墳（西田 1961）、鞍塚（末永編 1991a）、足下の離れた位置に短甲を立てて置かれているほか、小野大塚古墳（藤井章 2006）や茶すり山古墳（岸本一 2010）・久津川車塚古墳（梅原 1920）では、人体埋葬位置の足下から離れた位置の仕切られた空間に短甲が立てておかれていた。よって、頭部付近に鏡を置き、それを含む形で人体を武器で囲む、そして、人体の足下の位置に短甲を立てて小口を塞ぐのが基本的な副葬品の配置であったと考えられる。

　ただし、珠金山古墳北棺では、頭部付近に置かれた鏡からやや離れた位置に胴前部分を上に向けて短甲が置かれていた（末永編 1991b）。また、法花堂２号墳では（加藤 1986）、発見時にすでに取り上げられた三角板鋲留短甲の出土事例ではあるが、足下近くの位置に胴前部分を上に向けて短甲が置かれていたとされている。これらから、小型墳では、人体近くに短甲を横に倒して置く副葬品配置が開始されていたと考えられる。

　小規模墳丘の後出７号墳の事例では（吉村和 2003b）、三角板鋲留短甲の後胴を上に向け、短甲の腰部分付近を被葬者の頭部に覆い被せるような位置関係で出土している。宇治二子山南墳では（杉本宏 1991a）、横矧三角併用鋲留短甲の後胴を上に向け、短甲の上端部を頭部に覆い被せるよう

にしておかれていた。この他、後出3号墳でも短甲を2領ともに後胴を上に向けて置かれていた（吉村和 2003a）。

　以上の点からみて、三角板鋲留短甲出現以後、小規模墳では、棺内の空間的制約の可能性もあるが、短甲の後胴を上に向け置く、方式が採用されており、一部には頭部に覆い被せる置き方がとられるようになったと考えられる。

（5）楯の出土状況

　この節では楯の出土状況についても確認作業を行った。

　楯の出土は、楯塚の代表されるように、粘土槨の上面を覆うように複数の楯が置かれているような状況が確認されている。その他にも、豊中大塚古墳（柳本 1987）や御獅子塚古墳（柳本 2005）など5世紀前半代の古墳にその事例が多い。楯の出土事例は、その他にも黄金塚古墳東棺（森 1954）や新開1号墳（西田 1961）、宇治二子山北古墳（杉本宏 1991b）、市尾今田1号墳（今尾 1983）、茶すり山古墳（岸本一 2010）などであり、これらの古墳から出土する甲冑は、革綴短甲か三角板鋲留短甲であり、横矧板鋲留短甲を伴うものはない。この事実は、竪穴式石室等の検出上の困難さから、確認できていない可能性もあり、現時点では、慎重にならざるをえないが、楯の副葬のあり方のピークは5世紀前半に求めることが可能と考える。

（6）棺内および周辺の遺物出土状況

　園部垣内古墳では（森 1990）、槍や剣・刀などが人体推定位置の両側面付近の棺外位置に大量に配置されており、棺外においても武器で囲むかのような様相を示す。珠金塚古墳では刀・剣・矢を用いて人体推定位置の両側面付近の棺外位置に大量に配置されており、棺外においても武器で囲むかのような様相を示す。小野大塚古墳でも（藤井章 2006）、鉾・剣などを用いて、人体推定位置の両側面付近の棺外位置に配置されており、棺外においても武器で囲むかのような様相を示す。豊中大塚でも槍を用いて、人体推定位置の両側面付近の棺外位置に配置されており、棺外においても武器で囲むかのような様相を示す。

　以上の事例からみて、前期に棺外で大量に武器を配置する事例はなく、中期後半にも武器の棺外配置事例は減少するものと考えられる。人体推定位置の両側面付近の棺外位置に武器を配置する行為は、人体を囲い込むように武器を配置する行為が盛行する時期と一致するものと考えられる。ただし、藤原がいう甲冑副葬Ⅲ型に属する城ノ山古墳では依然として武器の多量副葬が行われており（藤原 2015）、規模によって、変化が異なることを示していると思われる。

（7）頭位置の確定に関する検証

　武器のなかでも剣や刀を伴う場合、切先を足下の方向と推定している。

　綾部山39号墳では朱の濃い範囲があり（中溝 2005）、この部分は頭囲から胸の部分と考えられ、木棺痕跡の小口部分に近いことから、頭位がほぼ推定可能となる。権現山51号墳では（冨田 1991）、鏡と武器で囲まれた部分があり、その位置を頭位値と推定した。雪野山古墳では（杉井 1996）、2号鏡と3号鏡が仕切り板に立てかけられていたとされており、1号鏡に重ならない位置を頭位とした。

　鴨都波1号墳では（御所市教委 2000）、ひときわ朱の濃い部分があり、その位置が頭位置と推定

可能であろう。新開1号墳南では（西田1961）、武器で囲まれた空間があり、人体の位置を推定できる。鞍塚古墳では（末永編1991a）、棺の小口近くに鏡が出土しており、鏡の位置が頭頂部または頭位を示すと考えられる。茶すり山古墳では（岸本一2010）、新開1号墳南と同様に武器で囲まれた空間があり、人体位置を推定可能である。御獅子塚古墳では（柳本2005）、剣と刀でコの字に囲まれた空間があり、その空間内に収まるように頭位を決定している。特に鏡の位置に頭位を重ねるかずらせるかは微妙なところであるが、この節では、重ねない位置を妥当と考えた。宇治二子山南墳では（杉本宏1991a）、玉類がまとまって出土する地点があり、その部分を頸部付近と推測が可能である。珠金山古墳では（末永編1991b）、勾玉が集中して出土する地点があり、その部分を頸部付近と推定した。奥山古墳では（梅原1935）、耳環が出土しており、頭位置が限定可能である。黄金塚古墳東槨では（森1954）、鏡や玉が出土する位置に頭骨が出土しており、頭位置が限定可能である。土保山古墳では（陳1965）、人体の推定位置が図上で示されている。鴨稲荷山古墳では、冠と沓の出土があり、ほぼ人体の位置が限定できる。高井田山古墳では耳環の位置と石室内の空間から頭位を断定できる。以上の点から、この節で示した人体位置と武器類の位置関係が調査成果に即した妥当性をもつものであることが理解できる。

3　副葬品配置からみた被葬者の性格の変容——まとめにかえて——

今回の検討から、槍や鉾といった武器は、被葬者から離れた棺外に置かれるケースが中期前半には多いことが理解できる。しかしながら、鉾が厚手化する段階において、槍は副葬される古墳が減少するのに対して、鉾は残る傾向にある。この傾向は、多角形鉾の出現時期とも一致している。この時期は、鉄鏃の長頸化の時期とも合致している。この時期は藤原がいう「実用的なセット関係が重視されている様相」（藤原2015）が出現する時期でもある。この時期に従前槍とともに棺外に配置されていた鉾は、古墳時代中期後半には、石室内ないしは木棺内へと副葬品の配置場所が変化する。つまりは、歩兵の長柄の武器から、騎上の刺突へと特化したことで、武器として生き残ったと考えられる（富山2017）。このことからみても、副葬品配置は中期半ばを境に大きく変化していることが理解できる。

前期以来の副葬品配置としては、当初「護る」ことを主眼として、中期前半には全身を囲い込むⅡ型の出現によってピークを迎える。武器保有の量的差によって、全身を囲い込むⅡ型か上半身を囲むⅢ型の差はあれ、「護る」という意味において同等と考えられる。

藤原は、中～小古墳において個人が持ちうるセットとしての武器保有をもって変化を読み取ろうとしている（藤原2015）。今回の考察では、Ⅳ型である下半身囲い込みの出現に意味があると考えている。特に、武人埴輪にみられる状況と同様な形状として、被葬者の左側に剣または刀が置かれることが重要であると考えるが、この配置は、武器として刀が通常の使用時の状態に置かれていたのであり、武人として葬られた可能性を示している。つまりは、Ⅳ型の出現により、武人的性格が顕在化したとみるのである。逆にいうと、それ以前の段階では、副葬品配置からは武人的性格は読み取ることはできないと考えている。これは、前期以来の頭位を中心とした「護る」行為としての副葬品配置からの脱却を示しており、大きな変化といえよう。

中期後半には、被葬者に伴う刀の柄部分が腰の位置へと変化する事例が認められるようになる。これは、日常的に刀を佩いていれば同様な位置となるのであり、生前の様子そのものに、武器の副葬位置が決定されたかのようにみえる。この刀の切先位置が足先に近い状態は、中期前半の囲い込み事例以外では認められないものであり、前期以来の頭位置を囲む所作から大きく変化したものと考えられる。この武器の副葬位置からは、被葬者が武人である可能性をうかがわせる。

そこには、古墳にみられる呪術的様相や、被葬者の武人的性格の欠如からみれば、古墳時代前期から中期前半は、「鬼道」によって治められていたとすら考えさせられるものであった。しかしながら、その状況から脱する、つまりは、弓矢を主に用いる儀礼的戦闘から、本格的戦闘が行われはじめ、武人の登場を見出すに至る変化とも捉えられるものである。この時点で、棺外のみに配置されていた鉄鉾も、刺突専用の騎上の武器として認識されはじめ、石室内や棺内へとその配置を変化させはじめる。とはいえ、こういった変化が古墳規模でみた格差のなかで普遍的に起きたわけではなく、小規模墳に顕著ではあっても、百舌鳥城ノ山古墳といった前方後円墳築造層では、武器は多量に消費されており、被葬者に対する副葬品配置の変化は乏しいものであった。

この呪術的な古墳の埋葬状況から、武人的性格をストレートに表す状況への変化は、少なくとも社会変化からすれば大きな変化といえよう。表面的に直接みえる形をとるのであり、これは中期後半に質的な社会への移行が目されたひとつの変化の表れともとることができよう。これに関して、鉄鉾の流入経路からみれば、金官伽耶から淡路南経由で紀ノ川を遡上し葛城に至るルートに対して、百済に発し大伽耶から瀬戸内沿岸・淡路北を経由して淀川流域に至るという、2つの流通ルートによる、緩やかではあるが相互の競争関係が認められ、その競争関係の終結による流通ルートの一本化とともにさまざまな社会変化が起きたものと考えられる。

ひとつには、5世紀における大仙古墳以降、前方後円墳の規模が縮小することは広く知られているが、これには、量的な格差の社会から脱しようとする動きともとれよう。そこには、小規模墳の被葬者に武人的な性格を表せる人物が出現してきたこともその査証となる。ただし、藤ノ木古墳にみられたように装飾性が高く、武人的性格を示すような副葬品配置を取らないケースが6世紀に至っても存在しており、武人的性格の人物で満たされるような社会への発展は未成熟のままと考えられる。大規模墳へまで副葬品配置の変化が広がりを伴わなかったことからみても一時的かつ部分的な現象にとどまってしまった可能性が高い。このことから古墳時代中期に戦闘行為を中心とした社会に向けて大きく動いたとは考えにくい。

こういった見通しは、前方後円墳でいえば、五条野丸山古墳などの巨大な前方後円墳の築造が、中期前半で停止したとはいえない状況にあり、同様な様相が垣間見られ、おそらくは、質的は変化への機運は頓挫したと考えられる。量的な差の社会から質的な差の社会への変化は、中期後半以降、さまざまな試みが行われたと思われるが、結局、7世紀を待たねばならなかった。ただ、7世紀に完成するひとつの社会への重要な出発点として、中期後半に開始されたさまざまな変化は重要な意味をもつと考えられる。

第3節　播磨における古墳時代の集落——渡来人の動向を中心として——

　古墳時代の社会構造の復元は常に古墳研究がリードしてきた。それに比べ、集落構造やその実態から導き出される社会構造が古墳研究によって導き出された内容と合致するものかどうか、十分な検討がなされてきたとは言い難いものがある。

　古墳研究から導き出された社会の階層構造に比べ、集落の基礎的研究からはさほどの階層の存在を明確化できない状態にある。豪族居館の発見以降、これを埋めるものとして、古墳研究に集落研究が迎合する方向に傾いたが、豪族居館の位置づけが揺らぐ昨今では、集落研究から導き出される社会の基礎構造は、古墳研究のそれとは決定的な違いをみせている。

　本節では、古墳時代中期の播磨の集落について、建物の規模や遺構群の変化ならびに掘立柱建物の有無や位置づけについて基礎的な分析を行い、個別の集落構造について検証することとする。そのうえで、古墳時代中期における集落の動向を探るべく、韓式系土器の採用による地域への土器様式の影響度合いや製塩土器・滑石製品の使用法などの流れから、外来文化との接触の度合いや地域間関係ならびに物流の画期についても把握することとする。これらの動向の整理によって、古墳時代中期の播磨・淡路における集落構造ならびに格差の度合いや外来技術の入手に伴う分業化の進展ならびに集落内部での手工業生産の発達などが把握可能になり、さらには、対外交流への関わり方の変化ならびに物流の変化や画期の読み取りが可能となるものと思われる。

　現状として、播磨の古墳の築造状況としては、5世紀には目立った前方後円墳は築かれなくなり、小地域の首長と一般成員の差が小地域ごとに分散される傾向にある（富山 2012b）。こういった、複数の階層構造が温存された状況下で前方後円墳という表現が停止した全容の一端についても集落の分析を通じて明らかになるものと思われる。また、淡路では古墳時代中期前半には大規模な掘立柱建物が築かれるが（定松・谷口 2006）、前方後円墳の築造が認められないなど違いがある。ここでは、これらの地域的特徴についても分析を行う。

　上記作業からは、地域間交流の実態が古墳研究からの結論と一致をみるとともに、階層構造、特に中心を明確に見出しえない点において、古墳（墓）研究から導き出される社会構造とは決定的な違いが示されることになる。

1　集落の基礎的分析と土器様相

　まずは古墳時代中期の播磨における集落の個別の集落構造を検証する。明石川・加古川・市川・揖保川流域の各遺跡において出土した土器の様相を図6に示す。

（1）明石川流域

　玉津田中遺跡では（菱田淳 1994・1996、富山 1992）、広範囲に分散して竪穴建物が築かれており、古墳時代中期に集落の存在は想定できるが、明確な単位や群については不明な点が多い。

　古墳時代中期に該当する土器は流路から多量に出土している。これらは、供膳形態としては、高坏と坏が同程度の比率と考えられる。しかしながら、長胴甕は確認できず、また竪穴建物からは、

第2章 古墳時代中期の古墳と集落からみた対外交流 35

図6 各遺跡出土土器

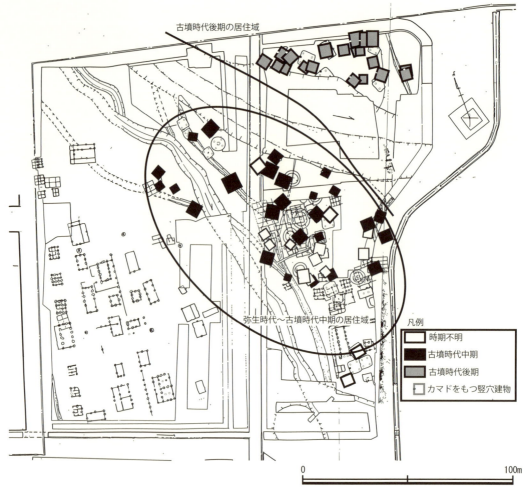

図7　吉田南遺跡の集落

造り付けカマドが未確認である。流路や包含層から韓式系軟質土器ならびに、土師器小型丸底壺に穴を開け、甑を模したものや甑が出土している。流路からフイゴの羽口が出土しており、集落内部で小規模な鍛冶などの工房が存在していた可能性がある。

　出合遺跡では、出合窯が確認されており（亀田 2008）、この地でTG232型式並行期以前に「陶質土器・初期須恵器」の焼成が行われていたことが指摘されている。しかしながら、出合窯で生産された須恵器は周辺の遺跡では出土が確認できない状態にあり、出合遺跡内部での消費にとどまっていた可能性がある。

　出合遺跡出土の土器では、瓦質の甕や壺の他、複数の韓式系軟質土器の出土が認められる。また、「陶質土器・初期須恵器」の中にも、甑や平底鉢が含まれるなど器種構成としては複数が認められる。類型的にはA'類型に近いが、土師器が含まれるなど、渡来系集団のみの集落と限定することはできない。また、窯の存続期間がかなり短期間であるためか、土器様相に明確な影響は認められない。このことから、渡来人の居住は認められるものの、永続かどうかは別としても、期間と内容ともに周辺への強いインパクトを与えるほどの状況ではなかったと考えられる。

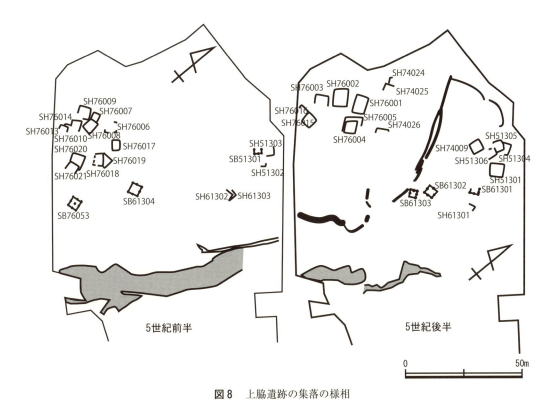

図8　上脇遺跡の集落の様相

　吉田南遺跡は正規の報告書が未刊行のため、詳細に議論することはかなわないが、これまでに出された現地説明会資料などの記載からみて（吉田南遺跡発掘調査団 1980）、弥生時代後期の竪穴建物9棟、古墳時代前期の竪穴建物24棟、古墳時代中期の竪穴建物26棟、古墳時代後期の竪穴建物31棟が確認されている（図7）。その数からみて、古墳時代を通じて安定した集落が形成されていたと考えられる。全体の変遷としては、遺跡の中央東の地区に前期から集落が形成されはじめ、後期になると北側に中心を移しながら、東部地区でも竪穴建物が継続して築かれるほか、南部地区でもわずかではあるが竪穴建物が築かれるようになり、建物群の立地に広がりがみられるようになる。中期に限って状況をみてみると、人工の流路を伴い、2ないしは3棟をもって最小単位として3〜4群が、時期的に立て替えを繰り返しながら継続して集落を形成していたものと思われる。その場合、建物の規模には、1辺4m前後のものと、1辺6m前後のものがセットで単位を形成していると思われ、集落内部での明確な格差は認められない。なお、中期後半以降では、製塩土器を多く伴うケースがある。

　吉田南遺跡からは、古墳時代中期前半までは、球形の甕が主流であり、明確な韓式系土器を伴わない。TK208型式並行期以降にやや土器様相に変化が認められるが、器種構成についてはTK23型式並行期以降に顕在化する。この時期になって、土師器化した甑が出現し、長胴甕も確認できるようになる。供膳形態としても、埦よりも高坏の方が多い。韓式系軟質土器の鍋が出土しているが、全体での件数はわずかである。竪穴建物からは鉄滓が出土しており、TK23型式以降には造り付けカマドが出現するが、普及するのは古墳時代後期に入ってからである。集落内部で小規模な鍛冶な

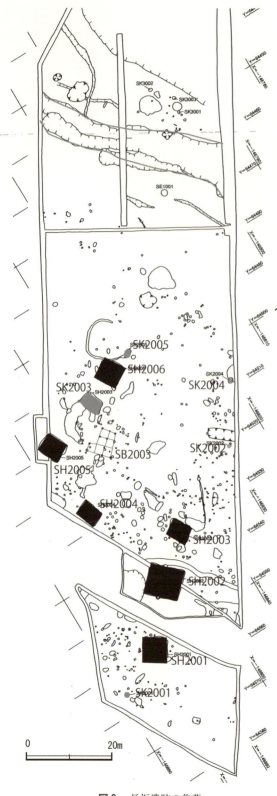

図9　長坂遺跡の集落

どの工房の存在は指摘できるが、渡来人の定着は不明瞭である。

上脇遺跡では（岸本一 2002、中川編 2002）、TK73型式以降に集落の形成が始まり、古墳時代後期に至るまで集落の継続が認められる（図8）。集落を構成する建物には、複数の立て替えが認められるが、TK23型式以降とそれ以前の時期に区分することが可能である。まず古墳時代中期前半の集落の内容をみてみると、当初、集落は東群と西群に分かれて立地しており、それぞれが2ないしは3の小単位で構成されている。西群の集落では、2ないしは3棟にやや離れた倉庫を伴うのに対して、東群では、1棟ごとで単位を構成しているとみられ、東群と西群では、若干の格差が認められる。古墳時代中期後半には、東群と西群は溝で区画されるようになる。東群では、居住域がやや北に移動するものの最小単位は不明瞭となる。西群も最小単位は不明瞭な状況に変わるが、やや離れた位置に倉庫を伴う。

竪穴建物の規模としては、1辺4～5mのものが一般的であるが、中期後半に、東西それぞれに1辺6m以上の竪穴建物が築かれるようになる。しかしながら、大型の掘立柱建物が築かれるようなことはなく、集落内部での格差の発展は限定的と考えられる。上脇遺跡では、供膳形態としては、やや高坏の出土量が多い。明確に長胴甕と指摘できるものは出土していない。竪穴建物に造り付けカマドが出現するのはTK208型式以降である。TK208

型式並行期に該当する竪穴建物から土師器化した甑の出土が認められ、流路や包含層から韓式系軟質土器の出土が認められる。また、土師器小型丸底壺に穴を開け、甑を模したものが出土している。工房を示すような遺物の出土は認められない。須恵器の出土は認められるが、TK208型式以降に量的に増えはじめる傾向にあり、TK73型式に該当するものは認められない。なお、瓦質土器が出土している。

　長坂遺跡は、伊川の扇状地先端部と氾濫原の微高地に立地しており、丘陵と伊川の間に沿うように東西方向に集落が広がると考えられる遺跡である（菱田淳 2001）。この長坂遺跡では、竪穴建物が6棟確認されており、それぞれ2ないしは3棟の竪穴建物を最小単位として集落が形成されており、確認できる掘立柱建物は1棟のみである（図9）。この2間×3間の掘立柱建物を中心とした単位とともに、1辺8mほどの竪穴建物を中心とする単位とが存在する。この1辺8mほどの竪穴建物は、周囲の竪穴建物が1辺5～6mであることに比べれば、やや大型の建物といえる。

　とはいえ、建物群を区画するような溝などは存在せず、領域に隔絶性は認められない。よって、多少の規模の差は存在するものの、一方に掘立柱建物が帰属していることからすれば、明確な格差として捉えるほどの差とはいえないであろう。長坂遺跡では、包含層から韓式系軟質土器の出土が認められる。しかしながら長胴甕の出土はなく、底部が丸みを帯びた土師器化した甑が1点確認されているのみである。供膳形態としても、坏よりも高坏の方が断然多く、定着の度合いは低い。

　新方遺跡では、臼玉や滑石の未製品などが多く出土した竪穴建物が存在しており、5世紀後半には玉造に関連する工房が存在していたと考えられる（山口 2000・2002）。また、新方野手西方地区では、滑石製の玉が大量に出土しており、祭祀が行われたと考えられている。集落規模はかなり大きなものと考えられ、2ないしは3棟1単位として7グループ以上が確認されている。しかしながら、単位間での規模などの明確な格差は存在しない。この集落では、廃棄された竪穴建物での玉祭祀が行われているほか、竪穴建物から陶質土器の出土が認められる。なお、後期になると2ないしは3棟のうち1棟が掘立柱建物へと変化する。

　白水遺跡は、掘立柱建物8棟を中心とする倉庫群の領域と居住域縁辺の流路の周辺の低湿地に関わる祭祀場を伴う遺跡群である（安田 2000）。これらの祭祀場や倉庫群の中心的な位置に集落の中心が存在したと考えられるが、居住空間としては、密集した形をとらず、掘立柱建物1棟と竪穴建物1棟を単位として、5単位程度の居住集団が想定できる。なお、この居住空間は中央を流れる水路によって2分されていたと考えられ、これらの居住空間と西に広がる水田域も流路によって区画されていたものと考えられる。

　以上にあげたこれらの集落とそれに付随する施設群の領域を含めて、そこに明確な格差を想定できるような空間ないしは、建物間の規模の格差などは存在しない。

　土器様相としては、土師器化した長胴甕が確認できるものの、量的には少ない。韓式系軟質土器の出土は認められるものの、包含層からの出土である。供膳形態としては、高坏が多く、坏はわずかに確認できる程度である。竪穴建物への造り付けカマドの出現もTK23型式以降と遅れる傾向にある。この他にも印路遺跡など韓式系軟質土器が出土している遺跡は存在するものの、おおよそこれまでの代表例と同様に集落での渡来文化の定着度は低い。

また、竪穴建物への造り付けカマドの普及や掘立柱建物の一般化は後期にずれ込む状況にある。このことは、西神30－1地点での木槨（富山 2004b）などの存在も含めると、総じて、外来文化の受容が明確化するのは後期に入ってからと考えられる。

　明石川流域では、早い時期に渡来系文化との接触はあったと考えられるが、その後に継続性はなく、そのインパクトは限定的と考えるべきである。古墳時代中期後半にあらためて韓式系土器が出土しはじめるほか、造り付けカマドの導入が始まることからみて、この時期に新たな外来文化の受容があり、初めて定着をみたものと考えられる。ただし、この新たな煮沸器具などを伴う生活習慣は、正確な3点セットを伴うとは言い難く国内の周囲からの2次的な影響による可能性を考慮しなければならない。これは、時期的に長胴甕や甑・造り付けカマドが国内で普及をみている段階だけに十分に可能性はあると思われる。

　また、出合遺跡のように中期前半で集落の様相に変化をみせるものもあるが、玉津田中遺跡や吉田南遺跡・上脇遺跡や新方遺跡のように古墳時代中期を通して継続する集落もある。これらの集落は、上脇遺跡や吉田南遺跡の様相からみて、集落は継続するが、その規模には変化がなく、集住化は進まない。しかしながら、中期後半には、白水遺跡や長坂遺跡など中期後半に遺跡数が増加しており、各集落自体は人口の増加はそう多くはないが、集落数の分節によって、全体としては、明石川流域の人口は増加したと考えられる。つまり明石川流域では、集落は一定量の規模を維持しながら分裂を繰り返すと考えられる。この居住区域の分裂活動は、それぞれの居住区域の数の増加であって、集団の単位数の増加と考えられる。そのため、小規模な集団の単位内では格差は増大へと進まない。

（2）加古川流域

　砂部遺跡は、TG232型式並行期以降の祭祀遺跡であり、須恵器を中心としながら土師器などを伴う（上田哲 1978）。韓式系軟質土器として長胴甕が含まれており、須恵器にも陶質土器を模したような高坏が含まれる。また、須恵器の器種として甑が含まれる。周囲には玉を使用した祭祀遺構が存在する。

　溝之口遺跡（篠宮ほか 2006）では、竪穴建物から椀形滓が出土しているほか、韓式系軟質土器や陶質土器も出土している。ただし、周囲に竪穴建物等の広がりが確認されているわけではなく判然としないが、古墳時代中期前半の集落が存在していたと思われる。

　淡河中村遺跡では（村尾 1992）、古墳時代中期の建物がいくつか確認されている。そのあり方としては、竪穴建物1ないしは2棟と掘立柱建物1棟を1単位として2単位程度の構成が確認されており、そのうちの竪穴建物からは、平底鉢と甑が出土しており、5世紀後半段階での渡来人との関わりも認められる。

　加西市の小谷遺跡では（永井信 1995）、TK216型式～TK208型式にかけての須恵器とともに、甑が出土している。また、土師器で須恵器の甑を模したものが出土している。この地域では、TK208型式並行期には確実に甑が使用されていたと考えられるが、長胴甕の出現時期は不確定である。

（3）市川流域

　市之郷遺跡では、古墳時代中期前半の竪穴建物の規模が1辺約4m以下のものが半数を占める

（山田 2005）。古墳時代中期後半になると、1辺約6mのものも築かれるようになり、建物の規模が増大する。古墳時代中期を通して掘立柱建物は確認されておらず、集落内部での格差ないしは格差の拡大は認められない。集住と確定できるまでの根拠はもちえないが、前半から後半にかけて同規模の集落であったと考えられる。竪穴建物の造り付けカマドはSH18で確認されており、TG232型式並行期には市之郷遺跡で造り付けカマドが使用されていたと考えられる。

　市之郷遺跡では、TG232型式並行期に相当する1辺約3mの竪穴建物から、複数の器種の韓式系軟質土器が出土している。TK73型式並行期には、長胴甕が出現していたと考えられる。各時代共に、竪穴建物や土坑などの遺構から韓式系軟質土器の出土が認められる。なお、TK208型式並行期に該当する土師器坏は、宮山古墳出土の坏に類似している。なお、韓式系軟質土器の出土する区域は2カ所に分かれるが、一方はセットで出土した地区でそこでは伝統的なタタキが残るが、もう一方は時間的な変化とともに韓式系土器は消える傾向にある。このことから、古墳時代中期を通して渡来人の居住域は限定され、その影響は周辺におよぶが、次第に薄れていくものと考えられる。これまでの調査から、かなり広範囲にわたって集落が形成されていたと考えられ、古墳時代中期における交流の中継地として重要な役割を果たしていたと考えられる。

　小婦方遺跡でも早い段階から、長胴甕が使用されており、韓式系軟質土器に関しても複数認められる（姫路市埋蔵文化財センター 2009）。

（4）揖保川流域

　揖保川流域は、竹万遺跡をはじめとして韓式系軟質土器が出土した事例は多くあり、周囲の古墳出土の土器のあり方からみても、周囲に5世紀代の集落が存在していたものと考えられる。

　竹万遺跡では、TK23型式並行期以降と考えられる韓式系軟質土器が多数出土している（岸本道ほか 1999）。器種としては、長胴甕や甑などがあり、流路や土器だまりから出土している。なお、掘立柱建物（6世紀）周辺からフイゴの羽口が出土しており、鋳造鉄斧などの素材を利用して小規模な鍛冶が行われていた可能性がある。ただし、この鍛冶が5世紀代であるかは今しばらくの検証が必要であろう。

　長尾・小畑遺跡群は6世紀を中心とした集落であり、その開始時期はTK23型式並行期に求められる（岸本道ほか 1999）。6世紀代には甑が使用されていたと考えられるが、長胴甕の出現時期は不明確である。なお、土師器で須恵器の甑を模したものが出土している。

　これまでにみてきたように、比較的早い段階に韓式系軟質土器などの出土が認められる地域が多いが、周囲への影響や定着に関してはあまり進まず、遅れる傾向がある。

　鍛冶や玉造などの手工業生産も主体的な集落はなく、一部の集落においてごく小規模に付随する形のもののみである。このことは、対外交流に伴う場合や短期間の居住に限られたことに起因すると考えられる。

　そのうえで、TK23型式並行期以降に韓式系軟質土器が出土する遺跡が増加し、長胴甕の使用が認められるなどの変化が起こる事例がいくつか存在する。これらは、その地での外来文化の受容の過程とも考えられる。しかしながら、明石川流域の事例をみれば、TK23型式並行期以降に製塩土器の出土例が増加することをもとに、別の考え方を提示することも可能である。いうまでもなく、

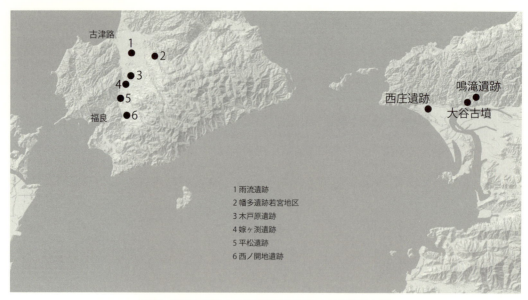

図10　淡路と和歌山の流通経路に関連する遺跡分布図

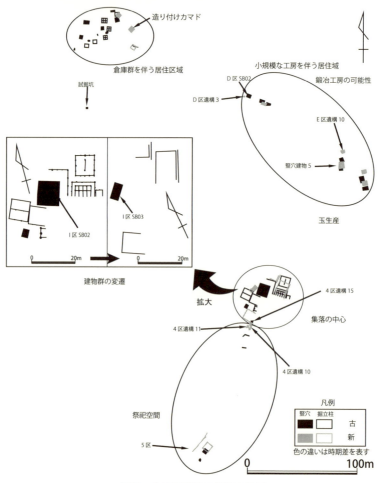

図11　木戸原遺跡の集落全体図

製塩土器は本来、海岸部で使用されるものであるから、やや内陸部で出土するような場合は、沿岸部の流通経路に関わる交流の証ともとることが可能である。よって、明石川流域周辺での製塩土器の出土例の急増は、沿岸部との交流の活発化を意味しており、そのことが、地域の土器様相の変化に少なからず影響している可能性も十分にあると思われる。

このことから、TG232型式〜TK216型式並行期における外来文化の受容と生活様式の変化を観察するとともに、TK23型式並行期以降の変化が継続性をもつことが認められるかまたは、新たな影響関係のもとに起きたものなのかを見極める必要があろう。

（5）淡　路

淡路では、韓式系軟質土器の出土は現時点で南あわじ市域に限定される（定松・谷口 2006）（図10）。そのなかで、まず中心的な集落と考えられる木戸原遺跡の分析を進めたい。

木戸原遺跡は、圃場整備に伴い、広範囲にわたって発掘調査が行われており、遺跡の一端が明らかにされている（定松ほか 2009・2010）（図11）。その調査成果によると、中心として、大型の竪穴建物と柵で囲まれた掘立柱建物があり、その南側に玉を使用した祭祀場、北側には小規模な玉造や鍛冶工房を内包する居住域が縦軸上に並んで構成されている。北側の居住域の西側には、掘立柱建物による小規模な倉庫群を伴う居住域がある。なお、祭祀場からは、鉄鋌も出土している。

韓式系軟質土器は北側の居住域ならびに倉庫群域、主屋のある中心地域ともに少量ずつ出土している。遺跡の中心的な時期は、TK73型式〜TK208型式である。

土器様相としては、須恵器を模倣したような坏や黒色の土師器坏などの特徴的な土師器の出土が認められる（図12）。特に黒色の土師器坏は、その出土例が少なく、播磨では、宮山古墳や市之郷遺跡で確認されている。

造り付けカマドは、TK208型式並行期に出現するようで、韓式系軟質土器に示される出現時期より遅れる傾向にある。長胴甕の出土は認められず、わずかに長胴傾向が認められる甕の出現をみるだけである。甑も少量出土している。

韓式系軟質土器は古墳時代中期前半に伴うと考えられるが、この地域に調理法をはじめとする外来の生活習慣の定着は遅れたものと思われる。

なお、雨流遺跡は、TK23型式〜TK10型式古段階を中心時期とする集落である（長谷川編1990）。椀型滓が出土しており、鍛冶工房の存在もうかがわれる。このことから、木戸原遺跡の規模縮小後、淡路南部での中心的な集落として出現した。長胴甕や甑の出現はTK23型式以降とみられる。外来文化の受容は継続して行われていたと思われるが、その影響は緩やかで判然としない。

2　流通の変化と集落の盛衰──まとめにかえて──

（1）外来の生活習慣の定着

外来文化の定着については、その地に定着する過程についていくつかのパターンがあったものと思われる。日常型は、近隣に渡来人が居住しており、日常的にその生活習慣に触れる機会がある場合で、交流型は、渡来人の往来に伴う一時的な停泊時により接触が時期的かつ人員的に制限される場合である。

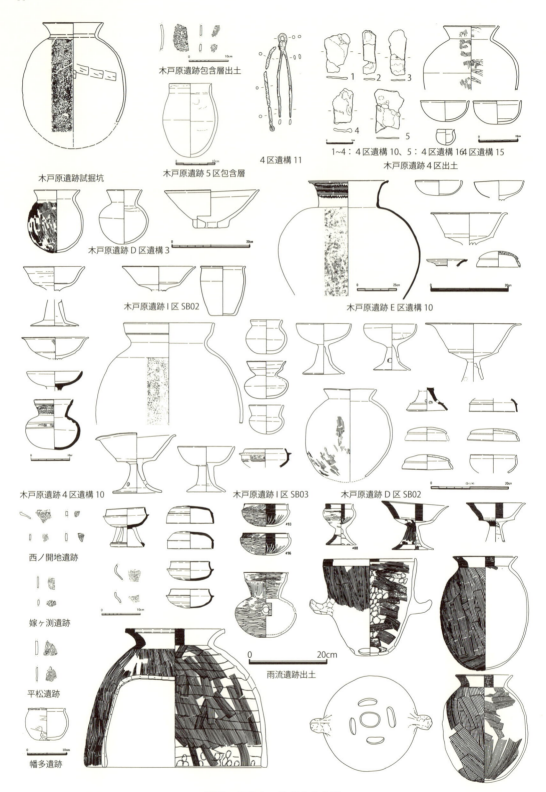

図12 淡路島の集落出土土器

日常型の場合は、集落内にセットで韓式系軟質土器が出土し、早い段階に長胴甕など外来器種の影響を受けるケースが多い。なお、日常型には、集団日常型と少数日常型に分類が可能である。集団日常型の場合は、影響を受ける度合いが高く、変化もスムーズである。それに対して、少数日常型の場合、影響は受けるが、在地の独自性が温存されやすい傾向にある。

交流型の場合、韓式系軟質土器の出土がセット関係をもたず、在地での土器様式への影響は限定的かまたは遅れる傾向を示す。また、造り付けカマドなどの出現も遅れる傾向にある。なお、この交流型には、朝鮮半島系と和系の２種がある。

この分類をもとに集落における外来文化や外来の生活習慣の定着についてまとめる必要があるが、まずは明石川流域をケーススタディとして集落の動向と外来文化の定着についてみてみたい。

明石川流域では、TG232型式並行期には、出合遺跡や上脇遺跡などから韓式系軟質土器や瓦質土器が出土している。これを導入期としても、その後に、造り付けカマドをもつ竪穴建物の出現や長胴甕の使用などといった変化は認められない。

吉田南遺跡でも造り付けカマドをもつ竪穴建物はTK23型式並行期以降と考えられるほか、上脇遺跡でも、TK208型式並行期には、カマドの出現が認められるものの、普及はそれ以降に遅れる傾向にある。また、韓式系軟質土器の出土状況もTK23型式並行期以降の事例が多く、器種としても複数の事例は少なく、土師器化した甑などが伴う例が多い。

こういった傾向からみると、明石川流域では、当初の出合遺跡や上脇遺跡からの影響による外来文化の導入はほぼなかった可能性が高いものと考えられる。それよりも、カマドの出現時期などからすると、TK208型式並行期以降に外部からの影響による外来文化の導入を考えるべきであろう。その場合、朝鮮半島からの直接的影響についても考えるべきであるが、この新たな煮沸器具などを伴う生活習慣は、正確な３点セットを伴うとは言い難く、少量の韓式系軟質土器に共伴するのが土師器化した甑などであるため、時期的に長胴甕や甑・造り付けカマドが国内で普及をみている段階だけに、国内の外来文化の定着した地域からの２次的影響をより強く意識する必要もあろう。この点は、加古川流域や市川流域で認められる渡来系色の強い古墳が明石川流域では認められない点も考慮要件として上げることが可能である。[20]

このように明石川流域では、外部からの影響によって、TK208型式並行期を端緒として集落に変化が起きたと考えられるが、これを画期として、古墳時代中期を分けて、明石川流域の集落の状況についてさらに詳細に考察することとしよう。

まず、吉田南遺跡では鉄滓、玉津田中遺跡ではフイゴの羽口が出土しており、TK23型式並行期以降に明石川流域では小規模な鍛冶工房が集落内に付随するように存在していたと考えられる。新方遺跡では、玉造が行われていたと考えられることから、TK23型式並行期以降に集落内部に付随する形で玉造工房が存在していたと考えられる。また、栄遺跡をはじめとして明石川上流域に至るまでTK23型式並行期以降に製塩土器の出土が増加する傾向にある。これらのことからTK23型式並行期以降には、集落内部に付随するように工房がもたれ、周辺の沿岸部地域との交流も活発になっていったと考えられる。

市川流域に関しては、資料数は少ないものの、市之郷遺跡の状況から、ある程度類推は可能であ

る。市之郷遺跡では、TG232型式並行期に相当する韓式系軟質土器が複数のセットで出土しているほか、造り付けカマドも伴っている。長胴甕の出現は遅れる傾向にあるが、韓式系軟質土器は各時期共に継続して出土しており、造り付けカマドの継続性も含めて当初の導入期の影響下で外来文化が定着したと考えられる。しかしながら、当初、複数のセット関係であったものが、徐々に数点の器種が竪穴建物から出土するように変化しており、外来文化の定着は認められるが、その渡来系要素は薄れていく傾向が認められる。これに関しては、宮山古墳から、奥山1・2号墳へ系譜上の変化に認められる渡来系色の減退とも一致した傾向である。

淡路の木戸原遺跡では、柵で囲まれた大型の掘立柱建物が確認されているが、その南面に祭祀場と思われる空間が広がっており、儀式の場と考えられることから、この建物は豪族居館というよりは神殿的意味合いが強いものと思われる。また、掘立柱建物に隣接する大型の竪穴建物の内部から韓式系軟質土器が出土していることから、朝鮮半島からやってきた人びとを一時的に逗留させるための施設である可能性が想定できる（交流型）。そのことから、南面に広がる空間は航海などに関連する祭祀場と思われる。

木戸原遺跡の建物群を理解するため、竪穴建物の規模を比較したところ、大型の竪穴建物を除けば、播磨の上脇遺跡や市之郷遺跡などの古墳時代中期前半の一般集落と規模のうえではほとんど差がないと考えられる。

ただ、Ⅰ区の大型の竪穴建物は突出した規模をもっており、周囲の大型の掘立柱建物を含めて、播磨の現状におけるどの集落より、傑出した規模をもつものと考えられる。こういった規模の格差からみて、木戸原遺跡は流通における重要な拠点として、機能していたものと思われる。ただし、周囲にこの集落と対応するような古墳は存在せず、このような集落は外部からの影響下で成立した可能性もある。[21]

（2）物流の動向

次に流通の問題を中心にいくつか考えてみたい。

播磨の全体的な集落の様相を概観すると、古墳時代前期末ないしは中期初頭は物流において重要な役割を果たしていたと考えられる。そこには、在地の集合体による協業的な緩やかな連合の様相が認められる。対外的な物流への一翼を担っているにもかかわらず、前期以来の様相の連続性のなかで理解可能な集落群と思われる。ただ、新たな文化との接触もあるはずだが、掘立柱建物の主屋への導入や集落規模の急速な拡大、土器様相の変化など、大きな変化は認められない。

それに比べ、淡路では、TK73型式〜TK208型式の時期に、木戸原遺跡の大形掘立柱建物を中心とした遺構群が存在しており、紀ノ川流域が主たるルートとなっていたことを示していると考えられる。

播磨での画期として捉えられるのは、木戸原遺跡が衰退した後のTK208〜TK23型式並行期であり、そこにきて、播磨内部で、地域ごとに違いが認められるようになる。

市川流域では、当初認められた明確な外来土器様式が不明確になる傾向があり、渡来人からの影響という観点からみれば、影響度の減少として捉えることができる。明石川流域では、当初、出合窯など新たな技術の導入も認められるが、定着をみることはなかった。TK208型式並行期以降にい

たって、土器様相などの変化が認められるが、その土器の変化などは、当初から土師器化した甑などがあり、在地の内部変化としてでは理解できない部分がある。

このことについて、中野咲による論考から（中野・篠宮 2011）、玉津田中遺跡では、長胴化が漸次的で旧来の炉にかける調理法がより強く残存していることが明らかにされている。このことから、こういった変化は、外部からの強いインパクトによるというより、国内からの2次的な影響によって生まれたものと理解したい。

ところで明石海峡は、東西の物流における要衝の地であるが、五色塚古墳などの存在から、佐紀勢力との関係があったと思われる。しかしながら、その関係は地域間でのある意味で等質な関係であったと思われる。その理由はすでに述べたように明石川流域での集落様相に変化が認められない点である。ただし、この明石海峡の往来において、在地勢力と佐紀勢力との協力関係は、古墳の動向からみて TK73型式並行期には崩れていたものと考えられる。

（3）製塩土器と滑石製品

明石川流域では、TK23型式以降、集落で製塩土器の出土が顕著となり、滑石製玉祭祀も認められるようになる現象について少し考えることとしたい。

製塩土器は、積山洋によれば、F1類は TK73型式には出現しており、F2類は TK208型式以前に出現し、TK208型式並行期には F1類は姿を消すと述べている（積山 2004）。また、深加見泰彦によると、西庄遺跡では、TK73型式には出現し、TK208型式でピークを迎えるとされている（深加見編 2003）。さらに、三宮昌弘の考察（三宮 2009）によると、和泉地域では、丸底式（積山F類）の出現は TK216型式と考えられている。

また、淡路の引野遺跡では、丸底への変化が伊藤宏幸によって詳細に検討されており、丸底への変化が TK208型式並行期には淡路で起きていたと考えられている（伊藤宏 1999）。さらに、伊藤は貴船神社遺跡の製塩土器の検討から丸底式の法量の変化時期について TK208型式～TK47型式の間と考えている（伊藤宏 2002）。

これを解釈すると、西庄遺跡を中心に F1類が誕生し、和泉地域や淡路方面へと広がりをみせたものと思われる。F2類への変化も、西庄遺跡では TK208型式並行期にはすでに始まっているのに対して、淡路地域では TK208型式～TK23型式の間と考えられ、約1型式程度遅れる傾向にある。

また、長原遺跡では、TK216型式までの須恵器に伴って小型化の進んだ F1類（外面タタキ）が出土している。明石川流域では、小型化した F1類（外面タタキ）は TK23型式まで残ると思われ、F2類への移行は TK47型式並行期まで遅れるとみられる（図13）。

以上については、理解しやすくするために、時期差をやや誇張した感も否めないが、F類に関しては、南東から北西へと短期間の内に広まったものと考えて大過ないものと思われる。

また、滑石製品の出土状況を詳細に分析した市川創によれば、滑石製品の取り扱いに共通事項が認められることから、統合原理として滑石製品を用いた行為が導入された可能性が指摘されている（市川 2010）。

この滑石製品を用いた行為は、長原遺跡では、TG232型式並行期にその初源が認められるが、明石川流域では、TK23型式並行期まで遅れる傾向を示す[22]。また、松野遺跡や上沢遺跡でも TK23型

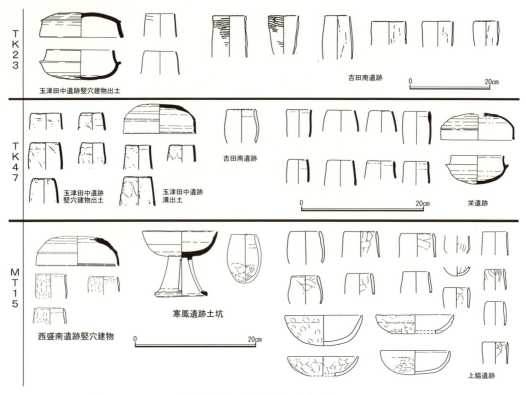

図13　明石川流域の製塩土器編年

式並行期に滑石製品を多量に使用する行為が認められる。

　これを製塩や共通した滑石製品を用いた行為を行うことによる統合原理をもとに考えるならば、その影響は明石川流域では、TK23型式並行期には認められる。おそらくは、その影響の初源はTK208型式並行期以降にすでに始まっていたものと考えられる。

（4）流通経路と地域間交流

　淡路での韓式系土器の出土遺跡をたどると、福良港から、志知川流域を経由して、古津路へ至るルート上に点在していることが理解できる。これらの分布から、このルートがTK73型式～TK208型式並行期の間、鳴門海峡を含め淡路南ルートとして利用されていた可能性がある。そのルート上で、韓式系土器が出土する6遺跡の中心となるのが、木戸原遺跡と考えられる。この木戸原遺跡は、建物の規模や集落構造が周辺遺跡と対比しても傑出したものであり、少なくとも在地での発展というより、強い外部との関係のうえに成り立っている交通の要衝上の集落と考えられる。

　旧来から、葛城勢力による物流のあり方としては大和川を利用するケースと紀ノ川を利用するケースの2例が代表として考えられてきている。この紀ノ川ルート（木下 2006、坂・青柳 2011）を利用した場合、南郷遺跡群などを起点として、紀ノ川を経由して、福良港から、陸路で古津路を経由し、播磨灘に出る淡路島南ルートが考えられる。このルート上には鳴滝遺跡の倉庫群の存在がある。この鳴滝遺跡の倉庫群は古墳時代中期前半と考えられており（武内 1984）、ルート上の南郷遺跡群や木戸原遺跡の存続期間とも一致している。

つまり、この紀ノ川ルートは古墳時代中期前半でその利用の中心的役割を終えたものと考えられる[23]。

このようにみると、古墳時代中期初頭には佐紀勢力による、明石海峡ルートと葛城勢力による、紀ノ川経由の淡路島南ルートという、2つの海上ルートが存在していた時期があったと思われる。しかしながら、佐紀勢力が衰退し、さらに難波津の整備が進むとともに、古墳時代中期後半を境として淡路島南ルートは衰退するものと考えられる[24]。

このような主要ルートの変更は、周囲のさまざまな動向とリンクした動きであったと考えられる。

まず、行者塚古墳や壇場山古墳以降、播磨では、前方後円墳の築造が停止するのと並行して、鉄鋌の入手先が、新羅経由の金官伽耶へと変化するものと考えられる。しかしながら、鉄鋌の分布からみれば、大伽耶地域との交流が中心となるようで、この変化の起点となる時期以降に、金官伽耶を窓口とした交流は淡路南ルートで盛行期を迎える。これは、播磨における物流の中心的役割が変化したひとつの要因と考えられる。

さらに、淡路南ルートの衰退とともに、鳴滝倉庫群は機能を停止する。そして、難波津の整備とともに、大型倉庫群が築かれる。この時期には、長原遺跡では、北東地区（東集落）から西南地区へと移動し、韓式系土器の出土量では、減少傾向を示す（田中清 2010）。それに比べ、蔀屋北遺跡では、TK23型式〜TK47型式並行期に該当する蔀屋北3期に韓式系土器の出土量が増加する傾向が認められる。さらに蔀屋北遺跡では、この時期に製塩土器が大量に出土しはじめ、移動式カマドや羽釜など新たな器種の増加など転換期となっている（藤田道 2011）。

以上の点からみて、淡路南ルートの出現と衰退において、流通にふたつの画期が認められ、後半の画期では、対外交流に関わる施設や渡来人の動向を含めて、南から北への動きが読み取れるのである。

さらにこれらの画期には、資源の供給先や中継地点までもが転換した可能性もあり、内部の政治性だけでは説明できない部分として、古墳時代中期の対外交流全体についてのさらなる詳細な検討を行っていくことが今後の重要な課題といえよう。

これに関して、木戸原遺跡の大型建物がその中心的な役割を終えた頃、大阪湾岸から明石海峡に至る位置で、松野遺跡の居館とされる建物群が築かれる[25]。おそらく、TK208型式並行期以降に明石川流域の物流が大阪湾岸並びに大和主導へと移行すること[26]と、松野遺跡の居館の出現や明石川流域の製塩土器や滑石製品を用いた行為の動向は何らかの関連性を認めるべきと考える。さらに、西神ニュータウン87地点遺跡出土の眉庇付冑（神戸市埋蔵文化財センター 2006）などからみれば、TK208型式並行期以降の関係先としては、大和や河内地域との関係も視座にいれて考えるべきであろう。また、明石川流域では、TK208型式並行期以降に須恵器が少量出土しはじめており、TK23型式並行期以降に須恵器が普及し多量に出土するようになる。この須恵器の普及と土師器の様式変化は時期的に不可分の関係にあり、単に外来の生活習慣の受容と定着として捉えるというより、大阪湾岸で形成された器種構成を受容した結果と捉えるべき側面が見出される[27]。外来の生活習慣との接触による器種構成の変化ではなく、国内での影響下による単なる器種構成の受容であるために、

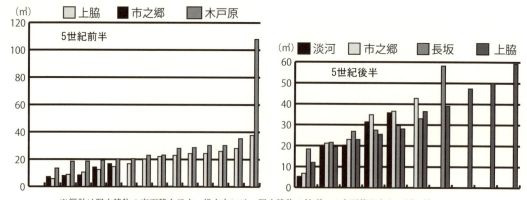
※縦軸は竪穴建物の床面積を示す。横方向には、竪穴建物1棟ずつの床面積が小さい順に並べている。
図14　5世紀における播磨の竪穴建物規模比較

玉津田中遺跡でみられたような煮沸具の使用や変化にばらつきが生まれるものと考えられる。

(5) 集落内および集落間格差

以上のように、地域間の交流や関係、ならびに流通経路の変更などから、地域が中心的役割を担ったり、失ったりといった動向が明らかとなってきた。

しかしながら、集落自体では、その連続的継続性には揺るぎがなく、集落の大きな移動などの影響が認められるのは、むしろ後期からであって、中期の変化はごく小さな画期にとどまるのである。

さらに、対外的交流を経ても、手工業生産等に大きな発展はなく、分業化の進展等は認められない。よって、田園的農村集落のあり方を示しており、古墳時代中期でのさまざまな外部からの影響下においてもそこから脱却するには至らなかった。

これに関して、竪穴建物の規模をもとに、集落内および集落間格差の有無について立証してみたい。

そこで、竪穴建物の規模について市川流域の上脇遺跡と市之郷遺跡を比較したところ、それぞれにTK23型式並行期を境に建物の規模に増加傾向が認められる（図14）。

さらに、TK23型式並行期における建物規模について各遺跡のデータをもとに比較したところ、規模では集落間格差はほとんど認めることはできない。また、規模の比較のうえでは、集落内格差についても明確に存在するとはいえない状況にある。それにもかかわらず、明石川流域の水谷古墳群などでは集団内部での格差が表現されており、播磨では、集落内部に認められない格差が古墳上で表現されている社会ということができよう。それは、中心的な集落の主導や付随的な集落の存在については否定的な答えともなっている。

集落間の相互連携は上下関係よりも協調的融合による集団関係と考えるべきであろう。そこには専業的な工房は存在せず、いずれかの集落内部での半農的作業にとどまっていたとみられる。

ここにみられる集団関係からは、中心としての前方後円墳築造層が温存されながら前方後円墳の築造が停止されているような集団関係は認められない。

おおよそ、播磨では、掘立柱建物自体が古墳時代中期中では発達することはなく、一部倉庫とし

て築かれるのみである。こういった点からも、集落の拠点化や拠点的集落の周囲に付随した専業工房としての集落の発達など、分業・専業化や中心集落の発達については、現状では否定的にならざるをえない。

よって、一見等質的な集落が広がりながら、内部に物質的な表現以外での微妙な格差を内包した集団関係が播磨の集落を表現するうえでは現時点では適切であるといわざるをえない。

いずれにしても、さまざまな地域間交流や流通のあり方の実態解明を行うなかで、集落構造からは、それを主導するような中心を特定できる状況にはない。また、集落の建物規模からは明らかな格差も認めることはできない。この点において、やはり、古墳研究から見出されるような階層構造や社会構造が、集落からみえてくる実態とはかなり乖離したものである点は否めない。ただし、このことが古墳研究による社会構造の復元が誤っているとの認識は早計であろう。

おそらくは、生前の実体的社会構造と古墳によって表現される死後の社会構造が異なるような、そのような社会段階として古墳時代を捉えるべきなのかもしれない。[28]

第4節　摂津・河内の集落と流通経路

前節まで、播磨における古墳と集落から、社会変動などのなまざまな状況を確認してきたが、ここでは、摂津・河内の集落から播磨で認められた状況との比較を行い、全体的な社会変動と地域差について考えてみたい。

これまで古墳時代中期の播磨についていくつか論考を重ねてきたが、それはあくまでも周辺地域における様相であるため、本来は摂津や河内などの地域の実態との対比によって、総合的に判断されるべきものである。

本節では、播磨の集落の状況との対比という視点から、摂津・河内の中心的な集落の実態について分析を行い、古墳時代中期の社会を復元するうえで重要な見知を得ることを目的とする。これまでに古墳時代中期は大山古墳の出現をはじめとした大型古墳の事例から、社会の発展がかなり高く見積もられることが多かったが、集落の実態、ならびに周辺地域への影響力の程度から、社会の発達はそれほどでもない可能性がみえてきた。そこには中心と周辺での発達程度の差としても表れている可能性までも含まれている。

今回の集落の分析においては、古墳で語られるほどの階層構造が実際に集落からも検証可能かどうか、集落の変動（集住、離散）からみられる画期の意味を捉え、社会の諸レベルについて検討を行うこととする。

1　摂津の集落構造の分析

（1）郡家遺跡

郡家遺跡（神戸市教委 1986～1990・1994c・d・1998～2000・2002・2004・2005、千喜良 2005）は、これまでに100カ所以上が調査され、弥生時代から中世に至る複合遺跡であることが判明している。古墳時代の集落では、庄内並行期にいくつかの建物が確認されているが、それ以後一時的に

断絶する。幾度かの土石流や自然流路の発生や埋没の後、中期後半以降に建物が数多く建てられるようになる。

　現在確認できている建物の総数は100棟におよび、古墳時代中期後半に集中することから、長原遺跡や蔀屋北遺跡と並んで古墳時代中期後半における代表的な集落と考えられる。

　郡家遺跡の古墳時代中期の集落は、便宜上4地区に分けられる。南北ではJR線を境に北（A地区）と南（B地区）で分けられる。北側は、建物の空白または流路によって、北西側（A1地区）と南西側（A2地区）に分けることができる。さらに南西側は、流路によって、北東側（A2a地区）と南西側（A2b地区）に分けることが可能である。

　さらに、各地区内には複数の竪穴建物によって単位が構成されており、それぞれの建物群に総柱の建物（倉庫）が1〜2棟付随する。

　B地区では、水田が確認されており、生産域を伴う。しかしながら、その生産域はそれほど広いとはいえず、水田開発の拡充による集落の拡大を引き起こすほどの生産力は見込めないものと思われる。それは、地形的な制約があるため、現在確認できている水田範囲よりも北には広がらず、東西か南に延びる必要がある。しかしながら、南には塩害が起きやすいため、可能性としては帯状に東西に広がるしかない。それとて、西は石屋川が、東は住吉宮町の古墳群が広がり、東西にも大きな生産領域を確保することはできない。

　また、度重なる土石流の堆積により、砂礫層が多い土壌では、畑作においても大きな収穫は見込めなかった可能性がある。言い換えれば、確認されている建物数に見合うだけの食料生産規模は確保できなかったと考えられ、郡家遺跡の建物の増加は、単なる食糧生産性の充実による発達とは考えにくい。

　集落全体では、滑石製の玉類が1点から100点以上、建物内部や溝から出土しており、玉の原石も見つかっていることから、生産にかかわる工房は確認されていないが、集団内で消費する一部については生産されていた可能性をもつ。また、滑石製の玉を使用した祭祀も行われていたと思われる。

　それぞれの地区において、集落の開始時期はTK208型式並行と考えられ、TK47型式並行期には30棟以上の竪穴建物が築かれるまでに発達する。竪穴建物の規模は、床面積30m²まではあまり変化はなく、30m²を超えるあたりから、規模差が現れはじめる。

　郡家遺跡では、中期後半に、韓式系軟質土器が比較的まとまって出土している。とはいえ、破片が多く、完形に復元可能なものは鍋1点であり、それ以外は何らかの影響を受けた土器が多数を占める。しかしながら、長胴甕への発達はなく、甑の出土事例は少ない。ただ、竪穴建物の中にL字に曲がる煙道をもつなど、外来様式ともとれる遺構の様相をもつものも含まれている。これは、石屋川河口付近が中期後半には寄港地として利用されていたことと何らかの関連があるものと思われる。

　郡家遺跡の集落は、少なくとも水田開発にともない発達したというよりも、この寄港地としての機能と関連して、外部からいくつかの集団または人が移動してできあがった集落と考えられる。しかも、かなり密度の高い集住の形態をとっている。しかしながら、分析のうえでは、ひとつの集団

というよりも4グループ以上の集団が集まってひとつの集落を形成していたものと考えられる。

これらのグループが分業による専業的な技術集団へと発達した可能性は低い。鉄滓の出土は認められるがその量は少なく、大規模な工房の想定は困難である。食料生産基盤が本来軟弱である地域において、機能分化としての専業化が進まない状況で集住が起こる要因は想定困難である。ただ、集住にともなう集団関係の複雑化は一時的に進んだとみられ、格差は生まれつつあったと思われる。

図15　神楽遺跡集落全体図

（2）神楽遺跡

神楽遺跡（神戸市教委 1986）では、5棟の竪穴建物と5棟の掘立柱建物、2基の井戸を確認している（図15）。この神楽遺跡でも韓式系土器が多数出土しており、渡来人との交流が考えられる。苅藻川河口付近での船舶の停泊ならびに水や食料の補給が行われたと考えられ、2基の井戸からともに韓式系土器が出土しており、この地で渡来人が水の補給を行った可能性を示すものと考えられる。

この上流には上沢遺跡があり、韓式系土器とともに多量の滑石製の玉類が出土しており、神楽遺跡を起点とした流域内での広がりとして捉えることが可能である。

この韓式系土器が伴う上沢遺跡や神楽遺跡の時期であるが、TK23型式並行期以降と考えられる。

（3）松野遺跡

松野遺跡（神戸市教委 1986、神戸市教委 2001）は、方形に区画された掘立柱建物群を中心とする集落である。時期としては、TK208型式並行期から始まり、TK23型式～TK47型式並行期に盛行期を迎える（図16）。

集落群は溝によって4地区に区画されており、北側の方形区画の建物群と、南に広がる竪穴建物と掘立柱建物によって構成される2群、その南に溝によって区画される掘立柱建物群に分かれる。

掘立柱建物は、総柱の建物と側柱の建物があり、方形区画内の建物ともどもその方向はほぼ一致する。企画性ならびに同時代性の高い建物群と考えられる。

図16　松野遺跡集落全体図

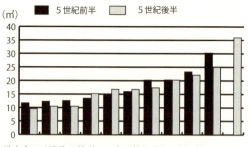

※横方向には建物1棟ずつの床面積が小さい順に並べている。
図17 安威遺跡建物規模比較

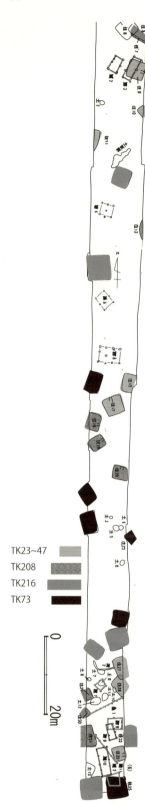

TK23〜47
TK208
TK216
TK73

図18 安威遺跡集落全体図

　土器としては、長胴甕の出現といった韓式系土器の影響が認められるなど、外来文化との関係はうかがえるが、韓式系土器は出土していない。

　建物群を区画する溝からは数千点におよぶ滑石製の玉が出土しており、この周辺で玉を使用した祭祀が行われていたと考えられる。

　松野遺跡では掘立柱建物の率がかなり高く、郡家遺跡と比較しても明らかに異なる。様相としては、後述する長原遺跡西むらの様相に近く、明石川流域の様相と比較しても在地的な建物群とは異なると考えられる。

　集落の開始ならびに建物の築造時期がおおむねTK23型式並行期に集中するなど、在地での集団が繁栄した結果と考えるにはいくつかの点で疑問が残る。それよりは、他地域からの移住を考慮したほうが理解しやすい状況にある。土器の様相からみて韓式系土器の出土は明確には認められないが、甑・長胴甕が一定量含まれており、これらが内部での渡来人との接触によって変化したというよりは、北摂地域からもたらされた様式と考えられる。

　おそらくは、神楽遺跡と一体として、内外から明石海峡を越えた移動者たちを補給させ、逗留の場の提供と補給物資の見返りとして積荷の物資を交換することが行われたものと思われる。また、内部から明石海峡へまたは外部から明石海峡を渡った者たちへ、海上交通の無事と感謝をこめて祭祀を執り行った場所でもあると考えられる。役割からみて、単なる在地的要素だけでは、松野遺跡の集落は理解できないものと考えられる。なお、松野遺跡の集落は、方形に囲いをもつ建物群と、居住区としての3群から構成されていると考えられ、それぞれ3つの集団が近接して集住していたと考えられる。上記の考察からみても、方形の囲いをもつ建物が在地の豪族居館とは考えられず、その利用は日常的というより、一時的な利用を目的としたものであると考

えられる。また、周囲の囲みも防御的性格で捉えるべきではないと判断している。

（4）森北町遺跡

　森北町遺跡（亀田　1989）では、時期的に早い段階から韓式系土器が出土しており、神戸市域でも早い段階に韓式系軟質土器の出土が認められている。近接する本山北遺跡の成果からこの地域が5世紀初頭までは対外交流の拠点であったと考えられる。西岡本遺跡では市場南組窯で焼かれた須恵器が出土しており（山本雅　1999）、国内も含めた交流の拠点であったことがうかがわれる。しかしながら、国内の交流の中心的な役割は、5世紀前半には、淡路南ルートへと移っていたと考えられる。さらに、この頃には陶邑での須恵器生産が本格化しはじめる頃であり、その時期に四国産の須恵器が搬入される点には注目すべきであろう。おそらくは、天井川から高橋川の間がこの時期の寄港地として中心的であったが、徐々にその役割を他地域に奪われ、傍系的寄港地へと移行していったと思われる。

　それとて、法円坂倉庫群の出現や部屋北遺跡が集落規模を拡大しはじめる、TK208型式並行期を契機として、寄港地としての中心的役割は郡家遺跡や神楽遺跡へと移行したものと考えられる。

（5）安威遺跡

　安威遺跡（奥　1999）は、5世紀から6世紀まで継続する集落である。竪穴建物が中心であり、掘立柱建物は全体数からすると少ない。おそらくは4区域程度の集合体と考えられ、それぞれの区域で集落が継続する。南端の区域には、一部に柵に囲まれた掘立柱建物も存在しており、他地区に比べて優位性が認められるが、集落全体の建物の規模自体には明確な格差は認められない。各区域ともに2～3の建物で1単位を形成している（図17・18）。この安威遺跡の集落では、ひとつの集団による集住ではなくいくつかの集団が隣接して居住し、しかも格差や分業の進展はほとんど認められない。

　安威遺跡では、5世紀初頭前後には韓式系土器が出土するが、その後認められるのはほとんど和化した甑などである。韓式系土器に伴って、甕が長胴化する傾向が認められるが、5世紀後半には一時その傾向も消える様相を示す。甑は、TK73型式並行期には確実に受容しており、その後は独自に変遷を遂げている。外来の甑は平底が基本であるが、安威遺跡の甑は、本来の丸底の甕に穴を開けて使用するような傾向を伴っており、甑の製作は在地固有の技法を基礎としている。在地に定着した甑はそのほとんどが、従来の甕製作に伴う技法を援用して製作されているため、底は丸みを帯びており、外面はハケメによって仕上げられている。こうした底部が丸みを帯びた甑は六甲山南麓や明石川流域でも認められるが、この安威遺跡の事例が今のところもっとも古い事例のひとつであろう。周囲の出土地域と甑の変遷が一致しており、北摂地域を発信源として、和化した甑が広域に分布しているものと考えられる（図19）。

　この安威遺跡は、古い段階に須恵器や韓式系土器を伴うことから何らかの流通の役割を担っていたものと考えられる。それが、TK73型式並行期以降にはその役割は終えていたようで、米を蒸して食べる食生活は継続したものの、在地化が進んでいったと考えられる。そして、TK208型式並行期以降、再び流通の地位を取り戻し、在地化した甑が六甲山南麓や明石側流域に影響を及ぼしたと考えられる。

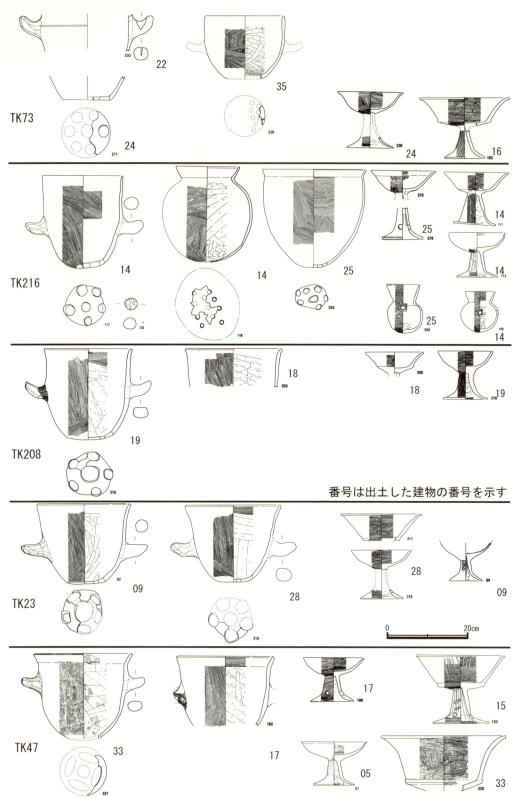

図19 安威遺跡甕変遷

2 河内・和泉の集落の構造分析

（1）長原遺跡

長原遺跡では多くの工房が確認されており、韓式系土器が多量に出土するなど、渡来人と関係の深い集落として知られている。これまでにも田中清美（田中清 2005a・2010）や中久保辰夫（中久保 2009・2012）らによって、韓式系土器の研究をとおして渡来人の動向について多くの見解が出されている。

ここでは、長原遺跡の建物の動向を中心に、人の移動についてあらためて整理作業を行いたい。

長原遺跡において、Ⅰ期前半とされる韓式系土器は多数出土しているが、実際に遺構に伴う事例は少ない。遺構の伴う事例でも共伴する土師器は高坏が多数を占めるなど和系の遺物に偏りをみせている。またこの段階には、韓式系土器は成形・調整技法ともに本来の故知の様相に忠実である（図20）。

さらに、長原遺跡は韓式系土器の出土にとどまらず多数の地域からの土器が出土しており、流通の重要な拠点であったと考えられる。

これらの状況をみたうえで集落について整理を行うと、NG99-15・NG02-8・NG03-6次調査において、Ⅰ期前半の建物群が確認されている。大庭重信の考察によると、Ⅰ期前半に伴う建物群の後、居住者が他所へ移動した後に、Ⅰ期後半には工房域へと変化するとされている（大庭 2005）（図21）。

この現象は、渡来人の居住域の可能性が高い地域で、当初は居住区域であり、後に工房へと変化したことになる。これは、韓式系土器が変容しはじめて、土師器との融合が始まる段階に工房へと変化したことになる。田中の言葉を借りれば、渡来人の土器づくりに世代の変化とともに土師器の技法を取り入れて、韓式系土器は変化する（田中清 2010）ということである。その変化とともに、渡来人は水田開発技術に従事しながら、世代の変化とともに鍛冶やガラス製作技術を身に付けたということになる。

これには、やや矛盾があろう。近年の蔀屋北遺跡の成果からみても渡来人は複数回にわたって移動しており、長原に定住し死を迎える者もいたであろうが、子孫に至るまで永住を考える必要はないのかもしれない。

つまりは、大和川に近接した地域において、物流の重要地点として当初渡来人はこの地に居を構えたが、それは一族郎党というよりは、複数の地域から物流に伴う移動のなかで、長原にて一時的な共同生活に近い生活を送ったものと思われる。食料は近隣の土師器生産者から物資の交換によって調達していたが、[29]その後、新たに技術を伴う人びとの移住によって工房などが形成されたと考えるべきであろう。

さらには、土師器の韓式系土器に関連する甑や長胴甕の受容がTK216型式並行期には進むと思われるが、この時期には韓式系土器の甑の底部の穴の形状に変化が起こるなど、韓式系土器自体にも変化が認められる。これは、長原における遺構の変化に対応する関係だけに、内在的変化として捉えるだけでなく、居住人員の交替も含めた再検討が行われるべきであろう。

土師器の器種変化においては、言い尽くされていることではあるが、蒸して食べる食事法の広ま

58

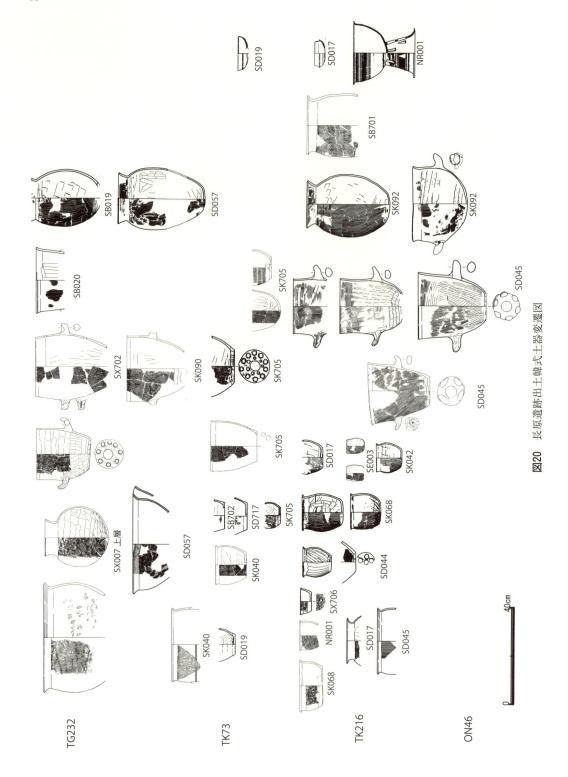

図20　長原遺跡出土韓式土器変遷図

りとともに、甑の受容とそれに伴う長胴甕の普及がある。それ以外の器種は淘汰されて消える傾向にある。つまりは、土師器制作者が甑などの製作を模倣する過程が重要な動向の主眼であるべきである。というのも、渡来人にとって一般的な土器である平底鉢は蔀屋北遺跡で出土しており、それに比べて長原遺跡では、Ⅱ期には消滅するとされている。これは、渡来人の永住による和化といった視線以外に、倭人の外来文化の受容と渡来人の移動に関連する動向のなかで器種の淘汰が起きた結果ともとれるのであり、双方の視点から再検討を促す必要があろう。

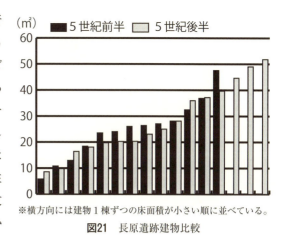

※横方向には建物1棟ずつの床面積が小さい順に並べている。
図21 長原遺跡建物比較

　その視点において、長原遺跡では、東むらから西むらへの移動は洪水が原因と考えられているが、東むらでは、竪穴建物と掘立柱建物で構成されていたが、西むらへ移行後は掘立柱建物が主流となっており、単なる集落の移動と片付けられない現象が介在する。

（2）蔀屋北遺跡

　蔀屋北遺跡（藤田道ほか 2010、藤田道 2012）では、報告書で詳細に検討が行われているので、ここでは概要を示すに留める。蔀屋北遺跡は、隣接する讃良郡条里の成果も合わせると、集落はTK208型式並行期には形成が始まっていたと考えられる。そして、TK23型式～TK47型式並行期に集落は隆盛を迎える。集落は当初、溝で区画された5地区に別れて形成を開始するようであるが、それぞれに渡来人の居住が認められる。しかしながら、TK23型式～TK47型式並行期の集落が拡大する段階には土器様相に変化が認められる。それゆえ、居住していた渡来人の移動や交替など移り変わりが想定されている（図22）。なかでも羽釜など新たな器種が加わるが、こういった器種の変化は、長原遺跡でも西むらに移行した段階で羽釜が加わるなど蔀屋北遺跡と同様の変化を遂げている。ともかくも蔀屋北遺跡でも集住は進むものの、溝などで居住空間が区画されており、居住域ごとに集団としての単位が抽出できることから、集住といっても複数の集団の寄り合いのようなものであったと考えられる。その集団間では、西地区と北東地区では、竪穴建物の規模などに格差が認められる。しかしながら、古墳にみられるような複数の複雑な量的格差を認めるには至らない（図23・24）。

（3）法円坂倉庫群

　TK208並行期には上町台地に大型の倉庫群が出現する。この倉庫群は田中清美によって当時の難波津に関係する可能性が指摘されており、この頃に王権が直接的に大規模な対外交渉

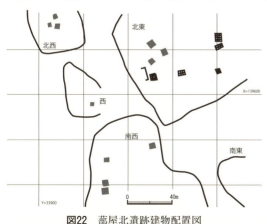

図22 蔀屋北遺跡建物配置図

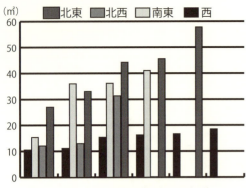

図23 蔀屋北遺跡2期地区別建物規模比較

※横方向には建物1棟ずつの床面積が小さい順に並べている。

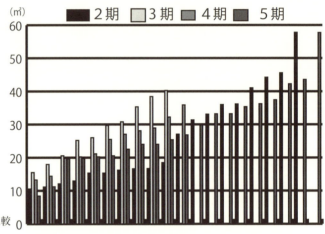

図24 蔀屋北遺跡時期別建物規模比較

※横方向には建物1棟ずつの床面積が小さい順に並べている。

を目指したひとつの証拠と考えられる。この上町台地では長らくその様相がわからなかったが、近年の調査や研究により、ここにも多くの渡来人が存在していたことが明らかになってきた（市川2011）。この倉庫群が存在する上町台地周辺では須恵器の窯が確認されているが、いずれも陶邑のTG232型式よりは下がるもので、その開始時期はTK73型式ないしはそれより新しいものと考えられる。時期的には周囲から出土している韓式系土器も含めてTK216型式に近いもので、渡来人による開発開始後に倉庫群が出現したと理解できる。おそらくは、長原遺跡などよりやや遅れた時期にこの地にも渡来人が居住し、難波津の整備などに活躍し、さらには彼らが倉庫群を中心に対外交渉の重要な役割を果たしたと考えられる。

（4）寺田遺跡

寺田遺跡（杉本ほか2007、土屋2007、三好2013b）では、古墳時代中期のTK208型式並行期以降に集落が拡大する傾向のある集落である。弥生時代から集落の形成は始まるが、一時的に古墳時代前期後半頃に建物の断続する時期がある。古墳時代の集落は、2グループほどに分かれて居住が始まるが、その後、5ないしは6ほどの単位へと分化していく（図25）。これらの単位は、前期に存在した流路を避けて微高地に居住域を形成しており、細かな溝などで区画されている。区画の単位間ではわずかながら規模に差が認められ、中期後半には掘立柱建物に規模の差が顕著に現れは

第2章 古墳時代中期の古墳と集落からみた対外交流　61

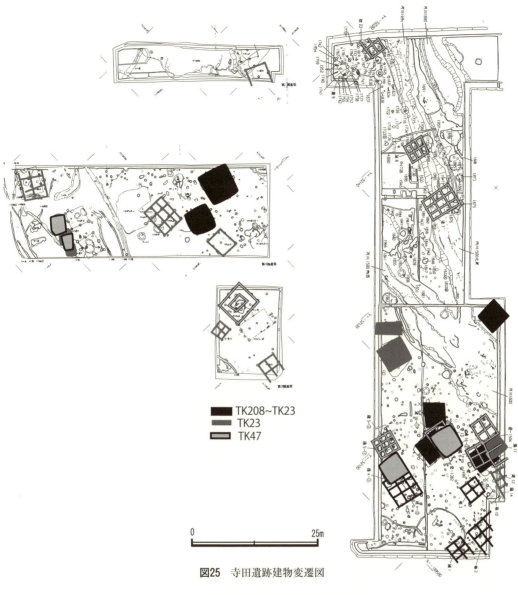

■ TK208〜TK23
▨ TK23
▤ TK47

図25　寺田遺跡建物変遷図

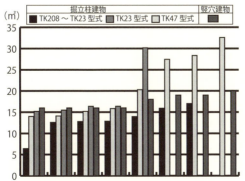

※横方向には建物1棟ずつの床面積が小さい順に並べている。

図26　寺田遺跡建物規模比較

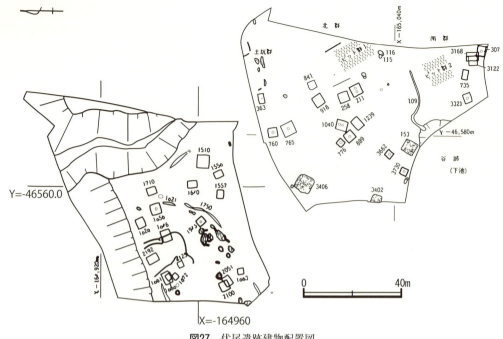

図27 伏尾遺跡建物配置図

じめる（図26）。よって、中期後半には格差が芽生えはじめており、単位間での格差も認められそうであるが、その集団規模としてはさほど大きなものとはいえない。部屋北遺跡と比較すれば、1ないしは2単位程度の規模であろう。時期としては、TK10型式古段階並行期まで継続しそうであるが、その規模は拡大して集住が進むわけではない。古墳時代後期にはより谷部に集落が出現することから、集住の発展による大規模集落の形成ではなく、明石川流域と同様に分散する傾向にあると考えられる。三好は報告書の中で、水田の谷部への開発に伴う集落の移動を考えているが、府中遺跡や寺田遺跡などの開発された地域周辺での居住がなくなるのは、その周辺の耕作を放棄したのかどうかの説明が必要であろう。特に現時点での資料では、人口規模が建物数の増減では増加傾向を読み取れないだけに、人口増に伴う耕地面積の拡大を目的とした集落の移動を理由とするには無理があるため、あらためて検討が必要であろう。

（5）伏尾遺跡

伏尾遺跡（岡戸 1990・1991）では、5世紀中頃を中心とした集落が確認されている。掘立柱建物34棟、竪穴建物1棟が確認されており、掘立柱建物は2×3間を最大とし、この建物がもっとも多い（図27）。規模では、竪穴建物とさほど変わらない規模のものがほとんどであり、2～4棟で1単位となるような構造をとる。また溝などで区画されており、3区画以上に分類が可能である。中央の区画には柵を伴う2×3間の建物があるなど、周囲より優位性が認められ、この集落の中心となる区域と考えられる。

3 古墳時代中期社会の変容——まとめにかえて——

（1）集住と分業

　播磨、河内などの地域をとおして、集住が進まない状況にある。そのため、集団の居住形態は、中心集落からの分節的拡散形態と、いくつかの集団が集合して居住する連接形態とに分かれる。連接形態には単に寄り合っただけのものの他に、混住方向へとより複雑化した形態も想定されるが、今回の対象地域では認められなかった。本来、集落は、道路などに区画されたものであって、何らかの共用の施設を伴う。そのうえで、生活に必要な食料の生産労働力とともに鍛冶などの工房を伴う。こういった集住のなかで機能分化が本来的な集落としての発展の方向性と考えられる。

　その点で郡家遺跡は、道路といった区画以外の理由でいくつかのグループに分かれている。松野遺跡は、方形に区画された共用施設を伴うものの、日常的な往来を制限するかのように相互のグループの間を溝で区画している。郡家遺跡にも一部に集落内を区画するような溝が確認されており、この時期の西摂では、集住化が進む過程で、集落内を溝などで区画しているものと考えられる。

　つまりは、日常的交流を阻害するような施設で区画された集団が隣接して共住している状態とみることも可能である。それは、播磨でみられたような集団の分裂したものが隣接して居住する形を取っているともとれるものである。しかしながら、本来、松野遺跡や郡家遺跡の集落は、他地域からの移住も考慮に入れる必要があると考えられるだけに、複数の集団が区画された範囲ごとに隣接して居住していると考えるべきであろう。

　これは、1集団が規模の拡大による集住化の促進と評価できるものではなく、あくまでもまとまりとしての集団の規模は小規模なままと考えられる。そのような傾向は何も郡家遺跡や松野遺跡のみの傾向ではなく、蔀屋北遺跡をはじめとして、河内や和泉などの中心部とされる地域でも同様の傾向が認められる。

　これらのことから、集団は大きなまとまりへと進まず、分節化した状態で、相互に協業を行うことによって成り立っていたと考えられる。それゆえ集落内では複雑化したような格差は認められず、集落間の格差も進まず、表向きには対等な関係を保っていたものと考えられる。さらに播磨では、集落は分節して拡散していく傾向にあるのに対して、摂津や河内では、いくつかの小集団が隣接して居住する形態をとるなど集団の居住のあり方に地域的特色がある。

　また和泉のように、集落が規模を変化させながら移動する傾向を示すものもあり、その実態は地域ごとにさまざまである。それらの地域内で、特定の時期に急激な人口増加を示すような集落の大規模化や建物の増加は認められない。

　本来、集住化が進むことによって、集団内での意見集約のためにエリートの存在が必要となる。そして、集住によって、労働力の集中と効率化が進み、周辺集落との格差の進行、周辺集落との中心と周辺関係へと発展する。これによって、地域的まとまりが成立する。しかしながら、現時点での古墳時代中期の集落の状況からみれば、小集団に分節したままでの居住であり、その都度の集住、離散の繰り返しと考えられる。集落の構成の実態からみれば、大規模な集団へのまとまりは認められないといえよう。このことは、流動的に結びつく集団であり、その結束は局面ごとに異な

り、集まったり、離れたりする様相がうかがえる。ただし、摂津・河内・和泉などの地域では、集落内格差ないしは集団差がわずかながら認められるような傾向にある。

（2）防御施設

集団の明確なまとまりや結集力のなさは、集落の詳細な検討によってみえてきた。このことは、集落全体を囲む、集団としてのまとまりを示すような広範囲での防御施設の運営には不向きな状況とも考えられる。実際のところ、各集落を囲むような防御施設は、今回検討対象とした集落では認められない。また、防御施設の発達ないしは集落としてのまとまりの拡大傾向はほとんどないといってよい状況にある。古墳の分析からみて、5世紀後半には武人的性格が一部に認められるのであるが、その様相を考慮しても、集落からは紛争などに対する防御的意識は読み取れないのである。ここにも、古墳の様相と集落の実態との間に乖離が認められる。

（3）流通経路とその変遷

今回の集落の動向からみて、流通経路にはいくつかの変化があることが、渡来人の痕跡としての韓式系土器の出土とその変化からうかがうことができる。

まず、明石川流域における出合遺跡や上脇遺跡など、かなり古い段階からTK216型式まで細々とその痕跡が認められる。そこから北青木遺跡・深江北町遺跡・森北町遺跡や岡本北遺跡など、4世紀末〜TK216型式並行期に至るまで寄港地としての機能を果たしていたものと考えられる。さらに、安威遺跡では、TK73型式に伴い韓式系土器が出土していることから、明石川流域から北青木遺跡、安威遺跡といった淀川を遡上する交通経路が想定可能である。そしてそれに伴い、長原遺跡もTG232型式〜TK73型式並行期に至るまで流通・交通の要衝として機能していたものと考えられる。

しかしながら、淡路の南を経由して紀ノ川を遡上し葛城に至るルートがTK73型式並行期に新たに開設されることによって、流通・交通経路の中心は移り、淡路北ルートは徐々に衰退していったものと考えられる（図28）。

その後、TK208型式並行期以降、再び明石川流域を経由するルートへとその中心は移るが、その時には、神楽遺跡と松野遺跡、郡家遺跡がそれぞれ、ルート上の重要な寄港地ないしは集落として発達する。さらに、蔀屋北遺跡や法円坂倉庫群が存在するなど、淡路北ルートから、淀川・大和川を遡上するルートが再び中心となる。これらの交通経路は集落の消長から導き出したものではあるが、本来は流通経路の変化によって集落の消長が起きた可能性を指摘することもできると考えている。

（4）韓式系土器の受容とその変化

韓式系土器の受容についてはこれまでにも多くの考察があるが、ここでは、在地系氏族による外来の食生活の受容をもとに考えてみたい。

安威遺跡では、TG232型式〜TK73型式並行期にかけて外面タタキ成形による甑が認められる。おそらくこの時期には渡来人が居住し、米を蒸して食べる習慣を伝えたものと考えられる。それによって、米を蒸して食べる習慣はこの地域に受容されたと考えられるが、甑の製作技術そのものは、正確に伝達はされなかったと考えられる。そのためこの地域の甑は、従来の丸底の甕に穴を開

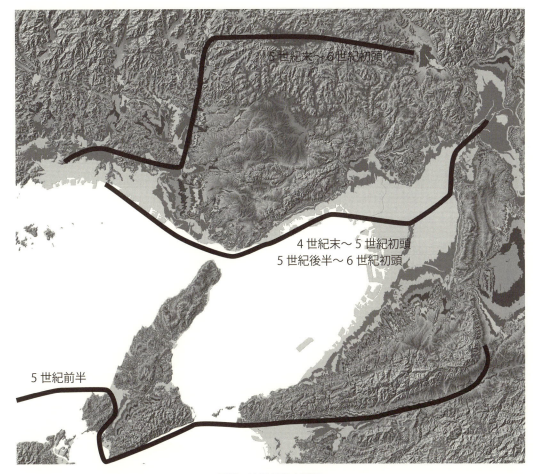

図28 流通経路変遷図

け使用目的に合わせて多様化したものもあり、その後の甑も、在地の技法で継続的に製作可能なものである。

　長原遺跡でもTG232型式〜TK73型式並行期には外面タタキ技法の甕や鉢・甑などが多数出土しているが、TK216型式並行期以降は減少傾向にある。平底鉢の底部もTK73型式までの底部の製作がTK216型式以降崩れる傾向にあり、外来の技法が、在地の技法へと変化していることが理解できる。

　この時期の甑は、丸底風のものと、平底の2種類がある（中久保2009）。平底の甑はタタキ技法で成形された甑と粘土の基本的な使用法が一致しており、渡来人による製作である可能性もある。ただし、外面はハケ調整によって仕上げられており、在地的特色が認められる。

　すでに述べたように、工房がTK216型式前後に出現することについて考えると、仮に長原在住の渡来人が継続して居住しているなかで起きたとすれば、長原居住開始後に工房開設の技術を習得したことになる。それよりは、工房開設の技術をもった人たちが、新たに長原で居住を開始したと考えた方が理解しやすい。

　その傾向からあらためて土器の様相をみるとき、在地の技術で新たな器種として平底鉢や長胴

甕・甑が製作されていると考えられるのであり、平底の甑については、在地の人間が渡来人より学んだ可能性を考えておきたい。

　つまりは、韓式系土器については、渡来人が在地の技法を取り入れて在地化する傾向よりも、在地の人びとが外来の器種を受容する方向性のほうが多数を占めたと考えられる。おそらく長原における渡来人の居住は、TK73型式までと考えられ、流通の変化とともに、居住地を移動させたと考えられる。その後のTK216型式並行期以降は、在地の住民を中心としながら、外来の技術をもつ指導者がともに生活していた可能性を考えておきたい。

（5）集　団

　古墳時代中期における集落を概観したとき、集落内には、古墳にみられるような階層構造は認められず、格差も限定的といわざるをえない。つまりは古墳築造における中心が現時点での調査のなかからはほとんど見出しえないのが現状である。にもかかわらず、流通でいえば、土器をはじめ、滑石製品や碧玉製品など広範囲での交流が認められる。鏡をはじめ、数量的には近畿地方に数的な集中が起きているのも事実である。現時点では遠方の地域やその地域の集落と近畿地方の1集落との間に格差や優位性を証明するのは困難といわざるをえず、協業的ネットワークの存在を指摘するのみである。そして、そのネットワークはかなり広域に広がっており、相互に依存しながら維持されていたと思われる。それが、相互の関係やネットワークの維持が崩れることによって流通経路は変化し、結果として、集落の移動や消長が起きたと考えられる。

　さらにいえば、生前にネットワークや相互関係の維持に努力した人物が、死後に表象的に古墳に葬られ、死後の世界で身分表彰が行われるような社会が古墳時代の社会と考えられる。

註

（1）ここでいう中央とは、河内・佐紀・馬見の各勢力を含む意味で使用する。

（2）図1では前方後円墳の時期と渡来系要素の強い古墳を中心にその時期的関係を示すことに留意している。そのうえで、甲冑が出土した古墳などは、小型古墳であっても時期の関係がわかるようにしている。従来の前方後円墳中心の編年案に対して少し工夫したつもりである。また、わずかながらではあるが、流域ごとの古墳の並行関係については修正を行っている。

（3）口縁部についても、分類作業を行ったが、資料の少なさから明確に時期的な変遷傾向を示さなかったので、文章としては割愛している。

（4）人塚古墳の埴輪に関しては加古川市教委のご厚意により見学させていただいた。

（5）尼塚古墳の埴輪については森下章司のご厚意により実見させていただいた所見にもとづく。

（6）宮山古墳出土の埴輪は姫路市教委のご厚意により、実見させていただいている。

（7）玉津王塚古墳の近くには出合窯が存在し、周辺からは韓式系軟質土器が出土している（亀田 2008）。出合窯の古さからすれば、かなり早い段階に渡来人がこの地で窯業を営んだこととなり、玉津王塚古墳の被葬者が対外交流に関係していた可能性が浮かび上がる。

（8）それ以前にも何らかの関係は存在すると考えられるが、内部での安定した地位の確立が成立していない段階では、規制といった強権を発動できたか疑問が残る。

（9）編年成果からすれば、西条古墳群の衰退には壇場山古墳を中心とした勢力の台頭も考慮する必要があろう。

(10)ただし、長原古墳群のように直接的な関係をもつ特殊な事例も存在している。

(11)この場合、力関係からすれば、下位から上位に送られるような意味合いも含めて想定すべきである。

(12)これらの古墳に副葬されている甲冑については、朝鮮半島との交流による中継地点として、中央と物流に関わる過程で入手した可能性も考えられよう。

(13)ただし、外来的要素が多くひとつの特徴をもつなかで、三角板鋲留短甲や冑を宮山古墳は保有しており、挂甲の出土を朝鮮半島との関係であえて考えれば、中央と朝鮮半島との双方と関係をもっていたと評価できる。しかし、後の亀山古墳のような棺に鋲を使用する程度の場合には、甲冑の保有のあり方からみて中央からの色彩が強いと評価できる。

(14)この場合、墳形が円墳であるなど、墳形にも中央との関係をみることができる。しかしながら、埴輪の製作技法にはばらつきがあり、埴輪製作技法に至るまで刷新されるような直接的な強い関係とはなっていない。

(15)朴天秀の研究によれば、行者塚古墳出土の鉄鋌は金官伽耶から供給されたと考えられている（朴2007）。また高橋克壽は、2世紀から4世紀にかけては金官伽耶が大和への鉄資源供給の中心的役割を果たしたとしている（高橋克 2007）。ところが、宮山古墳出土の鉄鋌は、朴天秀によると、新羅から供給されたタイプのものとされている（朴 2007）。このことから、播磨において、前方後円墳の築造停止と外来系的要素の強い古墳の出現への変化と鉄資源の供給元の交替が時期的に一致しており、何らかの関連が想定されるが、詳細については今後の検討課題である。

(16)小古墳も含めて行者塚古墳以降、播磨古墳時代中期2段階までの時期に集中して、鉄鋌の出土事例が多くみられることも対外交流による入手のあり方を示す傍証となろう。

(17)たとえば、難波津の整備による対外交渉の拠点の確保などがあげられる。

(18)一瀬（2008）によれば、大仙古墳の周囲の古墳は円墳へと統一されているとされており、時光寺古墳や小野王塚古墳、亀山古墳の墳形が円墳である点は眉庇付冑の出土事例とも重なることから、何らかの関連性を指摘できよう。

(19)再び前方後円墳が復活するのは加古川市の里古墳と考えられるが、里古墳の埴輪は1次調整のタテハケのみで仕上げられており、時期としては加西市の北山古墳と同時期かさらに新しい時期が想定される。

(20)中野咲の論考によれば、玉津田中遺跡での変化は漸次的であるとされており、これらは、二次的な間接的影響による結果と考えられる（中野・篠宮 2011）。

(21)その可能性として、葛城勢力が考えられる。木戸原遺跡の状況は、御所市秋津遺跡の規模を縮小したようなイメージで捉えることも可能と考える（橿原考古学研究所 2010・2011）。

(22)福岡県沖ノ島では、早くから祭祀行為が行われているが、滑石製品を多量に使用しての祭祀行為は古墳時代中期後半以降である。おそらく、滑石製品を使用した祭祀行為は古墳時代中期中葉頃に急速に広まったと考えられる（篠原 2011）。

(23)雨流遺跡の存在から、なにがしかの継続はあったと考えられる。

(24)淡路島内や明石川流域でも韓式系土器の出土が認められるが、長原遺跡や蔀屋北遺跡で確認されている量に比べればごくわずかである。また、古墳時代中期をとおしての継続性においても大きな隔たりがある。これは、流通経路の移動による中継拠点の移動や、集落の動向とも関連しているものと思われる。また、難波津の整備や流通の中央主導による影響も、明石川流域と河内地域の韓式系軟質土器の出土量の差として現れているものと思われる。

(25)松野遺跡は、TK23型式〜TK47型式並行期を中心とした集落であり、中心に居館とされる、堀と塀で囲まれた掘立柱建物が複数棟確認されている（千種 1983、口野博 2001）。この建物群を中心に北に耕作域をもち、南に一般集落として、溝で区画された竪穴建物群がある。この南の区域では、玉造が行われており、溝などに撒かれた祭祀行為に使用する玉を生産していたものと考えられる。また、北から南へと

縦の軸線状に遺跡が伸びており、木戸原遺跡の配置構造に近い部分が存在する。また、松野遺跡周辺に
これらの集落に対応するような古墳は存在せず、在地勢力の成長による地域の豪族居館として簡単には
評価すべきでないと思われる。

(26)流通の経路は、大阪湾岸ないしは大和へと至るルートとそこから発信されるルートがある。これらの両
ルートは、大和を中心として捉えた場合、ルートの変更の動向が西と東で異なる原理が存在するものと
考えられる。それゆえ、必ずしも一致するものではないと考えられる。

(27)明石川流域における TK208型式以降の土器様相の変化は、単に内在的というより、外部からの影響であ
ることはすでに述べているが、そのような土器様相の変化と古墳の墳形の変化が時期的に一致してお
り、これらの動向は単なる影響というよりは、何らかの強い意志のようなものが感じられてならない。

(28)集落が、一見可視的に等質と判断されるのは播磨の場合であって、大和や河内といった地域では、南郷
遺跡群をはじめとして、規模や建築方法などで違いが確認できる。集落間または集落内部における格差
の広がりは、中心と周辺では明らかな違いがあると考えられる。

(29)この場合、食料生産を目的とした水田開発技術供与といった田中説を否定するものではない。ただ渡来
人の長原での同一氏族の居住の永続性について疑うものである。

第3章　横穴式石室の導入と対外交流

第1節　横穴式石室内部の利用実態とその変化過程

対外交流として、河内や大和では朝鮮半島との直接交流を行っており、淡路以東の流通経路を掌握していた。そのため、物流の経路はTK10型式古段階並行期まで渡来人との交流が成り立っていたが、急激な物資の需要に応えきれるものではなくなってきていた。

九州系の石室をみるとき、朝鮮半島と九州の交流が強く認められる地域があることから九州を介した物流についても注意する必要があろう。そのような視点で再度九州系の石室をみると、播磨から丹波へのルートは、淡路島以東の海上ルートを避けるような陸上ルートとなっており、北摂や山城へ抜ける迂回路とも考えられる。これらが新たな物資移動の間道となっていったと考えられる。

さらには、日本海側や四国の南から紀伊水道や伊勢・志摩へと至るルートなど、大和や河内の中心部を避けるルートが形成され、大和や河内を経由せず外来の知識や物資を入手しようとしていた動きが読み取れる。

さて、横穴式石室の研究は、これまでにもさまざまな形で進められてきた。特に九州系の横穴式石室と百済からの影響によるものとは、近畿地方におけるその導入期において、6世紀初頭前後の社会を知るうえで重要な要素とみられることから、これまでにも何度となく取り上げられてきた（白石 1965、山崎 1985、森下 1986）。また、近畿地方の横穴式石室が集成されたほか（横穴式石室研究会編 2007）、九州地方の横穴式石室の集成や（九州前方後円墳研究会編 1999）、九州系の横穴式石室の伝播と拡散と題したシンポジウムなどが実施され（日本考古学協会2007年度熊本大会実行委員会編 2007）、九州地域や列島における九州系の実態が明確に理解できるようになってきた。

さらに高井田山古墳の調査以降（桑野・安村 1996）、大陸からの影響、特に朝鮮半島からの影響と明確に捉えることのできる石室が古い段階から揃うこととなり、その後の渡来系と考えられるような遺物の出土する石室群との変遷や関係がさまざまな形で理解できるようになった。従来から芝山古墳の事例などをもって指摘されてきていることであるが、近畿地方においては、九州系のものと朝鮮半島からの影響を受けた横穴式石室の2者があり、これらが直接的または間接的に周辺地域へと拡散していく過程で、近畿地方ではその葬法も含めて広まりをみせていく。

近畿地方に横穴式石室の導入される時期はいわゆる『日本書紀』に記載される継体天皇の在位期間に重なる部分があり、常に注目されてきた（福永伸 2000a、富山 2004a）。そこで、その時期の実態の一端を把握するのに有効と考えられる横穴式石室の導入過程をこれまでの最新の研究成果に

もとづいて、検証してみたい。ただし、単に横穴式石室の構築技術や形態にとどまらず石室を使用した葬法を含め、墓制を総体的に考えることとしたい。

　なおこの場合に、横穴式石室の葬法とは、考古学的に理解できる石室内部の利用実態である。つまりは、棺の配置のあり方や、遺物の出土状況の分類から導き出された実態的な違いによって導き出されるものである。またここで行う分類は、その下位に位置づけるのではなく、石室分類と併行関係にある水準である。ここで扱う資料は、近畿地方を中心に、九州方面に分布の中心がある石室群と直接的または間接的な影響により石室に類似性が認められるものとする。その中でも遺物の出土状況において、盗掘・攪乱などの影響の少ない資料を基本とする。

　それとともに、高井田山古墳をはじめとする百済からの影響で導入された石室群および、それらの石室の経過をみるために、石室内からミニチュア炊飯具が出土するものないしはそれが多く出土し、渡来系氏族との関連が指摘される群集墳（大阪府立近つ飛鳥博物館編 2000a・b・2002・2004・2005）内の石室を対象とする。

　石室内部の利用実態を探るにあたって、和田晴吾が、「開かれた棺」と「閉ざされた棺」（和田 2003）という2つの埋葬のあり方から、『よもつへぐい』をはじめとする葬送のあり方をあらためて検証し、「開かれた石室」・「閉ざされた石室」という概念を提唱している（和田 2008）。また寺前直人は、石室内から出土する土器を飲食具・煮沸具・貯蔵具に分け、消極的ながら出土する量をもって葬送儀礼か死者の世界での生活道具であるかの判別を試みた（寺前 2006）。さらに森本徹は、土器の出土する石室内の配置のあり方から、石室空間を利用した葬送儀礼の復原を試みている（森本 2007）。

　寺前や森本の論考に使用された石室資料の多くは近畿地方を中心とした資料であり、儀礼が同一であることの前提が見え隠れする。しかしながら、近畿やその周辺部において、横穴式石室の導入期から拡散に至るまでの間、葬送儀礼やそれに伴う石室利用のあり方が共通項の多い状態としての前提には若干の疑問が残る。というのも、近畿およびその周辺には、導入段階には、九州系とされる石室が多数存在しており、百済など朝鮮半島を源流とする石室とはその葬法のあり方が異なっていた可能性は高いと考えるからである。

　なお永井正浩は、九州北部において埋葬時の遺体配置方法を分析し、奥壁に沿って埋葬を行う鋤先タイプや石室中央に石棺を配置する石人山タイプなどに分類し、近年分析されている九州内部の石室実態と合致するように地域ごとにその特色は異なっているとの結果を出している（永井正 2003）。石人山タイプはともかく、鋤先タイプなどは、北部九州方面からの影響として考慮することは可能であり、九州系の要素として捉えるべきものであろう。

　このように、畿内ならびにその周辺には、九州にその影響の端緒をもつものや百済からの影響と考えられるものなどさまざまであり、それには石室形態のみならず、埋葬実態そのものまでもが含まれる。その中には、当然「開かれた棺」と「閉ざされた棺」の2者の違いも含まれている。ここでは、和田の研究に導かれつつ、畿内およびその周辺における葬法のあり方を分析する前提として意味の異なる2者とそれぞれに影響を受けた折衷的な葬法の3者を抽出することによって、より細かく石室内部の利用実態から導かれる意味を理解できるようになるものと考える。

そこでまず典型的な事例として、九州系と考えられる横穴式石室の出土例と朝鮮半島を源流とすると考えられる石室2者から、その違いについて考えてみたい。そのうえで、九州系といわれる石室群の実態からその導入ルートを探り、存在意義を求めたい。

1 石室内の遺物配置
(1) 九州系石室の埋葬実態

九州における横穴式石室の遺物出土状況についていくつか確認しておきたい。

福岡県福岡市鋤先古墳群A群3次調査9号墳（荒牧・大塚 1997）では、出土遺物のほとんどが須恵器であり、石室の側壁を中心に多数配置されている。下層の第3・4面から左側壁に沿って鉄刀が出土している。この床面では、須恵器が左袖付近に集中しており、この付近に金環も出土していることから、1体分の埋葬または片づけによる行為の後と考えられる。いずれにしても石室内の遺物出土状況は、石室空間内で分別された遺物の配置状況とはいえず、埋葬ごとに遺物を配置していると考えられる。

福岡県福岡市梅林古墳（林田 1991）は、出土遺物からTK23型式併行の時期に比定できる古式の横穴式石室である。石室内からは、奥壁側と袖石側の2カ所に遺物の集中する箇所が認められる。奥壁側からは須恵器・土師器と鑿・鉄斧・刀子・鉄鏃が、袖石付近からは須恵器・馬具・鉄鏃がそれぞれ出土している。これらの状況から、奥壁・袖石付近それぞれの埋葬に伴って遺物が配置されているものと考えられる。

福岡県福岡市老司古墳（高倉 1989）の場合、3号石室では2～3体の埋葬が想定されている。出土遺物は鏡も含めて側壁に沿って多数出土している。しかしながら、鏡など装身具や武器などがまとめて置かれているわけではなく、それぞれの埋葬主体に伴うような出土状況を示している。こ

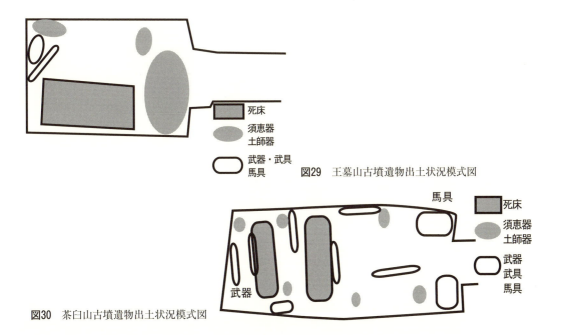

図29 王墓山古墳遺物出土状況模式図

図30 茶臼山古墳遺物出土状況模式図

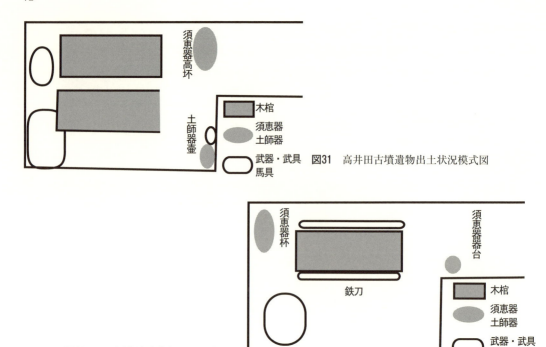

図31 高井田古墳遺物出土状況模式図

図32 七ノ坪古墳遺物出土状況模式図

の状況は、人骨によって2体が確認されている4号石室でも同様の状況がうかがわれる。

　香川県善通寺市の有岡古墳群（王墓山古墳）（笹川 1992）は、玄室内に石屋形があり、九州系の要素をもつ石室である。石棺内には小型の装飾品と土師器が置かれ、石屋形の天井石には須恵器と多量の馬具、冠帽などの装飾品などが置かれている。石室内では、奥壁左側に馬具と須恵器、武器類が置かれていたほか、玄門付近を中心に多量に須恵器が配されている（図29）。

　三重県亀山市井田川茶臼山古墳（小玉 1988）は、両袖の石室であるが、石室の基底部には腰石状の石材を使用し、玄門部には立柱石を配するなど、九州系の石室の要素を多く有する。玄室内には石室主軸に直交して2棺が安置されており、それぞれの棺の周囲に武器が置かれているほか、棺の周辺には須恵器が置かれている。馬具は棺の側から出土しているほか、左右の袖部からも多数出土している。このように、九州系と考えられる石室内の遺物の出土状況は、芝山古墳に近い遺物の配置であることが確認できる（図30）。

(2) 百済系石室

　百済系石室とは、百済に起源をもち、何らかの影響が考慮される石室であり、『畿内型石室』成立以前の石室に限る。[1]

　高井田山古墳では火熨斗など百済系の遺物が出土し、その関連性が指摘されている（桑野・安村 1996）。奥壁に沿って甲冑を配し、奥壁の西角には鉄鏃や槍・鉾がまとめて置かれていた。想定される西棺の遺物としては金環と鉄刀があり、東棺の出土遺物としては、鏡と火熨斗、鉄刀と刀子がある。玉は、棺の想定範囲内にいくつかの塊となって出土している。馬具は、袖部に置かれていたと考えられるが、詳しい内容は不明である。須恵器は、羨道入口に高坏を中心に置かれていた（図31）。これは、横穴式石室導入期における良好な1例と考えられる。ここでは、時間的な経過とと

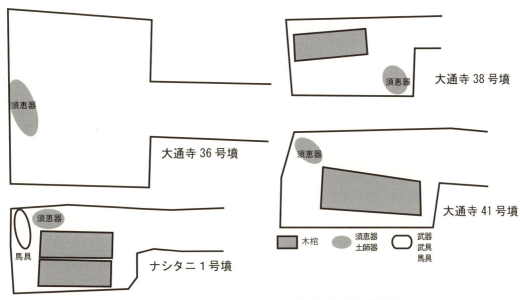

図33 大通寺古墳群・ナシタニ１号墳遺物出土状況模式図

もに石室の空間利用に変化があるのかに注目しながら、他の事例についてもみてみよう。

大阪市七ノ坪古墳（高井 1987）では、玄室左側に棺床を設け、玄室主軸に平行して１棺を配していたと考えられる。なお、棺床に沿って２本の鉄刀が置かれていた。遺物は、馬具が棺側の奥壁近くに置かれ、須恵器は奥壁左コーナーに杯身・蓋の４セットと身のみの計５点が出土した（図32）。また、袖部・玄門部から出土した筒形器台がある。これらのことから、高井田山古墳や七ノ坪古墳では、遺物を鉄器と土器・馬具をそれぞれ群ごとにまとめて石室空間に配置し、高井田山古墳の須恵器高坏群のように何らかの意味をもっておかれているかのような傾向が認められる。

さらにもう少し周辺の状況をみてみよう。滋賀県大通寺古墳群36号墳では（大崎ほか 1995：74-90頁）、棺の配置は不明確ではあるが、奥壁に沿って須恵器がまとめて置かれている（図33）。大通寺38号墳では（大崎 1995：101-110頁）、石室主軸に平行して玄室左側に棺を配置しており、須恵器は袖部付近にまとめて置かれている。大通寺41号墳では（大崎ほか 1995：118-125頁）、石室主軸に平行して玄室右側に木棺を安置しており、須恵器は奥壁左側にまとめて置かれている（図33）。

奈良県のナシタニ１号墳では（関川・卜部編 1987）、石室主軸に平行して右袖部付近に２棺を配置しており、須恵器と馬具が奥壁左側にまとめて置かれている。同じく上５号墳（西村 2003）は石室主軸に平行して３棺が配置されており、奥壁左側に馬具が、玄門付近に須恵器がまとめて置かれている。この石室内からミニチュア炊飯具のセットが２セット出土した（図33）。

このように、百済からの影響がうかがえる石室内では石室空間に１〜２棺の埋葬を中心とし、遺物の配置は、石室空間内でそれぞれにまとめて置く傾向がある。さらに整理すると、石室空間内で、金環など一部の装身具を除き、須恵器など種類ごとにまとめて配置する状況と、埋葬主体ごとにバラバラに遺物を副葬していく状況の２者が存在することが確認できる。これは、それぞれ九州

系の石室と渡来系の影響がうかがわれる石室つまり「開かれた棺」と「閉ざされた棺」（和田2003）とも関連性があると考えられ、遺物配置のあり方として「個別型副葬品配置」と「一括型副葬品配置」ともいうべきものであろう。そして、和田のいう「開かれた石室」と「閉ざされた石室」それぞれの石室内での副葬品配置として、相関関係をもつのである。

ただし、これらはあくまでも6世紀前半段階までの典型例をもとにした分類であり、地域によってその折衷の存在も想定できる。つまりは、石室が九州系で遺物の配置が一括型遺物配置であるといった形態が多数存在するものと考えられる。

これまでにみてきた傾向が成立するのかどうか、また時間的経過とともにどのような変化をたどるのかを探るために、九州系の石室が数多く確認されている播磨の状況と、ミニチュア炊飯具が数多く出土しており伝統的な石室群である可能性のある一須賀古墳群の石室と遺物の配置の変化からあらためて検証してみたい。

分析にあたって、それぞれの分類における視点としては、石室が九州系か百済との関係が認められるかに加えて、石室の閉塞が板石か塊石かがまずポイントとなろう。それとともに石室内から棺釘の使用が認められるか否か、石室内の棺の配置が石室主軸に直交するか平行するかも見極めるにあたっての重要な視座となる。それとともにこれまで複数の石室から傾向をみてきた個別型遺物配置か一括型遺物配置かを含めて分類を進めることとする。

横穴式石室の分類としては、その源流が百済に系譜を求められるもの（間接的な影響下にあるものを含む）と、九州的な形態をとる横穴式石室（四国や山陰的な要素をもつ横穴式石室をも含む）の2つに分類する。なお、それぞれ中間的なまたは一部の類似した要素をもつ石室の存在することは十分に想定できる。

埋葬のあり方としては、「開かれた石室」（和田 2008）に準拠するもので、閉塞のあり方としては、板石で閉塞しており、棺釘の出土が確認されておらず、板を敷いている程度の埋葬を行っているものと「閉ざされた石室」に準拠するもので、塊石で石室を閉塞し、玄室内に棺釘を使用した木棺を安置しているものがある。また、石室主軸に直交して遺体を安置するものを直交型、平行に安置するものを平行型とする。

2　一須賀古墳群の石室と埋葬の変化

一須賀古墳群Ⅰ支群では（岩崎ほか 1993）、MT15型式併行期以降の石室が多数調査されており、遺物の出土位置も原位置を確認できる事例が多い。その傾向からみると、木棺は、石室主軸に平行して1棺もしくは2棺のみを配置する事例「平行型」が多く、遺物の位置もそれぞれにまとめておかれる事例「一括型遺物配置」が多い。このような傾向はMT15型式併行期～TK10型式古段階併行期に多く認められ、TK10型式新段階併行期～TK43型式併行期以降では多数埋葬の事例が多く、羨道部分への埋葬も含めて3棺以上の事例が多くなる。遺物もそれぞれ2棺の埋葬単位ごとに置かれるように変化する（図34）。

Ⅰ-4号墳では、石室主軸に平行して2棺を配し、玄室奥壁左隅に土器と鉄鏃がまとめて置かれていた。MT15型式併行期で、2棺共に棺釘が使用されている。Ⅰ-6号墳では、石室中央に、石室主

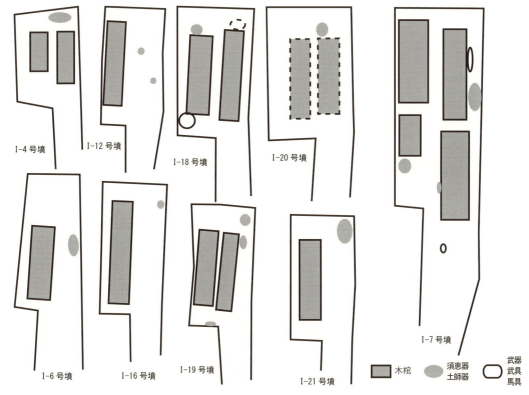

図34 一須賀古墳群I支群遺物出土状況模式図

軸に平行して1棺を配し、木棺奥左の空間に土器がまとめて置かれていた。木棺には棺釘が使用されている。I-12号墳では、袖部に1体のみ埋葬したと考えられ、土器は左側壁中央付近に2点置かれていた。I-16号墳では、袖部に1体のみ埋葬したと考えられ、土器は左側壁中央付近に1点置かれていた。

　I-18号墳では、石室主軸に平行して2棺を配し、玄室奥壁右隅に土器が、右袖付近に馬具がまとめて置かれていた。2棺ともに棺釘が使用されている。この石室からは、ミニチュア炊飯具が奥壁右隅を中心に置かれていたと考えられるが、後世の攪乱によるためか、やや広範囲にわたって出土した。

　I-19号墳では、2棺が主軸に平行して配置されており、奥壁左隅に土器を置いていた。ミニチュア炊飯具は、奥壁左付近と袖部付近に分かれて出土している。I-20号墳では、2棺以上が想定され、馬具などが奥壁中央付近からまとまって出土した。I-21号墳では、2棺以上が想定され、土器などが奥壁左隅付近からまとまって出土した。

　I-7号墳では、玄室奥と手前にそれぞれ2棺ずつ、玄室主軸方向に沿って平行して配置されていた。土器は2号木棺の左下付近と3号木棺右下付近にまとめて土器が置かれていた。石室内には棺釘の集中する箇所がそれぞれまとまってあることから、4棺すべてに棺釘を使用していたと考えられる。また、遺物の配置において、土器が2カ所に分かれて置かれているが、1埋葬単位ではなく、2棺の埋葬単位で土器がまとめられている点は注意すべきであろう。

このようにみていくと、一須賀古墳群では、古式の段階として、MT15型式併行期～TK10型式古段階併行期があり、この段階では、石室空間に遺物を種類ごとにまとめて配置する傾向が認められる。また、TK10型式新段階併行期ないしはTK43型式併行期以降では、そういった原則が失われていく傾向が認められた。なお、古式の段階でも、ミニチュア炊飯具の出土位置がいくつかに分かれて出土するとの結果を得ているが、これに関しては時期的な変化とともにミニチュア炊飯具の出土位置が変化するとの見解もあり、追葬段階における時期的経過の可能性もあるが、ここでは意見は保留したい。

TK10型式新段階併行期以降になると、組合式石棺を石室内に配置するなどさまざまな変化が認められる。また、奥壁に沿って棺を配置するなど、当初の棺配置とは異なる傾向を示す。これらの傾向とともに、石室内には3棺以上の埋葬が一般的となり、石室内の埋葬数の増加と遺物配置の変化には相互関係が認められる。

以上、一須賀古墳群をもとにミニチュア炊飯具が出土する石室群、つまりは外来系の埋葬方法を初源とする集団の石室利用の実態とその変化過程をみてきた。

3　播磨における横穴式石室の遺物出土状況

次に、一須賀古墳群の分析結果と対比する意味で、横穴式石室導入時には九州系の石室が多く認められ、そのほかさまざまな地域からの影響を受ける可能性のある地域として畿内周辺部の播磨を題材とし、畿内周辺での石室の状況と埋葬における遺物の配置をその主要なものについて分析を進める。なお遺物の配置に関する変化を探る必要性から、ここでは須恵器と馬具、鉄鏃をもとに石室の変遷について検証作業もあらためて行うこととする。

なお播磨における横穴式石室のうち、導入期の横穴式石室から、発掘調査などによって遺物の出土状況の明らかな資料から、個別にその実態を明らかにし、横穴式石室の総合的な評価を行いたい。

剣坂古墳は（宮川・矢野 1999）、遺物の出土状況から奥壁付近が片付けまたは盗掘等の撹乱により乱されているが、玄室入口付近の出土状況はほぼ現状を留めていると考えられる。

玄室内には板状の大形の石材が玄室奥壁ならびに玄門に沿って7カ所に置かれており、およそ玄室の床面を3等分するように配置されている（図35）。奥壁に沿って置かれた石材からみると埋葬にあたっては石室主軸に直交して遺体を安置したと考えられる。それを裏付けるように、鉄刀は石室主軸に直交して置かれている。鎹は出土しているが棺釘は確認されていない。このことから、木棺による埋葬の可能性も残るが、おそらくは板を鎹で結束した上に遺体を載せていたと思われ、遺体は石室内でオープンにされていたと考えられる。

玄室の中央部分でも石室主軸に直交して遺体の埋葬が想定される。耳環の出土位置から頭位が南西方向である可能性がある。この中央部分でも鎹は検出されているがその数はわずかであり、木棺を想定するほどの数ではない。この中央部分からは鉄製素環鏡板付轡が出土している。また、玉類の出土が認められる。

このように剣坂古墳では、最低2体の埋葬が想定される。またその空間の利用のあり方は、石室

主軸に直交して板石の上の木板の上に載せただけのオープンな形で遺体を安置していたと想定する。副葬品としての遺物の配置は、馬具や鉄剣などの武器類、玉類はそれぞれ埋葬遺体ごとに個別に置かれているが、須恵器の配置は、玄門近くの石の上や羨道にまとめて置かれていたと考えられる。その須恵器の内訳として

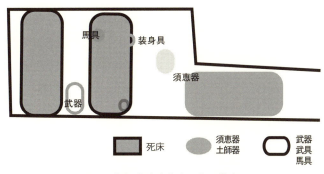

図35 剣坂古墳遺物出土状況模式図

は、坏身・蓋のセットと有蓋高坏・無蓋高坏の組合せがほぼ半数ずつ出土している。高坏は大半が短脚のものである。坏身の口径は平均13cmと大型化の傾向を示しており、立ち上がりの端部は尖っていて面や段をなすものはない。坏蓋は、天井部と体部の境界に突出した稜をもつものもあるが、大半は凹線によって境界を分けている。口縁端部にはすべてに段がある。

坏身の口縁端部に面や段がないことや蓋の口縁端部に段が残る点を考慮すると、TK10型式古段階に比定できる。蓋坏の天井部と体部の境界もTK10型式古段階の特徴をよく示していると考えられる。

鉄鏃には長頸のものは含まれていない。鉄鏃の関の形状は、殆どが角関の腸快柳葉C2型式（川畑 2009）に相当する。時期としては、田辺編年のTK10型式に相当すると考えられる。

石室は、左片袖で、板石を小口積みにした古い石材の用法で構築されている。その構築のあり方は、奥壁並びに側壁の1石目に板石を立てて使用しており、その上から持ち送りによって、石材を小口積みとしている。袖部は多段積みであり、板石の使用は認められない。天井石はなだらかに羨道部分へと低くなり、玄門部から羨道部への段差も緩やかとなる。

よって、石室からみて剣坂古墳の石室は、玄室の構築技術的なあり方や天井石の高架において、九州的な要素が認められる。しかしながら、袖部には板石が使用されておらず、閉塞のあり方も礫と粘土による積み上げによって行われるなど、九州的でない要素も含む。

また、畿内での導入段階のあり方としては、玄室主軸に平行して遺体を安置しており、遺物の配置も石室空間全体での配置となっているが、これと比べ考えると剣坂の石室内のあり方は、埋葬における遺体安置の方向が石室に直交している点と、武器や馬具、玉類が個別の埋葬施設に伴う点などから、九州的な要素と考えられる。ただし、須恵器など土器類が羨道付近にまとめて置かれるなどの相違点も認められる。

以上の点から、剣坂古墳の石室は、九州的な要素と畿内における導入期の要素の双方の類似点が指摘可能であると考えられる。また、鉄製の馬具を保有している点や、耳付高坏の出土したことから、朝鮮半島南部との交流ないしは、馬との関わりが指摘可能と考えられる。

長尾タイ山1号墳（龍野市教委 1982）の横穴式石室はその石材のほとんどが抜き取られており、羨道ならびに玄門部分は失われている。抜き取り穴の状況から、奥壁部分を中心に玄室床面がわずかに残されていたと考えられる。玄室内の遺物の出土状況は、中央付近で金銅製透彫冠、馬具

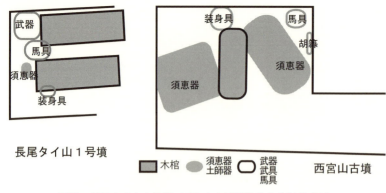

図36　長尾タイ山1号墳・西宮山古墳遺物出土状況模式図

が玄室の左側、武器類も馬具付近にまとめて置かれる。玉類は想定される遺体の安置場所近くに集中しており、須恵器が1点だけ、遺体側に置かれていた状況が看取される。
　須恵器は、玄門付近にまとめて置かれていた可能性が考えられる。また、長尾タイ山1号墳の埋葬は、遺物の配置状況から1体のみであった可能性が高いと考えられる（図36）。
　遺物は、馬鐸、金銅製楕円十字轡や武器など多彩である。馬鐸や金銅装馬具などの出土例から、この地域で馬飼の中心的な役割を果たした人物の1人である可能性がある。また須恵器に関していえば、相生市丸山2号窯などの存在から、地方窯からの供給と考えるのが自然であろう。須恵器は多量に出土しているが、石室内からの出土は坏蓋1点のみである。この坏蓋の特徴をみると、天井部と体部の境界に突出した稜をもち、口縁端部は内傾する面がある。この特徴を見る限りではMT15型式に比定できる。また、周辺から出土している須恵器の傾向とも矛盾しない。
　石室内の利用状況は、七ノ坪古墳に類似した事例と考えられるが、畿内からの影響を受けての出現と考えるよりも、百済からの直接的な影響をも考慮する必要があろう。
　西宮山古墳（武藤 1956）の出土状況ならびに遺物の時期差などから追葬の可能性が考慮され、棺配置の正確な位置までは特定しにくい状況である。ただ、耳環などが石室左側壁中央付近より出土し、遺物の存在しない空間の状況から石室主軸に直交して東西方向に遺体を安置したものと考えられる。遺物は石室全体から出土しており、土器自体も石室空間にそれぞれまとめて置かれているような状況はみられない（図36）。
　石室構築のあり方に特別に取り上げるような点はみあたらない。玄門部に梱石、羨道途中にも仕切石があり、この部分に割石で閉塞していたとされている。石室そのものは百済からの影響が考えられるが、その埋葬における遺物の配置からは、九州系的とも取れるような要素を含む。時期としては、坏身の口径が12〜13cmで、端部は内傾する段を有するものが若干認められるものの、大半は丸く収められる。坏蓋の天井部と体部の境界がわずかに突出する鈍い稜を残すものと凹線を巡らせるものとの2者があり、口縁端部には段が認められる。これらの特徴からTK10型式古段階に比定できる。
　太市中4号墳（兵庫県教委埋蔵文化財調査事務所 2003）は、玄室床面が1面であり、ほぼ原状を留めているものと思われる。玄室内には鉄鏃が側壁に沿うように、各所から出土している。玄室内からは棺釘や棺台などは確認されていない。須恵器は左側壁に沿うように多数配置されており、左袖隅に土師器甕が1点置かれていた。玄室右側壁側には配置された遺物が乏しく、遺体が安置さ

れていた場所と推定される。また、棺釘や棺台が確認されていないことから、石室内に直接遺体が安置されていた可能性がある（図37）。

鉄鏃の配置が後世の移動による可能性もあるが、石室側壁周辺の各所から出土しており、玉類も奥壁付近にばらまかれたような出土状況を示している。須恵器も、左側壁側に集中している傾向が認められるが、奥壁右側や右袖部側からも出土しており、全体として遺体の周囲に置かれたと解釈することも可能である。

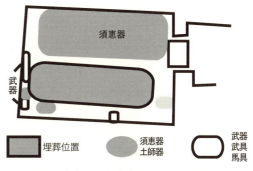

図37 太市中4号墳遺物出土状況模式図

太市中4号墳では、坏蓋の天井部と体部の境界がわずかに突出する鈍い稜を残すものと凹線を巡らせているものとの2者があり、口縁端部には段が認められる。坏身は、口径は12〜13cmで、端部は内傾する段を有するものが若干認められるものの、大半は丸く収められる。剣坂古墳の須恵器群よりやや古い特徴をもつ須恵器群も含まれているが、全体としては、TK10型式古段階の範疇で捉えておきたい。鉄鏃では、長頸B型式（川畑 2009）が大半を占め、関の部分に棘関をもつものが含まれ、TK10型式古段階でもやや新しい傾向を示している。

なお、太市中12号墳（兵庫県教委埋蔵文化財調査事務所 2003）の坏身の口径は12.5cm前後であり、坏身蓋の諸特徴は太市中4号墳と同傾向を示している。須恵器の型式としてはこれもTK10型式古段階の中で捉えておくべきであろう。

太市中4号墳の横穴式石室は、奥壁や側壁が腰石状に基底石を縦に使用しており、その石材の上から石材を小口積みにしており、石室の構築技術のあり方としては、剣坂古墳と同様に九州からの影響がうかがえる。また、石室の平面形からみれば、袖部が羨道からみて突出する板石を使用しており、右側に袖が偏っている。玄門部の閉塞には板石を使用しており、これも九州的要素と考えられる。なお、玄室と羨道の繋がりの部分では、本来玄門部分で段差があったと考えられる。

以上、石室の傾向からは九州系の要素が多く認められるが、埋葬ならびに遺物の配置状況には剣坂古墳や丁古墳群3次調査3号墳などにみられたような明確な九州的要素は認められない。これについては、畿内的要素と捉えるほどでもないので、遺物の配置など石室空間の利用のあり方において、先行して在地化が進んでいる傾向を示しているものとして理解したい。

丁古墳群3次調査1号墳（上田ほか 1966）の遺物の出土状況は、攪乱が激しく不明な点が多い。かろうじて原位置を保っていた遺物は、右袖部付近から出土した須恵器と土師器である。鉄器や棺釘などは確認されていない（図38）。

須恵器の坏身の口径は11.5cm前後であり、TK47〜MT15型式と考えられる（図39）。

横穴式石室は、奥壁や側壁が腰石状に基底石を縦に使用しており、その上に石材を小口積みにしていたと考えられ、石室の構築技術のあり方としては、剣坂古墳と同様に九州からの影響がうかがえる。また、石室の平面形からみれば、袖部が羨道からみて突出するように板石を使用する。玄門部の閉塞にも板石を使用しており、これも九州的要素と考えられる。

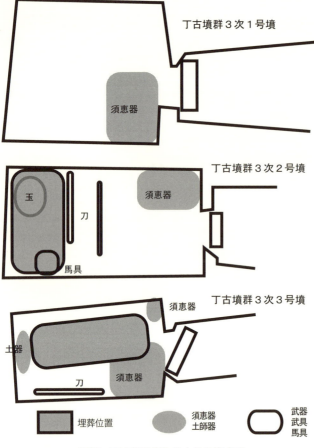

図38 丁古墳群遺物出土状況模式図

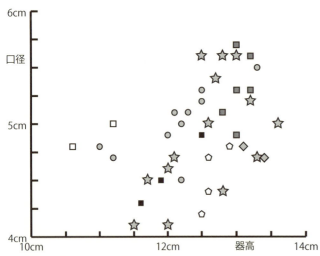

図39 播磨出土須恵器の口径・器高分布

　丁古墳群3次調査2号墳（上田哲ほか 1966）の遺物の出土状況は、奥壁左側付近にて木玉類の出土が認められ、足下の付近には鉄鏃の出土が認められる。鉄刀の方向から、頭位を東に向けて、石室の主軸に直交させて奥壁に沿って埋葬していたと考えられる。左袖部付近からは、剣菱形杏葉他馬具と須恵器が出土している。

　馬具など鉄製品が出土するなかで棺釘などは確認されておらず、木棺が使用されていたか疑わしい部分がある。また、鉄刀を石室中央付近にて石室主軸に直交させて石室内を区画するような置き方は剣坂古墳に共通する要素ではあるが、遺物配置全体からみて、この石室の埋葬が2体以上を想定するのは困難であり、おそらく1体のみと考えられる（図38）。

　石室内から出土した須恵器の坏身は、口縁端部内面に面をもつものの、底部外面の削りは浅くなっている。口径は11.5cm程度と小ぶりであるが、共伴している𤭯の口径ならびに頸部が大型化しており、MT15型式の傾向を示している。

　播磨では坏の口径の大型化が遅れる傾向にあり、丁古墳群3次調査2号墳出土の須恵器については、MT15型式と考えておきたい。馬具は、金銅装f字形鏡板付轡と金銅装剣菱形杏葉のセットで出土しており、MT15型式を挟む

前後の型式に併行すると考えられる。なお、石室内からは瓶形土器が出土しており、朝鮮半島南部との関係もうかがわれるが、九州地方を経由しての入手についても考慮が必要であろう。

横穴式石室は、奥壁や側壁が腰石状に基底石を縦に使用しており、その上から石材を小口積みにしていたと考えられ、石室の構築技術のあり方としては、剣坂古墳と同様に九州からの影響がうかがえる。また石室の平面形からみれば、袖部が羨道からみて突出するように板石を使用している。玄門部の閉塞には板石を使用しており、これも九州的要素と考えられる。

丁古墳群3次調査3号墳（上田哲ほか 1966）は、未盗掘墳と考えられている。その遺物の出土状況は、奥壁中央に土器群があり、右側壁に沿って鉄刀が置かれている。右袖部には土器が置かれており、馬具はやや鉄刀寄りに置かれている。左側壁には鉄鏃が、左袖部には土器が置かれている。玄門付近からも須恵器が出土している（図38）。

この玄室内には1体の埋葬が想定される。遺体の周辺への遺物の配置状況は、馬具セットはまとめて置かれているが、土器の配置は遺体周辺を囲むように置かれており、剣坂古墳と同様の状況と考えられる。なお、未盗掘墳であると考えられるにもかかわらず、玄室内からは棺釘が検出されていないため、木棺は使用されていなかった可能性がある。

出土遺物としては、楕円鏡板付轡・楕円杏葉があり、馬具としては古い傾向を示す。須恵器の坏身の口径は12cm前後であり、MT15型式と考えられる。

丁古墳群3次調査3号墳の横穴式石室は、奥壁や側壁が腰石状に基底石を縦に使用しており、その上から、石材を小口積みにしていたと考えられ、石室の構築技術のあり方としては、剣坂古墳と同様に九州からの影響がうかがえる。また、石室の平面形からみれば、袖部が羨道からみて突出するように板石を使用している。玄門部の閉塞には板石を使用しており、これも九州的要素と考えられる。

丁古墳群3次調査3号墳は、石室の要素において九州的な傾向を示しているとともに、埋葬における副葬品の配置においても、高井田山古墳や七ノ坪古墳とは異なる傾向を示している。おそらくは九州的な（四国ならびに山陰などの影響である可能性も含めつつ）影響を受けたことによると考えられる。

状覚山4号墳（兵庫県教委埋蔵文化財調査事務所 2006）では、玄室主軸に直交して棺台が2カ所に置かれている。それぞれの埋葬に伴うと考えられる遺物出土状況は、以下のとおりである（図40）。

奥壁に沿って置かれたシスト状の仕切りに伴って須恵器と鉄鏃と馬具が出土しており、玄室袖部近くのシスト状の区画周辺でも鉄鏃や馬具、須恵器が出土している。攪乱を受けて原位置を保っていない可能性も含まれているため、取り扱いには危険を伴うがおよそ玄室内には2体の埋葬があり、埋葬単位ごとに副葬品を配置していたと考えられる。

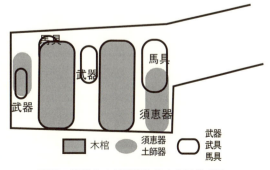

図40 状覚山4号墳遺物出土状況模式図

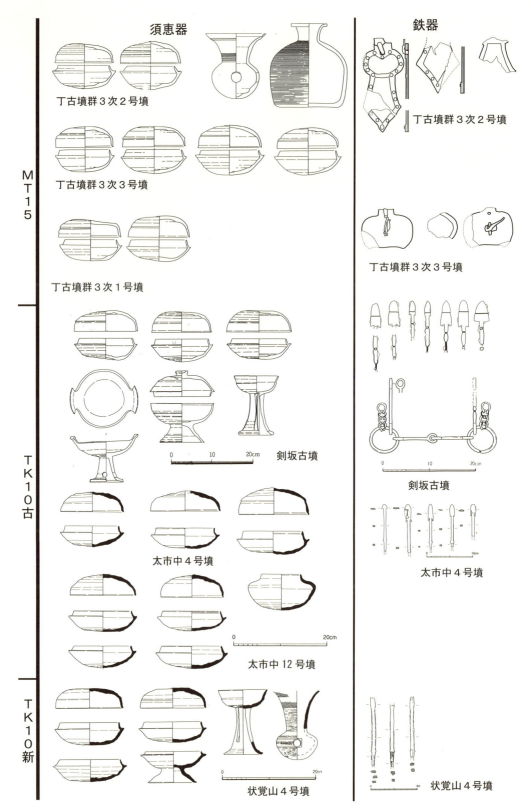

図41 播磨出土須恵器の編年

なお、坏身の口径は13cmを超え、坏蓋の天井部と体部の境界が凹線を巡らすのみとなっている。坏蓋の端部には内傾する面が残っているが、坏身の口縁端部は丸く収めるのみである。剣坂古墳の傾向より新しい要素が看取されることから、TK10型式新段階に比定できる。また鉄鏃のうち長頸B型式（川畑 2009）では、関の部分に棘関をもつもので占められており、明らかに新しい傾向であり須恵器との型式に一致すると考えられる。

横穴式石室は、石材がほとんど抜き取られており、抜き取り穴からの平面形の推定によると、右片袖と考えられる。単純に平面形のみからでは九州からの影響をうかがうのは困難である。しかしながら、状覚山4号墳の立地が、剣坂古墳から8kmの位置にあり、石室内の遺物配置が九州的な要素を含んでいる点からすれば、石室そのものでは看取されなかった系譜関係が葬法面において認められる点は興味深い。以上に述べた古墳出土の須恵器について図41にまとめておく。

ここであらためて、播磨における石室とその埋葬形態について述べてみたい。

丁古墳群3次調査1号墳は、攪乱が多いものの棺釘などを使用しない、「開かれた棺」であった可能性が高い。石室の構築ならびに平面プランにおいても九州的な要素が強いと考えられる。

丁古墳群3次調査2号墳は、石室主軸に直交して埋葬しており、棺釘の使用が認められないことから「開かれた棺」と考えられる。遺物配置は、1棺のみのため判別は困難である。石室の構築ならびに平面プランは九州的な要素が強い。ただ、出土遺物に瓶形土器が含まれており、九州経由など間接的な可能性もあるが、朝鮮半島南部からの影響も考慮しておく必要があ

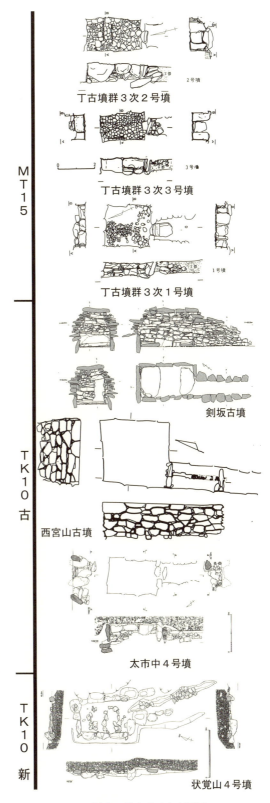

図42 播磨の横穴式石室変遷図

る。

　丁古墳群3次調査3号墳での土器の配置は、1カ所にまとめて置くのではなく遺体周辺を囲むように置かれており、棺釘の使用も認められないことから「開かれた棺」である可能性が高い。石室の構築のあり方ならびに平面プランにおいても九州からの影響がうかがえる。

　剣坂古墳では、石室主軸に直交して遺体を安置したと考えられる。板を鎹で結束した上に遺体を載せていたと思われ、「開かれた棺」であったと考えられる。遺物の配置は、馬具などが個別に埋葬遺体ごとに置かれていたと考えられるが、土器の配置は羨道入口にまとめて置かれていた。石室の構築技術には九州的な要素が残るが平面プランでは畿内的な要素もみえはじめている。耳付高坏の出土していることから、朝鮮半島南部との交流ないしは、馬との関わりが考えられる。

　太市中4号墳は、棺釘や棺台の使用が認められず、「開かれた棺」と考えられるが、遺物の配置には強い特徴は認められない。石室の構築技術ならびに石室平面形としては九州系の影響が認められる。

　状覚山4号墳では、玄室主軸に直交して棺台が2カ所に置かれており、それぞれに遺物が配置されている。しかしながら、石室形態としては九州系の要素は認められない。

　長尾タイ山1号墳のケースでは遺物がそれぞれまとめて置かれており、朝鮮半島からの影響とも考えられる要素が強い。

　西宮山古墳では、石室に特別九州系と認められるような要素はないが、羨道部分に梱石や仕切石が認められ、部分的に折衷となっている。また、遺物の配置にはやや折衷的な部分が認められる。

　以上の状況から、埋葬と石室の関係性からみて、中・東播磨では九州系の強い影響のもとに丁古墳群などが出現するが、その後周囲への広まりとともにさまざまな要素が加わり、当初のセット関係が崩れていく様相がうかがえる（図42）。

　西播磨では、朝鮮半島からの要素がうかがえる長尾タイ山1号墳が出現するが、埋葬のあり方において、渡来系の石室群に認められるような強い継続性は認められない。つまりは、播磨において九州系の横穴式石室や朝鮮半島からの影響によって採用された横穴式石室においても、導入の経緯となった伝達者が単発的であり、その後の継続性を維持するだけの集団や強い意志を継承する継承者がいなかったことが起因すると考えられる。

第2節　九州系石室の検討

1　芝山古墳

　東大阪市にかつてあった芝山古墳は、英国人ゴーランド（W. Gowland）により詳細な調査がなされている。

　ゴーランドは、1872年に日本で、同弊局の冶金技師として着任している。1881年の暮れからアストンと共同で古墳研究を開始して以来、古墳を実際に訪れて調査・研究を行うという、実証主義を徹底していく。そのなかで、現地を訪れて土器を採集したり、見学した古墳から出土した資料を購入したりと、資料の収集にも努めていた。当時ゴーランドは古墳の遺物について、出土位置が重要

第3章 横穴式石室の導入と対外交流 85

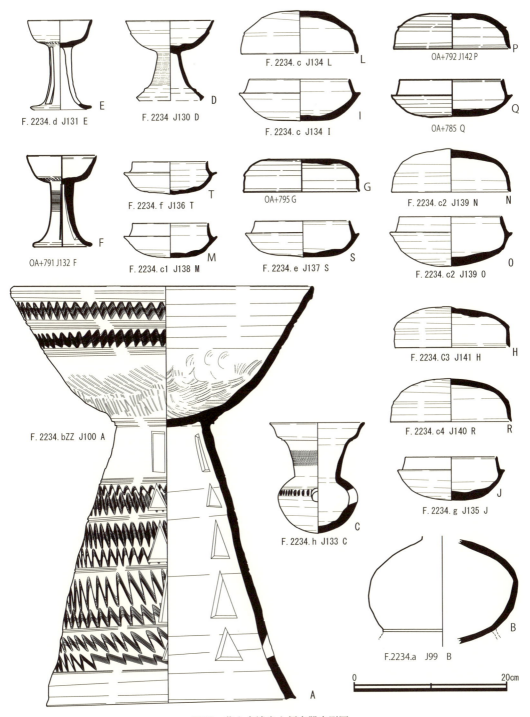

図43 芝山古墳出土須恵器実測図

との認識をもっており、鹿谷古墳など早い時期にであった古墳においても、遺物の出土位置に関する聞き取りなどは、かなり詳細なものであった。

　1887年夏に芝山古墳の話を聞きつけたゴーランドは、まず、古墳から持ち出された遺物の買い戻しを行い、それぞれの遺物の出土位置についての聞き取り調査を開始し、同年12月に芝山古墳の発掘調査を実施している。この調査では、石室内を div 1 ～ div20の20区画に分け、区画ごとに克明に出土位置を記録している。また、出土した土器には A ～ Z までの番号をつけ、石室の区画のどの位置にどの土器が出土したか、スケッチとしても記録を残している。須恵器にはこの A ～ Z までの番号がマーキングされており、出土位置のスケッチによって、個々の土器の出土位置が復元できるという、当時としては画期的な調査方法を実施している。今回、芝山古墳の検討を行うにあたっては、ゴーランドの調査成果に負うところが大きい。

　以下に出土遺物を記述する。

（1）土器（図43）

A：大型の器台である。高さ、口径杯部の深さ、脚台の高さ、底径を測る。杯部は深い腕形を呈し、口縁部にかけて外上方に伸びる。口縁部は玉縁状を呈する。杯部内面には、同心円状のアテ具痕が残る。杯部外面は、上部を2区画に分けて波状文を施し、下部にはタタキの痕跡を残す。脚部は6区画に分け、最上部は方形の透かしを設け、外部には波状文などは認められない。最下段はナデが認められる。上部から2段目には三角の透かしをもち、外面には細い1条の波状文と組み合わせた2条の波状文を施す。3段目～5段目にも三角の透かしを設け、2条の波状文を施す。「1piece in div11, 5pieces in div14, 4 indiv14, 1 in div3」の記載があり、いくつかの地点に分かれて出土していた。

B：台付きの壺と思われる。破片であり、全体の器形は不明である。「7pieces in div13, 4 in div14, 1 in div18」とあり、これもいくつかの場所に分かれて出土していたと考えられる。

C：（S.M、133、2234H）甕は、口径12.2cm、器高14.0cm、くびれ部径5.9cm、体部径10.3cmを測る。頸部に波状紋をもち、体部には櫛の刺突文を施す。体部下半は荒いケズリを施している。

D：（S.M、130、2234）高坏は、口径11.4cm、器高10.1cm、脚部径9.2cmを測る。口縁端部はやや面をもちながら丸く収めるもので、脚部先端は内傾する面をもち、端部は丸く収める。脚部にはカキメを施している。

E：（S.M、131、2234D）高坏は、口径8.5cm、器高11.3cm、脚径8.3cm、脚部高7.8cmを測る。長脚の3方透かしをもつもので、背部下端に脚部接合後のケズリが認められる。杯部下端に櫛による刺突文が施されている。2piecesin15div から出土している。

F：（S.M、132、OA+.791）高坏は口径8.5cm、器高11.3cm、脚径8.3cm、脚部高7.8cmを測る。長脚の3方透かしをもつもので、背部下端に脚部接合後のケズリが認められる。杯部下端に櫛による刺突文が施されている。脚部上半にはカキメが認められる。div19から出土している。

G：（S.M、OA+.795）杯蓋である。口径は15.0cm、器高4.3cmを測る。天井部と体部の間の稜線は、わずかに認められるが、ほとんど凹線化している。口縁端部は面取りが行われており、わずかに有段の痕跡を残す。div17との記載がある。

H：（S.M、171、2234C3）杯蓋である。口径はややゆがみがあり、15.3〜14.9cm、器高5.2cm を測る。天井部と体部の稜線は、わずかに残る。天井部はあまり丸みをもたず、ケズリが中程まで行われている。口縁端部は面取りが行われており、わずかに有段の痕跡を残す。Div13から出土との記載がある。

I：「futamono.Bottom part」との記載があり、杯身の場合は bottom、蓋の場合は cover と表現していたことが理解できる。（S.M、134、2234C）杯身である。口縁端部径は12.8cm、器高5.3cm を測る。底部下半にケズリを行っている。口縁端部は面取りが行われており、先端は丸く収める。内面は真赤に染まっている。ゴーランドはこの中身の分析を行い水銀朱であるとしている。底面には朱が粉状に層をなしており、この杯身の内面は赤く塗られたのではないことを示している。「3pieces found in div8」との記載がある。

J：（S.M、135G、2234）杯身である。口縁端部径はややゆがみがあり、11.7〜12.7cm、器高5.5cm を測る。底部は丸みの強いもので、底部のケズリは浅い。口縁端部は内面へ傾斜し、浅くくぼむものである。Div7 から出土との記載がある。

K：（S.M、OA+.788、OA+.793）A と同等の大きさの器台である。脚部分が確認できた。「1piece in 12div：1 in 17：2 in 18：5 in 20：2 in16との記載から、いくつかの場所に分かれて出土していたことが理解される。

L：（S.M、134、2234C）I とセットとなる杯蓋である。L には I と同じ134が記されており、ゴーランドは整理段階で、セットを1点とカウントしたため、杯身と蓋に同一番号を記したものと思われる。なお、この3桁の数字には「4」に特徴的な部分があり、ゴーランド直筆の文字とあわせると一致したことから、ゴーランドが付けたものと特定している。口縁部と天井部の境にわずかに稜が認められるが、ほとんど凹線化しており、口縁端部は単に丸く収めるものである。内面ほぼ全面に朱が付着している。

M：（S.M、138、2234C1）杯身である。口縁端部径9.8cm、器高4.4cm を測る。底部中程までケズリが認められる。端部は内面に段が形成されている。

N：（S.M、139、2234C2）杯蓋である。口径は15.6cm、器高5.5cm を測る。天井部と体部の間の稜線は、わずかに認められるが、ほとんど凹線化している。口縁端部は面取りが行われている。

O：（S.M、139、2234C2）N とセットとなる杯身である。口縁端部径13.4cm、器高6.3cm を測る。底部中程までケズリが認められる。口縁端部はわずかに内傾する面をもち、内面にわずかな稜線上の段をもつ。

P：（S.M、142、OA+.792）杯蓋である。口径は15.2cm、器高4.5cm を測る。天井部と体部の間の稜線は、わずかに認められるが、ほとんど凹線化している。口縁端部は面取りが行われており、わずかに有段の痕跡を残す。

Q：（SM、OA+.789）坏身である。半分ほどの破片となっている。口縁端部径13.6cm、器高4.7cm を測る。底部中程までケズリが認められる。口縁端部はわずかに内傾する面を持ち、内面に稜線状の段をもつ。

R：（S.M、140、2234C4）杯蓋である。口径はややゆがみがあり15.5cm 〜16.0cm、器高5.5cm を

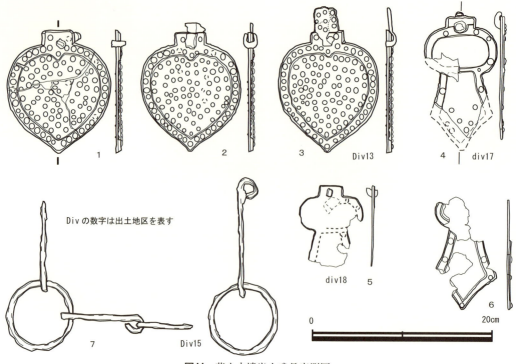

図44 芝山古墳出土武具実測図

測る。天井部と体部の間の稜線は、凹線化している。口縁端部は面取りが行われており、わずかに有段の痕跡を残す。「3pieces in div12」との記載がある。

S：(S.M、137、2234E) 杯身である。口縁端部径はややゆがみがあり、11.9〜12.8cm、器高4.6cmを測る。底部のケズリは浅い。口縁端部は内面へ傾斜し、わずかにくぼむものである。

T：(S.M、136、2234) 杯身である。口縁端部径9.8cm、器高4.4cmを測る。底部中程までケズリが認められる。端部は内面に段が形成されている。div20との記載がある。

U：(S.M、OA+.785) 杯身の破片である。div13からの出土との記載がある。

V：(S.M、OA+.794) 内面にあて具痕の残る須恵器の甕の破片である。div18からの出土との記載がある。

W：(S.M、OA+.785) 杯身の破片である。div10からの出土との記載がある。

X：(S.M、OA+.790) 埴輪の破片である。div13からの出土との記載がある。

次に出土している馬具について記載することとする（図44）。

（2）馬具・武器・装身具

剣菱形杏葉は、鉄地金銅装で、同形のものが3点ある。個体による多少の違いがあるが、完形に近い4は立聞を含む縦約14cm、最大部の横幅8cm、厚さ約4mmを測る。地板の上に縁金具を重ねさらに金銅板を被せた、上板と地板を重ねる重層構造のものである。鋲は15本で、楕円部と剣菱部との境には鋲を打たない。剣菱の内側部分には飾りとして鋲が10本打ち込まれている。立聞は長方形で長さ3.3cm、幅1.2cm。釣舌金具はU字に曲げた金具の一部が立聞に付着している。他の2

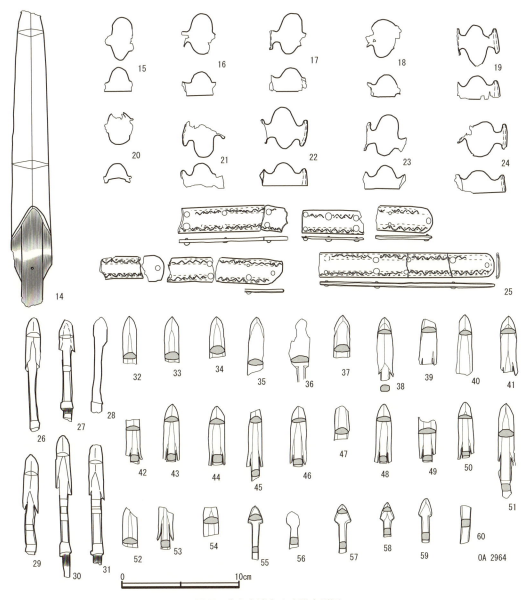

図45 芝山古墳出土武器実測図

点は、剣菱部分、または楕円部分のみの残存である。鋲頭には特別な装飾はなく、叩いたような痕跡もないことから、鉄板にはあらかじめ孔を穿っておき、金銅の上から鋲をさしこみ裏面で鋲端を軽く叩いてかしめたと思われる。

鉄地心葉形杏葉は、3点存在する。立聞を含めて、縦13.5cm、最大部の横幅11.6cmを測る。地板の上に縁金具を重ねたものを40個の鉄鋲で留めたものである。鋲頭は径約5mm、高さ約3mmを測る。地板は厚さ2.3mmで、2枚重ねの部分で5.5mmを測る。上板によって心葉形に囲まれた内側部分は、地板の鉄地がそのまま露出している。その部分には66個の鋲が打ち込まれており、装飾的な役割を果たしている。立聞部は、長さ3.6cm、幅1.5cmを測り、2本の鋲が使用されてい

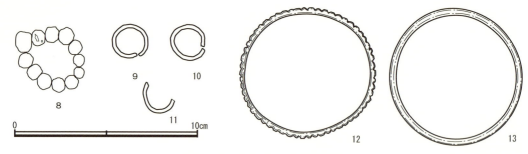

図46 芝山古墳出土装身具実測図

る。方孔にはU字形に曲げた吊手の一部が付着している。他の2点もほぼ同型同大であるが、3の杏葉には幅2.6cm、長さ4.2cmを測る吊金具の一部が付着している。

　素環状鏡板付轡は鉄製で、鏡板は円形の環に長方形の立聞が付いていたと思われるが、現状では立聞は失われていて、どの部分に付いていたかは不明である。円環の径7.6cm、銜は金具2本によって構成される。円環には、鉄棒を曲げて端環を造り直接取り付けている引手がある。引手は長さ12.3cm、その先は引手壺となるが、結合する端環は円環に結合する環とは、90度曲げて造られている。引手壺は残っていない。

　壺鐙の吊金具の一部が出土しているのを確認しているが未実測である。この鐙の出土位置はDiv16である。

　次に出土している武器について記載する（図45）。

　槍先は、ゴーランドが［spearhead in corner］と記録しているものである。Div20から出土している。長さ24.5cm、幅4.4cmを測る。茎の下部は折れており、目釘は関近くで1ヵ所確認できるのみである。柄の部分は、三角形の呑口式である。レントゲンによる観察を経ていないので正確さに欠けるが、関と把縁の位置では、把縁が関を超えて刃部にまで至る身把縁タイプ（菊池 1996）と考えられ、槍と判断できる。

　胡籙金具は幅2.0cm、長さ現存長で15cm以上を測る。鉄地金銅張で、断面は中央がややふくらむ形状をしている。金具の縁は、なめくり彫による列点文をさらにその内側に蹴彫りによる破線文で飾られている。鋲頭4～5mmを測り、約3cm前後の間隔で、両サイドに、また先端部では1本が打ち込まれている。

　鉄刀は、未実測である。Div4とDiv8にかけて、石室の側壁に沿って置かれていた。その他、Div8からも1本出土しており、鉄刀は本来2本出土していたと考えられる。

　現在確認できる鉄鏃（OA2964）は、34本以上である。三角式が5本、腸抉柳葉式が29本である。腸抉柳葉式は、鏃身部幅14mm、長さ48mm厚さ8mmを測り、関部は、明瞭な逆刺となるものである。断面形は、台形をしている。三角式は、鏃身部長16mm、鏃身部幅15mmを測る。断面は台形をしている。これらの鉄鏃は、茎部の断面形がやや長方形気味になっており、新しい傾向が認められるが、明瞭な逆刺を持つなど古い要素を残すものである。これらのことから、TK47型式からMT15型式を中心とした時期と考えられる。

　次に出土している装身具について記載する（図46）。

純銀製耳環は3点存在するが、1点は半分に折れている。直径1.9～2.1cm、断面直径2mmを測る。

釧は、1点は外面に刻みのあるもの、もう1点には飾りは認められない。直径7.3cm、断面径3mmを測る腕輪である。

金銅製三輪玉は、10点確認できている。青銅製で、金鍍金を施したものである。良好に残存している事例で、長さ3.9cm、最大幅3.4cm、高さ1.9cmを測る。厚さ0.6mmの薄い青銅に鍍金を施したものである。出土位置としては、Div10で1点、Div13から2点、Div15にて1点、Div19より1点出土している。

遺物としてはほかに歯、骨、棺釘、鎹、紡錘車、玉類が出土している。

歯は石室内から出土している。歯の出土場所はDiv1・2・4・5・12からである。骨はDiv2・10から出土しており、埋葬位置の特定を理解するうえで重要であろう。

また、棺釘がDiv5・6・9・13・16から、鎹（coffincleat）がDiv9・11から出土しており、これも棺の位置を特定するうえで重要な情報である。

紡錘車（whorls）は、Div12とDiv15から出土している。

玉類は多量に出土している。集中して出土している例としては、beadsblueがDiv5で53点、Div9にて47点、Div19では、beadsblueが325点、大きめのbeadsblueが182点出土している。Div16からはclaybeadsが116点、Div12からは、steatitebeadsが114点出土しており、埋葬位置と何らかの関連性が考えられる。なお玉類の出土量に関しては、ゴーランドのメモからは合計として1,078点と示されているが、どの記録を足してもその数字にはならない。実際のところ玉の出土点数は不明である可能性が高いと思われる。

以上が出土遺物の主な概要である。

（3）遺物出土状況の解釈

現時点で出土地が確実な資料についてその場所の特定作業を行う。そのために、ゴーランドが残した記録をもとにその出土位置を復元する。また、その復元作業に使用するのは、大英博物館で調査を行った遺物の実測資料と、ゴーランドが残した遺物出土位置一覧（図47）・遺物写真・遺物出土状況図（図48）、グリッドごとの出土遺物メモ・玉出土数一覧・鉄鏃出土一覧と著作である。

まず、棺釘の集中する地点では、woodの表記が認められ、棺釘並びに鎹を使用した木棺の存在が考えられる。ゴーランドは、Div9・Div10・Div13・Div14周辺に、幅4フィート（1.21m）、長さ7.6フィート（2.28m）を測る木棺を想定している（Gowland 1897・1899）。ただし、これまでの周辺における調査成果からすれば、幅60cm程度の棺がおかれていたと考えるべきであろう。棺釘ならびに鎹の出土位置は限定されており、棺釘を使用した木棺による埋葬行為は、この1棺に限定されると思われる。

馬具の出土位置については、杏葉などは木棺の北東に集中しており、木棺棺の北側におかれていたと考えられる。そのほか、鉄製の轡が木棺西棺の西側から出土している。

武器類では、鉄鏃がかなり広範囲にわたって出土しているほか、鉄刀がDiv4とDiv8にかけても出土していることから、これまでの事例をもとにすれば、この鉄刀に伴ってもう1棺を想定する

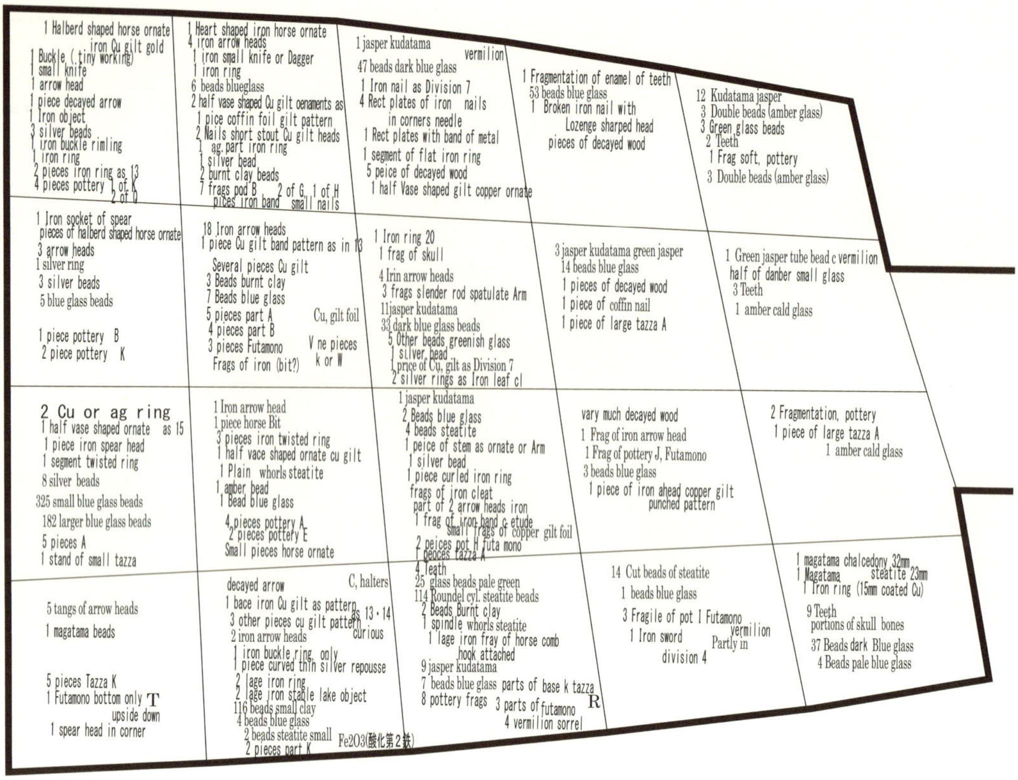

図47 ゴーランド作成遺物出土位置一覧

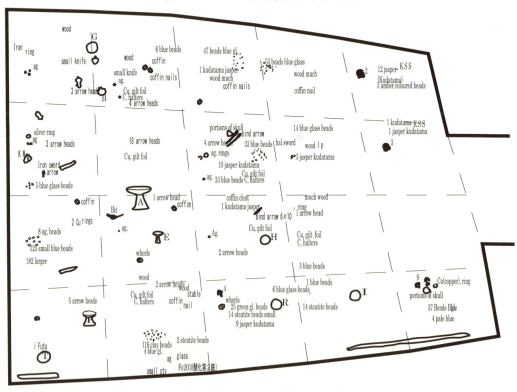

図48 ゴーランド作成遺物出土状況

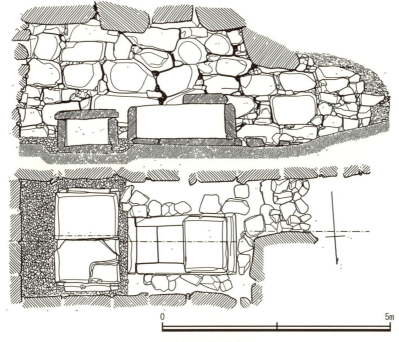

図49 南塚古墳石室実測図

ことは可能である。片づけ行為がない前提で、Div4の歯の出土と合わせて考えれば、十分可能性はあると思われる。また、longswordがDiv7から出土していると記録されているが、周囲に玉の集中や歯などの出土の記録がなく、一考が必要である。それとは別にDiv20にて、石室側壁に沿って南北方向に槍が置かれており、Div16に玉が集中している点とDiv12にて歯の出土がある点を考えれば、ここにも1棺あったと想定することは可能であろう。奥壁近くにはナイフ（刀子?）や刀の出土が記録されており、玉の出土が集中する点から考えて、奥壁にもう1棺推定することができよう。

玉類は、石室内のいたる所で出土している。埋葬行為の過程で石室内に撒かれた可能性もあるが、集中している地点については、何らかの埋葬行為に伴う可能性が高いと考えられる。集中地点としてはDiv5で53点の出土が認められ、これが木棺東棺に伴うと考えられる。またDiv19にて325点と182点の玉の集中が認められ、奥壁に沿って置かれた棺に伴うと考えられる。Div16から116点、Div12からは114点出土しており、それぞれ側壁に沿って置かれた北側と南側の2棺と関連すると考えられる。また数としては多くはないが、Div6から33点と12点出土している管玉は、木棺西棺に伴うと考えられる。

須恵器については、石室内のいたる所に配置されている。本来、石室の袖部やその付近に儀式的な目的で置かれるか、奥壁付近に集中して出土するのが一般的であるが、今回の事例では、器台が石室やや奥気味ながら、中央付近に置かれており、杯身・杯蓋もセットを基本としながらも、散在的な出土のあり方をしている。馬具にはやや集中する傾向が認められるものの、1カ所にまとめられているというわけでもない。武器も分散しており、遺物の出土状況は、それぞれの埋葬に伴うも

のと考えられる。

　以上のことから、奥壁に沿って遺体が1体安置されており、それに伴う須恵器はKの器台やFの高坏、Tの坏身、馬具としては剣菱形杏葉などが考えられる。なおTの坏身が古い傾向を示している点も想定と合致している。第2埋葬として、右側壁側にも遺体が安置され、この埋葬に伴う遺物としては、須恵器R・I・H・Eならびに鉄刀である。最終埋葬には、左側壁に沿って鉄釘が多量に出土していることから木棺が使用されたと思われる。これに伴う須恵器は、Bなどが想定でき、馬具では心葉形杏葉が伴うと思われる。

　まとめると芝山古墳では、コの字形に3体の埋葬が行われており、最終の左側壁側の棺には棺釘による閉じられた棺が使用されていたと考えられる。

2　摂津周辺の九州系横穴式石室

　大阪府南塚古墳（川端・金関　1955）は、墳形は前方後円墳で、全長7.6mを測る右片袖の横穴式石室である。玄室の天井石は4石使用している。玄室の壁面は奥壁部分では、上部の方が下部よりやや大きめの石材を使用している。上部と下部との境の位置は、羨道第1天井石の高さより1石分下がった所にあり、そこに通る目地に一致する。羨道では、袖を構成する石を境として、玄室の側壁を構成している石材と比較して、かなり小さな石材が使用されている。また、羨道の天井石は一石しか残っていないものの、玄門部から数えて、羨道第二天井石が架かっていたとみられる羨道の側壁部分の高さが、わずかながら高くなっているようにみられ、羨道床面もやや傾斜している。これによれば、南塚古墳も羨道が羨門部分より緩やかに下がるもので、市尾墓山古墳と同様に玄門部の天井石とそれに続く羨道天井石との間にまぐさ石状に段差が生じていたと考えられる。石棺は、奥壁に沿って、組合式家形石棺が配置されている。前の空間は、追葬を前提とした空間であったようで、前面の空間に石室主軸に沿って、組合式家形石棺が配置されている（図49）。

　奥棺からは玉類と金銅製品の破片、前棺からは玉類と金銅製飾金具が出土している。棺外の出土遺物として、奥棺と奥壁の隙間から、馬具・須恵器・土師器高坏・武器類が、前棺の両サイドに馬具と須恵器・武器類が、前棺の奥側には金銅製沓破片と須恵器が、前棺玄門側には武器類と須恵器が出土している。棺内に刀剣類が出土していないのは、本来からなかったのか盗掘によるものかは判然としないが、遺物が棺の周囲を囲むように置かれ、須恵器や武器類・馬具類といったまとまりをもって配置されていない点は、高井田山古墳や大阪市七ノ坪古墳とは異なる点として注意が必要である。これは、石室空間というよりも、棺ごとに副葬品を配置しているためと思われる。つまり、南塚系統と東乗鞍系統では、石室内の遺物の配置、さらには石室内での使用のあり方までもが違っていた可能性がある。

　井原至山古墳（藤井祐　1975）の石室は両袖であり、やや左袖の幅が広いのが特徴である。袖は小口積みであり、玄門部にはシキミ石が敷かれている。袖部は、羨道内に突出しない。遺物の出土状況では、玄室の両袖付近に須恵器が置かれており、鉄鏃が散乱した形となっている。しかしながら、棺釘の出土は認められない。出土遺物から、MT15型式並行期と考えられる（図50）。

　この石室内での棺の配置を復元するまでには至らないが、左袖側の須恵器の配置が袖に集中する

のではなく、どちらかというと左側壁に沿う形となっている。このような遺物の配置は九州系の石室にみられる複数箇所への須恵器の配置という特徴と一致しており、シキミ石の存在などから九州系の石室と断定してよいであろう。また棺釘の出土が認められないことから、木棺を使用せず、直接遺体を石室内に安置したものと考えられる。

そのうえで、出土遺物の中に平底の椀状のものが1点出土している。これは、土師器ではあるがやや外来系の平底鉢に近いもので、何らかの関連性を考慮すべきものと考えられる。このこ

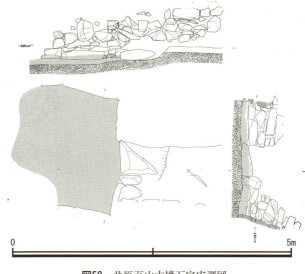

図50 井原至山古墳石室実測図

とから、井原至山古墳は石室が九州系でありながら対外交流とも何らかの関係を含む要素のある古墳と考えられる。

多利向山C-2号墳（兵庫県教委 1986）の石室は、両袖であり、やや左袖が広いのが特徴である。玄室の石積みにおいて、基底石は腰石状を呈しており、玄門部にも玄門立柱石を使用している。遺物の出土状況では、玄室中央付近に玉類とともに鉄鏃や須恵器が散乱した状態となっている。これらは、追葬の影響を受けているものと思われる。また棺釘の出土が認められないことから、木棺を使用せず、直接遺体を石室内に安置したものと考えられる。石室の特徴から、九州系と考えられる。出土遺物から、MT15型式並行期と考えられる（図51）。

医王谷3号墳（京都府埋蔵文化財調査研究センター 1983）の石室は、両袖であり、やや右袖が広いのが特徴である。玄室の石積みにおいて、基底石は腰石状を呈しており、玄門部にも玄門立柱石を使用している。奥壁に沿って屍床が設けられており、玄室東側壁にも同様の施設が認められる。これらの他に、遺物出土状況からみて西側壁側にも埋葬された可能性があり、コの字形に遺体を安置していたと考えられる。これらは棺釘の出土が認められないことから、木棺を使用せず直接遺体を石室内に安置したものと考えられる。遺物の出土状況は、各袖部に須恵器や鉄器が集中しておかれているほか、中央の通路状に残された空間に須恵器や玉が置かれており、須恵器や鉄器を石室内の空間に集中して配置しているような状況にはない。これらから、石室や遺物の出土状況から九州系の石室と考えられる。出土遺物から、MT15型式並行期と考えられる（図52）。

北ノ庄13号墳（亀岡市教委 1997）の石室は右片袖であり、左袖の玄門立柱石が内に突出しているのが特徴である。玄室の石積みにおいて、基底石は腰石状を呈しており、玄門部にも玄門立柱石を使用している。閉塞は板石と思われる。玄室内の遺物出土状況は、攪乱のためか残りが悪い。ただ、棺釘の出土が認められないことから、木棺を使用せず直接遺体を石室内に安置したものと考えられる。出土遺物から、MT15型式並行期と考えられる（図52）。

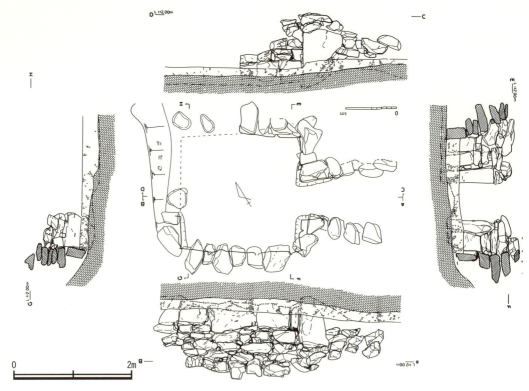

図51 多利向山 C-2 号墳石室実測図

　北ノ庄14号墳（亀岡市教委　1997）の石室は、両袖であり、やや右袖が広いのが特徴である。玄室の石積みにおいて、基底石は腰石状を呈しており、玄門部にも玄門立柱石を使用している。奥壁に沿って屍床が設けられている。そこには棺釘の出土が認められないことから、木棺を使用せず、直接遺体を石室内に安置したものと考えられる（図52）。

　北ノ庄13・14号墳はこの地域において、医王谷3号墳とともに導入期の石室と考えられる。これらの石室の特徴は類似しており、埋葬の状況もほぼ一致している。これらの特徴は、九州系の一群に属するものであり、両袖の形状は、兵庫県の丹波地域とは異なる特徴をもっている。

　入谷西 A-1号墳（加悦町教委　1983）の石室は、両袖である。玄室の石積みにおいて、基底石は腰石状を呈しており、玄門部にも玄門立柱石を使用している。遺物の出土状況では、追葬時の状況ではあるが、奥壁に沿って埋葬された周囲に土器を配置するものの、袖の両部分に集中して土器が副葬されている。また棺釘の出土が認められないことから、木棺を使用せず、板材の上に直接遺体を石室内に安置したものと考えられる（図52）。

　第1次埋葬時には石室主軸に並行して2体が埋葬されていたと考えられるが、遺物の配置状況は不明である。なお石室床面には、棺の小口部分に相当する位置に落ち込みが確認されている。報告書では、木棺小口の穴と想定されているが、仕切状の石材が立てられた可能性がある。出土遺物から、MT10型式並行期と考えられる。石室そのものは九州系と考えられるが、棺の配置や遺物出土状況からは、明確に九州系とする根拠に乏しい。

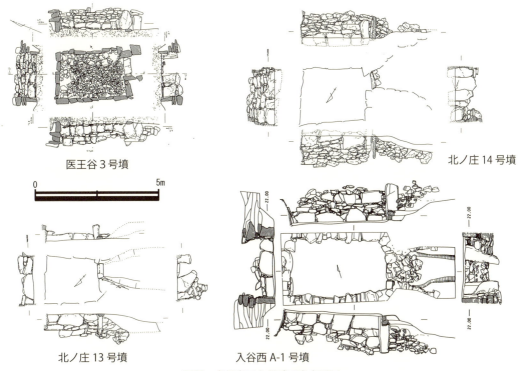

図52 京都府下九州系石室実測図

　ムネサカ4号墳（奈良県教委 1971）の石室は、奥壁幅より2倍以上の玄室長となる長方形の玄室で、袖部は両袖で小口積みであり、玄門部にはシキミ石が敷かれている。袖部は、羨道内に突出しない。羨道部はハの字に開き明確な天井石はもたない（図53）。遺物の出土状況では、奥壁左部分に須恵器提瓶・甕・土師器壺など容器類を中心としながら坏身・蓋が伴う。これらの土器類に近接して無茎式と有茎平根式鉄鏃が置かれている。これらは、矢柄から外されておかれていた可能性が高い。玄室中央部では、左側壁側に鉄刀や長茎突根式鉄鏃が散乱した状態で出土している。鉄刀は3本切先を違えて出土している。玄室主軸と異なった方向をとる鉄刀と鉄矛や鉄鏃に似通った方向を示すものがあり、鉄鏃は矢柄に装着された上で束にして矢先を上に、刀も切先を上に、鉄矛の状態は推定しづらいがこれらが玄室左側壁に立てかけられていたものが倒れた状態で出土したものと考えられる。鉄鎌や手鎌、刀子が側壁中央付近に配されている。左袖付近には須恵器坏身・蓋のほか、須恵器甕・壺が置かれており、鉸具も出土している。

　奥壁部に置かれた須恵器の時期に対して、袖部の須恵器にやや新しい傾向が認められ、追葬に伴う須恵器と考えられる。また、この一群よりやや新しい傾向を示す須恵器群が玄室の攪乱土から出土している。このことから、追葬は1ないしは2回行われたと思われる。鉄釘は6本出土しているが、木棺を想定できる程の量ではない。しかしながら、棺釘の出土位置からは、玄室中央に幅1m長さ2m程の木棺の範囲を推定できる。閉ざされた木棺であったかは疑問として残るが、遺体配置場所の頭部付近に有茎平根式鉄鏃と須恵器が、左肩付近に武器類が置かれ、側壁全体で工具類が置かれていたと考えられる。このようにみてみると、工具類や須恵器・武器類の配置が種類頃にま

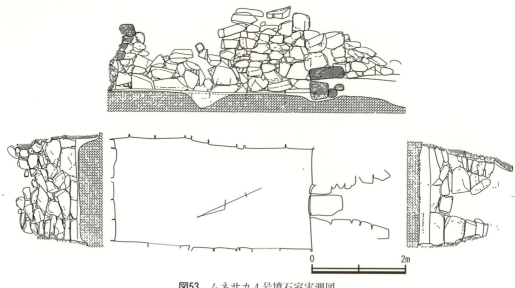

図53 ムネサカ4号墳石室実測図

とめて置かれていたことが理解できる。石室自体は九州系に近い形態をとるが、遺物の配置自体は九州系というより、百済系と考えられる一須賀古墳群などの配置に近いものがある。

3 九州系石室の分布とその存在意義

これまでに九州系石室の分布と実態について述べてきた。その結果、九州系石室は、その石室内容とともに、石室の利用実態もが大和や河内地域で一般的である百済系石室とは異なっていることが明らかとなった。

このことは、直接的に、正確に石室構築の情報が伝達されただけでなく、その石室への被葬者までもがその地にやってきていたことを示しているものと考えられる。つまりは、TK23型式以降、実際の石室の存在時期としてはMT15型式を中心とする時期に広く九州からの人的移動が行われた可能性がうかがわれるのである。ここではそういった人の動きが、実際にどのようなルートによるのか、いかなる社会的変化が起きたのか、これまで検討してきた成果をもとに検証を行うこととする。

TK23型式並行期には、難波津が整備され、蔀屋北遺跡では渡来系の遺跡としてのピークを迎える。おそらく、大阪湾岸北部が物流において中心的役割を担っていたものと思われる。その頃、朝鮮半島では、韓半島南西部において、九州系とされる横穴式石室が多数築かれる。これらの石室の出現を白石太一郎は九州系の人びとによる物流の痕跡と取ることもできるとしている（白石2004）。

今回の石室ならびに石室利用の実態から九州系の人による人的交流を明らかとしたが、その石室の分布を確認すると、姫路市の丁古墳群から加古川市の剣坂古墳や狀覚山古墳群を経て、篠山市の井原至山古墳や多利向山C-2号墳、そして亀岡市の医王谷古墳へ至るルートが復元される。これらのルートはまさに明石海峡を通らない裏街道にあたる。

これにより難波津を中心とした朝鮮半島との直接的な物流とは別に、九州系の担い手による補完的な物流のルートが存在したことになる。これは、物流を中央が独占仕切れなかったことを示している。というよりは、単一の物流ネットワークでは健全に機能しなくなりつつあった状況がみてとれる。さらに6世紀初頭に広まりをみせる横穴式石室は、大和・河内周辺では百済系の石室が優勢となるが、それ以外の地域では、九州系の石室が多く分布している。これは、5世紀では物流の担い手が渡来人を中心としたもので、瀬戸内を経由した朝鮮半島と大阪湾岸との交易であったものが、5世紀末以降はそれまでのルートの継続とともに、九州系の人びとを担い手とした九州各所を経由する日本の広範囲での交易の、ふたつのルートへと変化したことを意味している。

これは、中央の物資交換拠点としての周囲への優位性が保てない状態に至ることとなり、双方における対立を産みやすい状況を作り出すことになる。

そういった点で、継体の墓と目される今城塚古墳からは、二上山産の石材とともに阿蘇石や播磨の竜山石も石棺材として使用されていた。これは、本来的な中央との系譜を示しながら、竜山石や阿蘇石など九州・瀬戸内との関係を示しており、今城塚古墳の誕生には九州との交流も含まれていたと考えられる。

おそらく、従来の流れから、発達した流通経路の拠点である蔀屋北遺跡とは、別の流通経路の成立が今城塚古墳誕生の大きな要因となったものと考えられる。

これまでの考察により、九州からの影響が、単に石室構築に関する情報というよりも、葬法を含めた死後の遺体の取り扱いに関わる風習までもがセットで伝わっている点が確認できた。このことから、これらが単なる情報の伝達によるというよりも、人の移動までもが伴っていた可能性が想定できる。

本来、蔀屋北遺跡出現以降、河内湖周辺に対外交流の起点が築かれ、物資や人の流れが存在していた。それは、河内における横穴式石室の状況からみても継続性が認められる。つまりは、中央部では一貫して朝鮮半島南部との直接的な関係性のなかで対外交流が行われていたことになる。

ところが、中央による流通経路の独占と物資の集約とそこからの再分配に対して、細々としたものであっても、九州系とされる人びとを担い手とした補完的な形での流通経路が築かれたことに大きな変化を認めることも可能である。

物流の形態としては、大和川流域を中心としたネットワークと淀川流域を中心としたネットワークといった、ネットワークの二重性として捉えることも可能である。そこには、朝鮮半島からの直接の導入と九州との連携による新たなネットワークの形成の試みを見出すことも可能であろう。そして九州系石室の分布をみる限り、MT15型式を中心とした時期には広域ネットワークは二重性を含みながらも、明らかに淀川流域を中心とした九州、淀川グループが凌駕しつつあったと考えられる。この二重性が、ある種の対等な競合を産み、社会は発達するきっかけとなったといえる。

人・もの・文化などさまざまなものが行き交うなかで、政治性を帯びているか地域間の交流レベルなのかはともかく、流通経路の変化は社会の変化を如実に表していると考えられる。

註

（1）畿内の石室を発展的に膨張傾向で捉える向きもあるが、石室利用の観点からみれば、百済からの影響下
　　で成立した石室や九州からの影響による石室などさまざまであり、周辺部の状況によってはその一部を
　　取り入れることも行っていたと考えられ、石室空間の利用実態についても事前にいくつかの条件下で分
　　類整理しておくことが必要である。

（2）須恵器の型式は田辺編年に従う（田辺　1981）。

第4章　横穴式石室からみた地域間交流

第1節　前方後円墳への横穴式石室採用動向

　最初に前方後円墳に横穴式石室が導入されるのは、北摂を中心とする地域である。中河内でも前方後円墳に石室が導入されるものの、北摂が中心的な役割を終えると、前方後円墳の築造は行われなくなる。それに替わって大和では、前方後円墳に横穴式石室が採用され、継続的に築かれるようになる。

　そこで、北摂でも前方後円墳に横穴式石室を採用した初期段階に位置づけられる南塚古墳の石室成立について、周辺の初期横穴式石室との比較から検討を進めたい。そのために、南塚古墳と類似している滋賀県越前塚古墳について検証を行うこととし、まず近江の状況から概説したい。

1　近　江

　越前塚古墳の埋葬施設は（富山 2000、花田 2015）、西北西に開口する全長7.34mを測る右片袖式の横穴式石室である（図54）。

　まず玄室についてみてみると、側壁上部の石材が下部に比較して大形の石材を使用しており、それらの石材をやや乱雑に積み上げている。石をやや内にずらして積み上げる持ち送り技法を使用している。羨道の天井高より少し下がる所に通る目地をもって2段積みとし、それぞれを上段と下段として呼称する。石材の用法としては、下段では中小の石材を用いるものの、上段に関しては大中の石材を用いて構築している。なお現状からみる限り、持ち送りは基底より上段までは緩やかで（内傾角度が10°から20°）、上段と下段を境としてきつくなり（内傾角度が40°）、疑似ドーム状を呈する。前壁は、羨道天井を兼ねる1石、その上の1石と小形の石材で天井石との隙間を詰める部分とがあり、おおむね2石で構成している。前壁は、ほぼ垂直に架構しており、4度内傾するだけである。袖部は、位置を確認することはできるものの、袖を構成していた石材は崩落・欠損しており、本来の段数・石材の用法などの状況については不明である。天井石は4石で構成されており、奥壁より2石まではほぼ水平に架構してあるが、3石目からは約30cm天井石を高く架構し、前壁までに40cmほど下がる傾斜をもつ。奥壁は、側壁部でいうところの上段が確認できるのみである。側壁と奥壁の関係は、側壁と奥壁を交互に積み重ねるため、その境が不明瞭となっており、隅詰め（力石）が行われている。このことは、上段において顕著である。側壁と袖部との関係においても同様である。

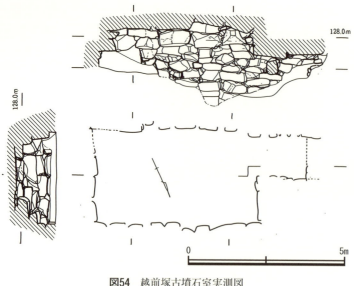

図54 越前塚古墳石室実測図

次に、羨道側壁の石材は、玄室・袖部付近の石材に比べやや小ぶりのものを使用し、乱雑に積み上げている。羨道において特筆すべきことは、その立面にある。前壁を兼ねる羨道第1天井石は、やや斜めに架構しており、第2天井石との間に20cmの段差をもつ。第1天井石の中間付近に石材(まぐさ石)を架構することによって、天井部にさらに一段下方への突出部を設けるものである。これは羨道に直交する形で、天井石にほぼ密着させた状態で取り付くもので、玄門部より羨門側に0.5mの所にあり、高さ・幅共に0.4mを測る。よって羨道部天井は、羨道入口より玄室にかけて階段状に下がっていくかのようにみえる。玄室のコーナー部分は、隅詰めが行われており、上部では不明瞭になる。羨道部では、玄門部やや奥に下方突出部(まぐさ石)がみとめられ、羨道天井部に階段状の段差がみとめられる。

以上のような特徴をもっており、石室全体としては、古式の様相をとどめているが、玄室規模などは南塚古墳とほぼ同規模であり、すでに大形化の傾向がみられる。越前塚古墳の特徴は以上のとおりであるが、その位置づけについて、周辺部の古墳と比較検討を行いたい。

円山古墳の埋葬施設は(野州町教委 2001)、右片袖の横穴式石室で、側壁を2から3段積みとし、袖石を3石ほどで構成する。持ち送りは行わず、直線的に内傾している。羨道部は、羨道の天井部が階段状に段差をもち、羨道部床面が羨門より玄門にかけて緩やかに下がる短い羨道である。羨道の天井石は、前壁を兼ねる1石も含めて3石で構成されている。この羨道天井石は階段状を呈しており、玄門部の天井石と次の1石ではまぐさ石状に段差がある。石室の中には、玄門よりに阿蘇溶結凝灰岩製の6突の刳抜式家形石棺が納められ、追葬として奥壁に沿って組合式家型石棺が据えられている(図55)。

羨道の天井石が階段状を呈することやまぐさ石状に玄門部天井とそれに続く羨道天井石との間には段差が生じるなど一部に類似性が認められる。しかし石材の用法についていえば、上部に大きい石材を使う用法などに共通性が認められない。時間的にも地域的にも近いだけにある程度の類似性は当然と考えられるが、石材の用法については物集女車塚古墳などにも認められており、時間的な変遷に伴う要素とは考えにくく、逆にその用法の差についても重要視しておく必要があろう。

以上のことから、越前塚古墳の石室は前段階的な要素を多く含んであり、円山古墳などの石室に部分的に引き継がれる要素があるものの、石室全体としては円山・甲山古墳の石室とは別系譜と考

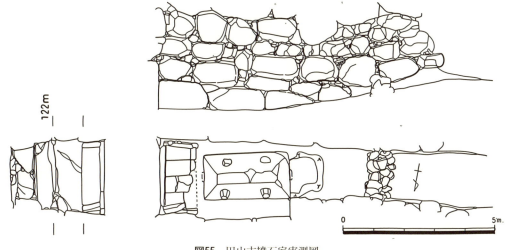

図55　円山古墳石室実測図

えられる。

　なお、大岩山古墳群には甲山古墳に隣接して天王山古墳があり（野州町教委 2001）、この古墳は全長40mを測る前方後円墳である。調査によって前方部に竪穴系横口式石室が確認されている。時期としては円山古墳に先行するものと考えられる。このことからすれば大岩山古墳群は天王山古墳─円山古墳─甲山古墳の順に築かれたものと考えられ、墳形も前方後円墳から帆立貝・円墳の順に変化していったものと考えられる。越前塚古墳と大岩山古墳群の関係についてであるが、まず時期的に近い天王山古墳の石室と越前塚古墳の石室とでは違いが認められる。また円山古墳の石室に越前塚古墳の石室の影響が一部認められるとしても、天王山古墳の前方部石室の存在を考慮に入れるならば、古墳群内における内的な変化というよりも外的な影響を受けた結果と考えた方が理解しやすいものと考えられる。このことから大岩山古墳群に越前塚古墳が属さない可能性は指摘できるであろう。

　では越前塚古墳は大岩山古墳群とはどのような関係にあったのであろうか。ここでは、林ノ腰古墳をまず紹介しておきたい。

　林ノ腰古墳は発掘調査によって確認された前方後円墳である（福永清 2001）。墳丘長は90mを測り、周溝も含めた全長は120mを測るものである。出土している埴輪の年代などから5世紀後半と考えられている。

　時期としては越前塚古墳に先行するもので、位置関係からすると林ノ腰古墳から越前塚古墳への系譜が想定される。そしてこの系譜関係と、越前塚古墳の石室の位置づけから考えると、大岩山古墳群とは別の古墳群を形成しつつあったものと考えられるのである。

　越前塚古墳が大岩山古墳群とは別の古墳群であるとして、越前塚古墳の特徴を引き継ぐ石室は他に存在するのであろうか。そこで、滋賀県周辺の琵琶湖水系にその共通性をもつ石室を探れば、まず大阪府南塚古墳があげられる。越前塚と南塚古墳の類似点は、玄室石材の用法に類似性が認められ、目地の通る位置もほぼ一致する。その他にも、玄室規模がほぼ一致しており、玄室天井石の段

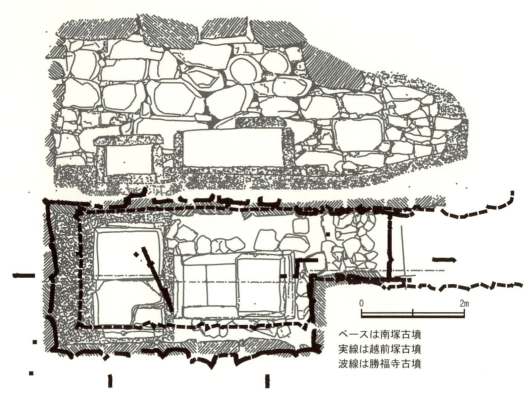

図56 越前塚古墳・南塚古墳石室比較図

差も一致しているのである。羨道部分においては、やや傾斜をもつなど、かなりの共通点が認められる（図56）。

　越前塚古墳と南塚古墳の2つの石室には強い関連性があると考えられるが、必ずしもすべての特徴において関連性が認められるわけではない。このことから、おそらく越前塚古墳の石室の影響下に成立したというよりも、南塚の石室は、越前塚古墳のもつ要素を多く取り入れながらも越前塚古墳にない新たな要素も取り入れて築かれたと考えられる。

　なお、越前塚古墳には持ち送りが顕著にみられ、まぐさ石も一体化せず単独で築かれていることなどから、南塚古墳より先行する石室であると考えられる。

2　南山城

　五ヶ庄二子塚古墳は、南山城において、もっとも早く前方後円墳に横穴式石室を埋葬施設として採用した古墳のひとつである。石室は破壊されているが、石室を築くための基礎構造（荒川1992）が今城塚古墳で確認されている構造と類似している。この構造から、横穴式石室が採用されていたと推定されている。墳丘全長は110mを測り、この地域の首長墓と考えられる。古墳には横穴式石室が採用され、しかも石室を築くための基盤構造が今城塚古墳とほぼ同様であることは、注目に値する。

　物集女車塚古墳は京都府向日市に所在する全長45mを測る前方後円墳である（向日市教委

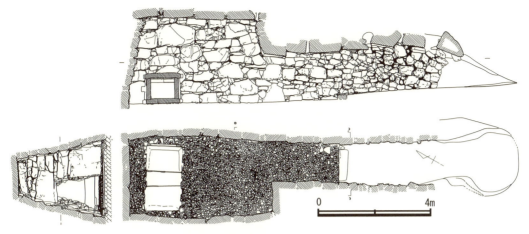

図57 物集女車塚古墳石室実測図

1988)。埋葬施設は、全長約11m前後を測る右片袖の横穴式石室である。玄室の壁面では、上部の方が下部よりやや大きめの石材を使用している。上部と下部との境の位置は、羨道第1天井石の高さよりやや下がった所にあり、そこに通る目地に一致する。羨道床面は、羨道入口より玄室に向けて緩やかに下がっている。玄門天井石がまぐさ石を兼ねており、次の羨道の第2天井石からは、羨道入口にむけて徐々に天井が高くなるようになっている。また羨道では、側壁を構成する石材が玄室の石材より小ぶりとなっており、袖石を境として、羨道左側壁にも縦目地が通っている。組合式家形石棺は奥壁に沿って配置されており、前面には追葬可能な空間を備えている。追葬を前提とした石室の構造であり、石室内をそのように利用していたと考えられる。なお、この古墳から出土した埴輪に東海系の要素が含まれていることは注視すべきであろう。

これらの特徴を南塚古墳と比較すると、平面形が酷似しているほか、玄室の使用石材が下段より上段の石材の方がやや大きいなどの共通項がある。また羨道では、側壁を構成する石材が玄室の石材より小ぶりであり、組合式家形石棺を石室主軸に直交させて奥壁よりに安置するといった点も一致する。このことから、南塚古墳の石室と物集女車塚古墳の石室（図57）における特徴のほとんどの点において共通性が認められる（向日市教委 1988）。これらの石室は横穴式石室本来の姿である多葬を前提としたものであり、すでに完成されている九州における葬法の影響を受けていると考えられる。

このように、越前塚古墳から南塚古墳、物集女車塚古墳への系譜が考えられ、この地域の強い関連性が示された。さらに、越前塚古墳が従来の首長系譜とは異なる新たな首長系譜の上に成立した古墳であるということを考えれば、これらの石室が今城塚古墳を中心とした石室群成立過程や新たな葬法の普及を示しているものと考えられる。

3 西 摂

西摂の前方後円墳としては、勝福寺古墳がある（福永伸ほか 2006）。勝福寺古墳第1石室は、南塚古墳に次ぐ、TK10型式古段階並行期の古墳である。石室は、全長約9mを測る。南塚古墳と比

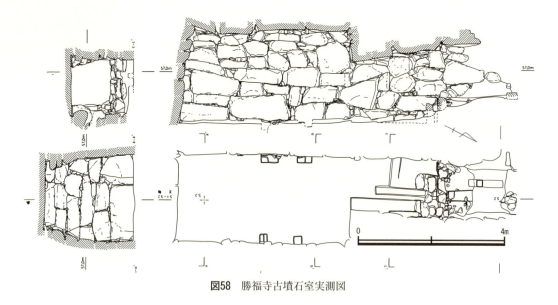

図58 勝福寺古墳石室実測図

較すると、上部に大きめの石材を使用するなどの特徴は認められないが、羨道部に使用する石材が小型化するなど類似する特徴をもつ（図58）。越前塚古墳から南塚古墳、勝福寺古墳へと徐々に玄室幅を減じ、縦長の平面プランへと変化しているものの、平面形の規模は近い比率を示す。なお、この古墳から出土した埴輪に東海地方でみられる調整技法などで共通する要素が認められる点は注目すべきであろう。

　これらのことから勝福寺古墳の石室は、南塚古墳から発展的に変化した石室と考えられ、そこに関係性を指摘することができる。また西摂の川西市から宝塚市にかけての河辺郡では、北摂の石室との関連性が認められるのであり、勝福寺古墳と南塚古墳が何らかの関連性をもっていた可能性は高いものと思われる。よって、勝福寺古墳もまた今城塚古墳の影響のもとに築かれた古墳と考えられる。

　神戸市北区では、MT15型式からTK10型式古段階並行期に横穴式石室が導入される。その石室は南所3号墳であり（森下 2009）、玄室長4.5mを測る。石材を小口積みにしており、羨道長が玄室長を超えない短い羨道をもつ石室である。この石室以後、この地域では、左片袖の石室が主流となる。南所3号墳の後、埋葬施設として横穴式石室を採用する前方後円墳である北神N.T3地点古墳が築かれる（神戸市教委 1994a）。この北神N.T3地点古墳も左片袖の石室で、玄室長5.0mを測る（図59）。南所3号墳よりも石材にやや大形化が認められ、玄室長も長胴化が進みはじめている。以上のことから、この地域において復活する前方後円墳の埋葬施設に採用されたのは、在地の系譜を引く左片袖の石室であり、南塚古墳や勝福寺古墳の石室の影響を受けていないことが理解される。距離的に近い地域でも、横穴式石室を内部主体とする前方後円墳の出現に際して影響を受けない地域があることを確認できる。そのうえで播磨の状況をみてみよう。

4　播　磨

　播磨で、前方後円墳に横穴式石室が埋葬施設として使用されているのは、御大師山古墳・丁薬司

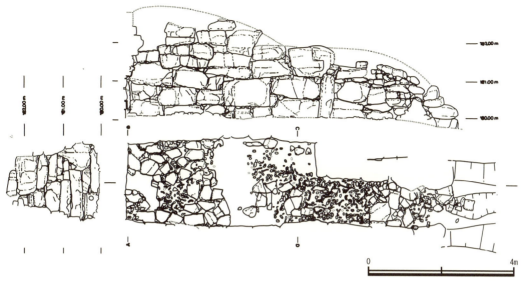

図59 北神 N.T 3 地点古墳石室実測図

古墳・播磨塚古墳・才北山古墳・西宮山古墳・見野長塚古墳・仁寿山4号墳・無駕恵2号墳・手柄山北丘頂古墳・丁丁山1号墳・諏訪山古墳・養久山19号・権現山59号墳である。それぞれが小地域の首長墓と考えられ、継続して、または一時期のみ築かれた古墳と考えられる。問題となるのは、播磨での前方後円墳の復活に際して横穴式石室の状況を考えると、それぞれの小地域ごとに実情の違いがあると考えられる。そこで、個別にそれぞれの地域における導入期の石室の状況とともに資料の整理を行いたい。

　西宮山古墳は、全長34.6m を測る後期の前方後円墳である（図60）。埋葬施設は、全長8.71m を測る左片袖の横穴式石室である（八賀 1982）。出土遺物からMT15型式〜TK10型式古段階併行の時期が考えられている。この石室の特徴は、基底部に大型の石材を配し、上方にかけて小型のものを使用する。玄室は方形を呈し、玄室の四壁はいずれも内側に内傾している。羨道床部分では、2カ所に横長の板石を配して框石とし、閉塞などを行っている。この石室は大和との関係で語られることがあるが、玄室が方形で羨道床部分に横長の石材を配しており、地域的個性が認められる。

　このことから、前方後円墳の埋葬施設として採用された段階ですでに在地性の強い横穴式石室が採用されたと考えられる。

　養久山周辺において最初に横穴式石室が導入されたのは、播磨塚古墳前方部の石室と考えられる（龍野市教委 2001）。これにやや遅れて、龍子長山2号墳から養久山19号墳（揖保川町教委 1988）へと築かれる。この石室の特徴は玄室幅の2倍以上の玄室長をとる長方形の玄室で、右片袖である（図61）。北の一群である西宮山古墳や南の一群である黍田古墳群が、導入以来、左片袖を中心としているのとは対照的である。

　播磨塚古墳の石室は、奥壁・側壁ともに多段積みで石材の大型化が認められない（図61）ことから、築造時期はTK10型式古段階まで遡る可能性があるが、南塚古墳と類似する勝福寺古墳の平面プランや側壁の石材の用法よりも、奈良県新庄二子塚古墳前方部石室との類似点が多く、時期的に

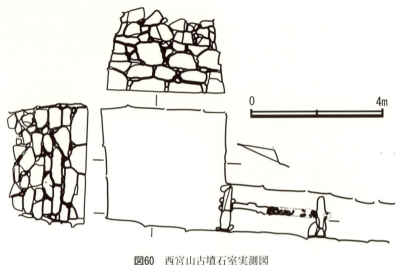

図60　西宮山古墳石室実測図

は下がる可能性が高い。なおこの地域では、周辺からの影響により、龍子長山1号墳のように玄室平面プランが縦長で左片袖の石室も築かれるようになる。

次に金剛山を中心とした地域であるが、導入段階の石室と考えられるのは、金剛山4号墳である。金剛山4号墳は、玄室長2.9mを測る左片袖の横穴式石室を埋葬施設としている（図61）。この石室は、小ぶりの石材を平積みとしており、羨道長が玄室長を超えない短い羨道をもつもので、TK10型式古段階並行期と考えられる。この石室は、黍田古墳群の左片袖の石室も含めて、西宮山古墳からの影響と考えられる。この地域では、養久山周辺地域からの影響によって玄室が縦長の黍田中山8号墳や右片袖へと変化した黍田15号墳なども出現するが、基本的には左片袖が中心である。また、袋尻浅谷3号墳ではミニチュア竈が出土しているほか、黍田古墳群でも朝鮮半島との関係を示す遺物が出土しており、朝鮮半島との関係の深い地域であったと考えられる。

最下流域での横穴式石室の導入は、権現山59号墳または小丸山古墳と考えられる。いずれも正方形に近い玄室プランをもつ両袖の石室である。小丸山古墳の墳形は前方後円墳で（揖保川町史編纂専門委員会 2001）、埋葬施設は2基あり、後円部石室は、玄室長2.8mを測る両袖式の横穴石室と前方部の横穴式石室である（図62）。後円部の石室はほぼ正方形を呈する玄室を特徴としており、時期としては西宮山古墳に続く古墳と考えられるが、玄室が両袖式であることなどから、石室の系譜としては丁古墳群の存在する地域からの影響が考えられる。いずれにしても、この地域では、地域の首長が横穴式石室の導入に積極的であったと考えられる。以上のように、揖保川右岸における横穴式石室の導入と横穴式石室を埋葬施設とする前方後円墳の復活は複雑な状況を呈している。

少し整理してみると、まず、西宮山古墳や馬立1号墳など左片袖の石室が導入され、広まっていく。その影響によって、金剛山周辺にも左片袖の横穴式石室が築かれるようになる。それから、両袖式の権現山59号や小丸山古墳が築かれるのであるが、あえて西宮山古墳からの影響というよりは、別系譜と考えた方がよさそうである。前方後円墳の復活に関しては、石室からみれば、西宮山古墳と小丸山古墳は在地的な石室を採用している点からみて近しい意味合いが考えられるが、播磨塚古墳や養久山19号墳の場合、石室が大和の新庄二塚古墳前方部石室と類似しているうえ、西宮山古墳の石室の影響が南下しているのを分断するように新たな石室形態を養久山周辺に広めている点からみても、その出現の意味合いは別の理由を考える必要があろう。

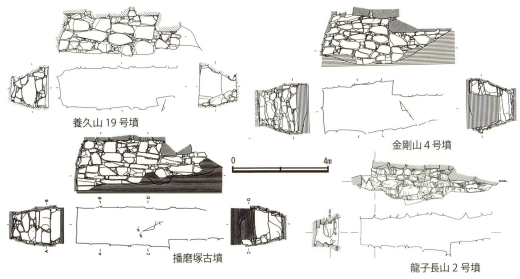

図61 たつの市養久山・金剛山地域石室実測図

　大津茂川と夢前川に挟まれた地域での導入期の石室は、丁3次1号墳の埋葬施設として採用されている横穴式石室で、玄室長2.4m、玄室幅2.2m、羨道長2.3m、羨道幅0.6m（玄門部）を測る。この石室は、玄門立柱石ももち羨道がハの字に開くもので、腰石は不明瞭ながら佐賀県大日1号墳と平面プランが酷似する石室である。これとは別に近しい時期に山田大山4号墳には右片袖の横穴式石室が導入される。この石室は、玄室長2m、玄室幅1.2m、羨道長1.2m、羨道幅0.6mを測る羨道の短い石室で、大阪府七ノ坪古墳や姫路市の見野長塚古墳の後円部石室などと同様の源流をもつ石室と考えられる。

　これらの石室が埋葬施設として採用された後に、丁薬司古墳など前方後円墳に横穴式石室は埋葬施設として採用されるようであり、前方後円墳への横穴式石室導入は1段階遅れるようである。ただ、その石室の導入に際しては、丁3次1号墳の系譜を引く石室ではなく、左片袖の石室を導入している。ところが才北山古墳では、後円部の石室は右片袖で、前方部の石室は左片袖である。前方部の石室は、後円部の石室より玄室規模が大きい。このことから、後円部の石室は、他地域からの流入と考えられる。よって、前方部には前段階からの系譜を引く石室を採用し、後円部には山田大山4号墳からの影響によって成立した石室を採用したと考えられる。この才北山古墳で出現する右片袖の石室は、丁丁山1号墳でも認められる（姫路市史編集専門委員会編 2010）。これにより、首長墓としては、右片袖へと変化すると考えられる。ただし石室としては、才北山古墳の前方部石室の玄室幅・羨道幅が丁丁山1号墳の後円部石室と一致している。後円部の石室と前方部の石室の規格はほぼ一致していると考えられる。このことから、才北山古墳で出現する右片袖の石室の規格は丁丁山1号墳へは受け継がれず、ホーム（形）として、首長墓に採用されたようである。

　市川東岸地域の下流域では、見野長塚古墳に横穴式石室が埋葬施設として採用される。見野長塚古墳はこの地域において復活した前方後円墳であり、この地域で最初に横穴式石室が採用されたことになる。この古墳には2基の横穴式石室が埋諸施設として使用されている。後円部の石室は、右

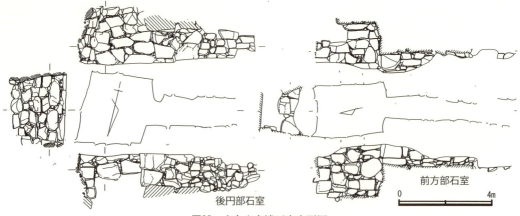

図62　小丸山古墳石室実測図

片袖の石室で、長原七ノ坪古墳と同じ源流が考えられる。石室は殆ど破壊により平面プランを確認するのみである。前方部の石室に関しては、石材がすべて抜き取られており、石室とわかるのみである。

　市川東岸地域の中流域では、御大師山古墳に横穴式石室が採用される。周辺部の石室の状況が判然としないが、おそらくこの地域の導入期の石室と考えられる。御大師山古墳の石室は（姫路市史編集専門委員会編 2010）、左片袖で、羨道の短い小型の石材を使用する。諏訪山古墳の埋葬施設である横穴式石室も左片袖であり、諏訪山古墳の玄室長がやや長くなっているが、御大師山古墳と玄室幅、羨道幅、袖の幅とも一致しており、石室の企画に系譜関係が認められる。

　以上の状況をみると、石室としては北部九州系の石室も導入されているが、播磨における前方後円墳復活時の石室は、丁葉司古墳や西宮山古墳のような左片袖が主流を占めると考えられるのであり、南塚古墳や勝福寺古墳の石室からの影響は認められない。そしてさらに前方後円墳復活後に、石室は、周辺地域との交流によりさまざまな様相を示すようになるのである。

5　小　結

　播磨では復活を遂げた前方後円墳ではあるが、墳形の共通性とは別に、内部の埋葬施設は多様性を含んでいる。中期には大型前方後円墳が姿を消し、小地域ごとへと分裂した後での前方後円墳の復活であるだけに、小型の前方後円墳が多く出現することとなった。その内部の横穴式石室の実情からみて、必ずしも大和との関係を示すものではなく、淀川流域の勢力との関係がその経緯となった可能性がある。やや遅れて大和との関係による出現もあり、小地域内ですら両勢力から影響を与え合う綱引きが起きていたと考えられる。しかしその関係は、前方後円墳復活において、あくまでも地域に偏りがあり、面的な様相を示しておらず、石室への直接的な影響はなかったと考えられる。よって後期においても、前方後円墳は、点的な人間関係性のうえに成立したと考えられ、今城塚古墳の被葬者との関係ないしは被葬者を支持したことによって成立した関係を示すものと考えられる。前方後円墳の築造が規制や強制などの力関係ではない関係性のうえで成立したことは強調されるべきであろう。関東などにみられる7世紀代の前方後円墳をどう捉えるかにもよるが、大和と

の関係性において、作る側の希望がないと成立しえない状況ではないかとも考えられるからである。

　これらのことから、おそらく前方後円墳築造の時代は量的な格差の時代であって、そこに認められるのは被支配か、支配かの関係ではなく、個別に共通性を共有する集団関係の表現ともとれるのである。そこにネットワークに所属している集団の共通性への表明がみてとれ、新たなネットワーク形成に伴い、淀川勢力が前方後円墳での再度の表明を促したとも考えられる。

　このように、各地域における横穴式石室の導入と前方後円墳への埋葬施設としての採用状況をみると、北摂地域ならびに近江地域が前方後円墳への横穴式石室の採用に関しては先進性を示しており、その中心は北摂の今城塚古墳と考えられる。そして前方後円墳へ採用された横穴式石室をみてみると、近江から北摂にかけては共通性や系譜関係が認められるのに対して、その周辺地域ではそれぞれの地域で独自に石室形態を採用しており、南塚古墳と同時期かやや遅れて復活する前方後円墳の埋葬施設である横穴式石室の状況に違いが認められるのである。また、南塚より遅れて前方後円墳への石室の導入が行われる大和でも、南塚古墳からの影響は若干うかがえなくもないが、勝福寺古墳や物集女車塚古墳ほどの類似性には乏しい。

　さらに、大和における横穴式石室を前方後円墳に採用して以降の前方後円墳としては、全長100mを超えるものが天理市の別所大塚古墳（125m）、石上大塚古墳（107m）、ウワナリ塚古墳（118m）であり、岩屋大塚古墳（76m）、星塚2号墳（87m）、東乗鞍古墳（72m）と五條野丸山古墳を除くと、墳丘規模の上位6基を天理市内の前方後円墳が占めている。これは、量的な差をもって大和の優位性を示そうとしたとも考えられるが、いずれにしても両勢力の対立は大和優位へと移行し、帰着を迎えたと考えられる。

　以上簡単にまとめてみたが、詳細な検討は後にするとして、今城塚古墳以後の石室の状況ならびに前方後円墳の消長についてみてみよう。

第2節　前方後円墳への石室導入後の状況

　すでに考察したとおり、北摂を中心とした地域は、前方後円墳の埋葬施設として横穴式石室の採用を推進したものの、のちに石室としては在地性を強めていくことがわかっており、新たな石室の情報発信源は大和へと移行する。そこでまず、大和の状況から確認することとする。

1　大和における石室の変化と前方後円墳

　大和における横穴式石室を概観すると、群集墳の石室では、地域的なまとまりよりも導入段階の特徴に伴う差が微妙に見え隠れしており、地理的な範囲として特徴を示すことは困難である。そこでまず、前方後円墳に導入された石室を中心に述べることとし、独立墳を中心とした横穴式石室、それから個別の群集墳の石室の特徴へと論を進めたい。

（1）前方後円墳（図63・64・表1）
　先に述べたように、大和においては前方後円墳の埋葬施設として横穴式石室の採用は遅れる。

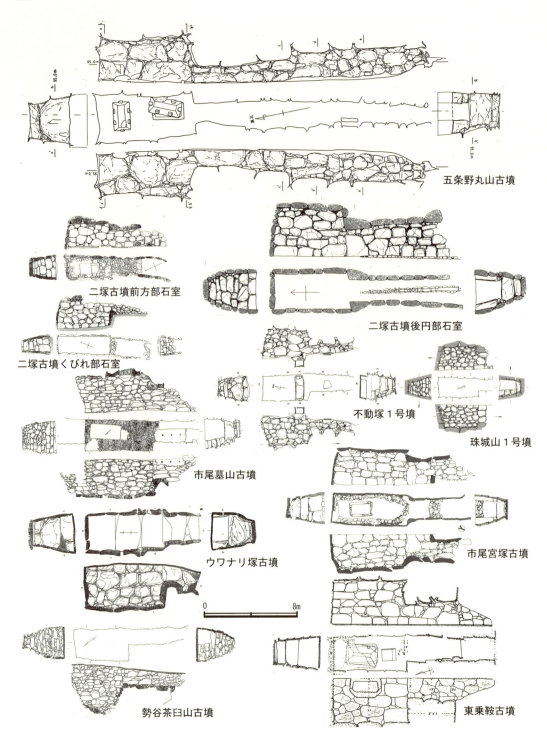

図63 大和の横穴式石室実測図(1)

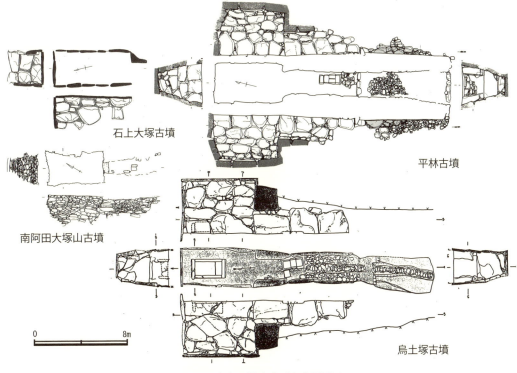

図64 大和の横穴式石室実測図(2)

TK10型式古段階並行期に横穴式石室を埋葬施設として採用した前方後円墳が出現するのである。この時期の前方後円墳と考えられるのは、五條市南阿田大塚山古墳（全長30m）、桜井市珠城山1号墳（45m）、宇陀市北谷西古墳（35m）、高市郡高取町市尾墓山古墳（65m）である。それらの前方後円墳の立地は、山間部に近くそれまでに前方後円墳の築造が希薄であった地域であり、それら相互の関係も、特定の地域に集中することなく分散する形をとっている。珠城山1号墳を除けば、その立地は、必ずしも好立地とはいえない場所である。

またあらためて墳丘規模をみてみると、今城塚古墳築造前後の前方後円墳で横穴式石室を埋葬施設として判明しているものに限定すると全長20mから65mまでのものに限られ、大和内部においても比較的小規模な前方後円墳であることがわかる。このことから、今城塚古墳の墳丘規模を除けば、大和を含めて墳丘規模にそれほど差が認められる状況ではなく、必ずしも大和優位の状況とはなっていないことは明らかである。

それでは、実際に大和における前方後円墳の埋葬施設としての横穴式石室の状況をみてみよう。

市尾墓山古墳は、奥壁に埋め殺しにしたもうひとつの羨道をもつ特殊な構造の右片袖の石室である。羨道は玄門部から羨門部へと緩やかに傾斜しており、その途中に框石がある（河上編 1984）。奥壁・側壁共に小形の石材を使用しており、下部より上部に大きな石材を使用する。羨道第1天井石は、まぐさ石状に1段下がる。石室中央には刳抜式家形石棺が配置されており、単棺配置構造をとる石室である。よって追葬を前提としていない石室と考えられ、兜塚古墳にみられるような前段階の退化した竪穴式石室と、利用面において何ら差異は認められない。これらの諸特徴から、南塚

古墳の石室との類似性が若干認められるが、石室内の空間利用のあり方や石室の規格でいえば、市尾墓山古墳はほぼ東乗鞍古墳と平面プランや立面プランなど共通した面をもち、峯ヶ塚古墳から継続するような大和内部における伝統的な部分を残した石室と考えられ、南塚古墳の系統とはまったく別の系統と考えられる。

　五條市南阿田大塚山古墳は全長30mの前方後円墳で、石室は主軸に直交して南東に開口する、両袖式横穴式石室を埋葬施設としている（泉森編 1982）。石室の石材は緑泥片岩、石英石墨片岩を用いており、玄門幅0.6m、羨門幅1mと外に向かって広くなっている。玄室の床面は羨道よりやや低くなる。両側壁、奥壁の持ち送りは急である。平面プランからみれば、ムネサカ4号墳の変容形態とも考えられる。

　桜井市珠城山1号墳は全長約50mで東面している。後円部に開口する横穴式石室は花崗岩の自然石を乱石積にした比較的小さい右片袖式石室である（丹羽 2007）。玄室の中央に凝灰岩の板石を組み合わせた箱式石棺が破壊されながらも残っている。石材が小型であり、奥壁・側壁ともに多段積み、羨道が玄室より短く、玄門部の基底部石材にも発達した状況が認められないことから、市尾墓山古墳と同時期と考えられる。

　宇陀市北谷西古墳は、尾根稜線の最高所に位置する前方後円墳で全長35mを測り、前方部を北西に向ける（奈良県教委 1975a）。埋葬施設は墳丘の主軸と直交する南西方向に開口する横穴式石室である。奥壁の石材が小型で多段積みであり、側壁にもあまり大型石材の使用は認められず、不動塚1号墳と比較しても石材が小型であり、不動塚1号墳より古いと考えられる。ただ、双方とも石材が小型のため、石材の用法において目立った違いは認められない。

　以上のように、大和において前方後円墳に横穴式石室を埋葬施設として導入した段階では、それぞれの古墳が、それまで前方後円墳が築かれてきた場所とは異なった、希薄な、山間部に近い場所に築かれた。それぞれの古墳で導入した石室には、相互に強い関係性は認められない。よって、個々に独自で石室を導入したと考えられる。

　次にTK10型式新段階並行期における前方後円墳の埋葬施設である横穴式石室の状況をみてみよう。

　天理市東乗鞍古墳は、全長72mの前方後円墳である（佐藤小 1915）。埋葬施設は後円部南に開口する片袖式の横穴式石室で、全長14.6mを測る。玄室の奥壁は巨石の三段積みと推定され、袖部の基底石も2段へと変化していると考えられる。玄室内部には2基の石棺があり、奥寄りに刳抜式家形石棺、手前に組合式石棺の底石が現存している。刳抜式家形石棺の位置は、市尾墓山古墳や権現堂古墳・滋賀県甲山古墳の位置とほぼ同じであり、もともと追葬を前提としていない単棺構造の石室と考えられる。刳抜式家形石棺は阿蘇熔結凝灰岩製で、組合式石棺は二上山白色凝灰岩製である。石棺が古い様相を示すことから、石棺の年代観に従って古式の横穴式石室として考えられてきている。しかしながら、石室の石材は奥壁が3段積みで袖部の石材にも発達した状況が認められるなど、新しい要素もみせはじめている。

　そこで周囲の石室と比較すると、玄室規模と羨道規模がほぼ一致する古墳には、滋賀県野洲市甲山古墳と市尾墓山古墳、また左片袖ではあるが石上大塚古墳があげられる。このことから、TK10

表 2　大和の横穴式石室変遷表

古墳形態	全長(m)	TK47	MT15	TK10	MT85	TK43	TK209	飛鳥1
前方後円墳	100以上						五條野丸山　ウワナリ塚	
前方後円墳	60以上			市尾墓山	石上大塚　東乗鞍	二塚　市尾宮塚　星塚2号	烏土塚	
	32以上			珠城山1号　北谷西	勢野茶臼山　不動塚1号	平群三里　平林　香貝山　王城山3号		
	31以下			南阿田大塚山			トノオク1号	
独立墳				権現堂　芝塚　柿塚　与楽カンス塚	真弓カンス塚	真弓カンス塚　鳥ノ山1号　宮裏山　沼山　仏塚	赤坂天王山　牧野　植山　新宮山　都塚　越塚　小泉狐塚　深泥塚穴　乾城　ツボリ山　文殊院東	合首　石舞台　茅原狐塚　塚穴山
群集墳			椿井宮塚　桜井公園2号　室野谷支群3号　寺口忍海古墳群H-21　寺口千塚11号第1石室　ムネサカ4号　ナシゲニ支群3号　新沢千塚221号　巨勢山171号　巨勢山175号　巨勢山407号　巨勢山408号　巨勢山431号　巨勢山432号	ナシゲニ支群1号　新沢千塚204号　寺口忍海古墳D-27号	狐ヶ尾3号　龍王山古墳群B1　桜井288号　桜井287号　龍王山古墳群E14　ナシゲニ支群4号	北今市1号　アミダヶラ4号　アミダヶラ3号　狐ヶ尾5号　狐ヶ尾8号　狐ヶ尾9号　龍王山古墳群C3　龍王山古墳群C6　龍王山古墳群B10　栗原カタンバ3号　栗原カタンバ10号　龍王山古墳群H1　桜井280号　室野谷支群1号　ナシゲニ支群2号　新沢千塚530号　寺口忍海古墳H-22　石光山古墳群43号　石光山古墳群31号	アミダヶラ1号　アミダヶラ2号　能峠南山1号　能峠南山2号　能峠南山3号　栗原カタンバ4号　栗原カタンバ15号　栗原カタンバ6号　栗原カタンバ7号　栗原カタンバ9号　栗原カタンバ11号　峯坂東4号　峯坂東7号　室野谷支群2号　ナシゲニ支群6号　三ッ塚12号　寺口忍海古墳E-9号　石光山古墳群19号	植松西1号　植松東5号　植松東6号　新沢千塚509号　三ッ塚7号　三ッ塚13号　三ッ塚15号

型式古段階からTK10型式新段階並行期にかけての時期に広範囲に平面プランの類似した石室が分布していたことがうかがわれる。特に、滋賀県野洲市の甲山古墳の左側壁の基底石がやや羨道側にいくに従って低くなる点、側壁の段数や石材の配置に類似した点が認められる。また、奥壁がほぼ3段積という点も共通点としてあげられる。また、右羨道の石材配置にも類似した傾向が認められる。さらに刳抜式家形石棺が阿蘇熔結凝灰岩であるなど、いくつかの共通点が認められる。ただし、石棺の石材が阿蘇熔結凝灰岩であることなどを考えると、単に東乗鞍古墳からの影響で甲山古墳を考えるわけにはいかないようである。

　東乗鞍古墳の石室は、南塚古墳より新しい一群の石室と考えられる。石室の比較のうえでは、市尾墓山古墳の石室や勝福寺古墳の奥壁の石材構成に比べ、東乗鞍古墳の奥壁は3段へとの単純化が進んでいるほか、袖部の石材が3段から2段へと変化している点からみても、新しい傾向を示していると考えられる。勝福寺古墳に次ぐ時期、つまりTK10型式新段階並行期に位置づけることが妥当と考えられる。

　生駒郡三郷町勢野茶臼山古墳は、全長40mを測る前方後円墳である（奈良県教委　1966b）。玄室の側壁は羨道高まではほぼ直線的に積み上げるのに対して、それ以上の部分は徐々に石材を内傾させて石室を構築している。玄室の使用石材は羨道高より上にやや大きめの石材を使用しており、天井はドーム状を呈する。垂直に積んでいる玄室側壁の高さと羨道高が対応しており、おそらく玄室の羨道高以上の部分は側壁というよりも天井としての意識が強かったものとみられる。なお、玄室側壁の上部に大きな石材を使用するのは、物集女車塚古墳に認められ、勢野茶臼山古墳と物集女車塚古墳の奥壁の傾斜ならびに羨道天井石の傾斜はほぼ一致している。その他にもこの両者の石室は、羨道幅と玄室幅に近しい値をもっているなど類似点がある。しかしながら、玄門部の袖の石材の用法や天井をドーム状にするなど古い要素を勢野茶臼山古墳の方が多く残しており、この点において完全に類似した石室とは決定できない。ただし、市尾墓山古墳や東乗鞍古墳の石室とは、平面プランなどにおいては明らかな違いをみせている。この違いが系統差であるかは、現時点では判断を据え置くとして、さらに石室の検討を進めよう。

　勢野茶臼山古墳の埋葬施設である横穴式石室は、ドーム状天井を有する古い要素を残した石室ではあるが、勝福寺古墳第1石室と比較しても羨道が発達しており、どちらかといえば物集女車塚古墳の石室に近い時期に位置づける方が妥当であろう。

　以上のように、東乗鞍古墳と勢野茶臼山古墳が同時期の石室と考えるならば、それらの石室には、時期的に近しいにもかかわらず、右片袖という類似点のほかは、石材の用法や玄室の天井の形態などの相違点の方が多く指摘できてしまう。両者の石室の状況からみて、大和の石室を統一的なイメージで捉えることはこの時期においてもまだ困難な状況であることを示している。

　宇陀市不動塚1号墳は、全長50mの前方後円墳である（奈良県教委　1985）。埋葬施設は右片袖の横穴式石室である。奥壁は多段積みではあるが、勝福寺古墳の奥壁の石材よりも大型化が進んでおり、やや壁面の石材構成が単純化してきている。袖部は3石以上で構成されており、勢野茶臼山古墳と同様に古い要素を残している石室といえよう。玄門部近くに石室主軸に直交する形で、組合式の箱式石棺が配置されている。なお勝福寺古墳の平面プランと比較して、不動塚1号墳は羨道幅

と玄室幅に近い値をもっている。何らかの系譜的な関連がうかがわれる。

石上大塚古墳は、全長107mの前方後円墳で、古墳の周囲には周濠と周堤帯をめぐらす。埋葬施設は全長9m程の巨石を用いた左片袖の横穴式石室である（奈良県教委 1976b）。破壊が著しく、詳細は不明である。ただ平面プランでは、玄室規模ならびに羨道幅が東乗鞍古墳の埋葬施設と近しい値をもつことから何らかの関連があるものと考えられる。

以上のように、各地に採用された横穴式石室は、何らかの識別可能な要素を兼ね備えている。その違いは、石材の微妙な用法の差を超えて平面形や立面形などいくつかの違いが認められるのである。

少し整理すると、市尾墓山古墳に始まったひとつの系統は、東乗鞍古墳、石上大塚古墳など、この時期の大型前方後円墳の埋葬施設へと成長していくようである。これに属する石室としては、滋賀県野洲町甲塚古墳や、後に述べる御所市権現堂古墳など、石室主軸に沿って刳り抜き式家形石棺を安置する共通性を有している。それとは別に、越前塚古墳から南塚古墳への流れで成立したもうひとつの系統は、物集女車塚古墳や井ノ内稲荷塚古墳、勝福寺古墳、不動塚1号墳や勢野茶臼山古墳などで、基本的に組合式石棺を石室内に入れる特性をもつ。そしてこれらのふたつの系統は、いわゆる北摂を中心とした流れの中で考えられるものと、大和の中で大型横穴式石室へと発展的に変化したものとの違いとしても現れている。つまり、TK10型式古段階並行期からTK10型式新段階並行期にかけての時期は、このふたつの系統が大和から摂津・南山城にかけてモザイク的に点在している状況であり、単一の石室形態が面的に広範囲に及んでいる状況とは異なっている。

なおこの段階から前方後円墳は、奈良盆地を直接臨むような立地に変化をみせはじめるとともに、全長107mを測る石上大塚古墳など、100mを超える墳丘規模の前方後円墳が築かれるようになるなど、墳丘の規模が増大している。立地の変化や墳丘の大規模化から、おそらく大和内部における横穴式石室の浸透とともに、前方後円墳における量的な格差の再構成が行われていったと考えられる。

次にTK43型式並行期の状況をみてみよう。

葛城市二塚古墳は、全長60mの前方後円墳である（伊達編 1962）。埋葬施設は後円部と前方部および西側造出し部にそれぞれ構築された3基の横穴式石室である。後円部の石室は南に開口する両袖型横穴式石室で、全長16.4mを測り、凝灰岩製の石棺の破片が検出されている。前方部の石室は南西に開口する片袖型横穴式石室で、全長約9mを測り、床面には河原石を敷き詰め、玄室中央には凝灰岩製の組合式石棺の底石が残っている。西側造出し部の石室は南に開口する無袖型横穴式石室で、全長7.8mを測る。奥壁・側壁ともに多段積みで、基底石は横積みである。袖の基底石は縦使いへと変化しており、羨道長は、玄室長を超えて長くなっている。石室の位置づけとしては、TK43型式並行期でも古い時期に位置づけられる。

後円部の石室は、大和における完成した両袖式横穴式石室の初原とも考えられるもので、従来の右片袖を中心とした石室構成からは、新しい石室の出現といえよう。平面プランは、石上大塚の石室と比べて玄室長に類似した値が認められるが、玄室幅は両袖となった分広くなっており、羨道幅も広くなっている。石室規模にさらなる大型化の傾向がこの石室から読み取ることができよう。

前方部の石室は右片袖で、袖部の石材は2石以上で構成されており、やや古い要素を残している
と考えられる。石材の用法もやや大型化が認められるものの、勝福寺古墳と比較してもあまり変化
は認められない。それよりも、平面形では、勝福寺古墳に玄室長・玄室幅、羨道長・羨道幅におい
て近い値をもっている。くびれ部の石室は、竪穴系横口式石室といわれるもので、寺口千塚古墳群
などに認められる石室形態が前方後円墳の埋葬施設として採用されている。この石室からは多量の
出土遺物があり、なかには朝鮮半島との関係を示すような遺物も含まれている。

　高市郡高取町市尾宮塚古墳は、独立丘陵上に立地する全長44mの前方後円墳である（木場・水
野　1998）。埋葬施設は後円部の中央に北方向に開口した全長11.6mを測る両袖型横穴式石室であ
る。石室壁面には赤色顔料が塗られており、玄室中央には長軸を羨道の軸と合わせて二上山白色凝
灰岩製の刳抜式家型石棺が設置されている。奥壁側の玄室側壁基底石が縦使いに変化していること
と奥壁も3段積みへと変化していることは、石材の用法としては二塚古墳より新しい要素と考えら
れる。袖部の石材は基底石が縦使いで、二段積みで袖を構成している点は、二塚古墳と同様に新し
い要素と考えられる。ただし平面プランの比較のうえでは、二塚古墳と一致した点はなく、むしろ
市尾墓山古墳にやや近い値を示す。

　天理市星塚2号墳は、全長41mの前方後円墳である（天理市教委　1990）。埋葬施設は、全長7m
の両袖式の横穴式石室である。石室主軸に沿って組合式石棺が設置されている。石室内からは
MT15型式の土器をはじめとして時期的に古い土器が出土しており、これらの遺物が示す時期は、
石材の大型化や両袖式への変化といった横穴式石室の示す年代観とは一致しない。ここでは、石室
の共通項を優先して古墳の年代を捉えておきたい。

　つまりこの時期は、片袖式石室から両袖式石室への移行期にあたり、前段階における2系統の解
消への移行期でもあった。このような、石室の全体的な移行期にあたるため、石室個々の特徴もま
た存在しており、大和を代表した形態への統一はこの時期にも存在していないことが理解できるの
である。

　生駒郡平群町三里古墳は、玄室長4.4mを測る両袖式の横穴式石室で、石棚が設置されている
（奈良県立橿原考古学研究所　1977）。側壁の基底石が縦使いへと変化しているほか、奥壁の基底石
が縦方向の2石で構成されている。平面形では、珠城山3号墳の後円部石室と類似要素をもつ。

　宇陀市香具山古墳は、全長42mの前方後円墳である（花園大学考古学研究室　1983）。埋葬施設
は、石室長約9.6m測る両袖式の横穴式石室である。奥壁は2石で縦使いとなっており、側壁も基
底石は縦方向へと変化している。袖部の石材は、基底石が縦使いであり、2石で袖を構成してい
る。羨道の石材の用法としては、基底石を大型のものからやや小型のものへと羨道の入口側に並べ
て配置するなど、珠城山3号墳と類似した石材の用法を用いている。全体として、側壁の石材の配
置も基本は同じものと考えられる。ただし石室としては、珠城山3号墳の石室より小形である。

　桜井市珠城山3号墳は主軸をほぼ東西にした全長約50mの前方後円墳である（奈良県教委
1960b）。埋葬施設の横穴式石室は、全長12.8mを測る。内部には2基の石棺が安置され、羨道側
の石棺は凝灰岩の組合式家形石棺である。玄門部の袖は、周囲の状況から、残存する袖石にもう1
石のせられていたと考えられる。また、奥壁は2石で縦使いとなっており、側壁も基底石は縦方向

へと変化している。前方部石室は、全長8.7mを測る右片袖の横穴式石室である。奥壁・側壁を含めて、基底石が縦使いへと変化しておらず、奥壁の石材構成も多段積みであり、単純化が進んでいるとは認められない。後円部に対して従属的な位置に築かれる石室は、この段階においては、古い要素を残した石室を築いていたようである。

　葛城市平林古墳は、全長約55mを測る前方後円墳である（坂編 1994）。南南東に開口する両袖型横穴式石室は全長14.5mを測る。羨道部には組合式家形石棺の底石が残存している。石室の基底石はすべて縦使いへと変化しており、基底石の変化において指標的な石室である。珠城山3号墳と比較して、羨道幅ならびに玄室長は近い値となるが、玄室幅は平林古墳の石室の方が広く、その分奥壁の基底石が3石で構成されている。

　TK43型式並行期には、前段階の2系統のような平面プランによる類似性には乏しい状況にある。これは、前段階から進行しつつあった階層性の重層化がさらに進行したために、その影響で、石室規模にまで階層性が現れはじめたことによるのかもしれない。しかしそれとは逆に、形態的な特徴としては、ほぼ両袖式へと移行し、天井は平天井であるなど統一した形状へと変化している。石材の用法も石室基底石が縦使いに変化しており、奥壁の基底部の石材にも共通した要素として、2石への移行が認められるなど、共通した石室へと移行した様相を示している。この時点で、大和内部における大小の首長が共通した石室を築きはじめたといえよう。しかしながら、葛城市二塚古墳の出現時には、星塚2号墳や市尾宮塚古墳など、平面プランや立面形態に一致しない部分があり、両袖式石室の形態的統一化は次段階まで待たねばならなかった。

　また、前方後円墳の規模に関していえば、全長30m前後のものからから125mまで大小さまざまな規模が存在しており、前方後円墳における格差が依然として保たれているものと考えられる。また後述するが、独立墳や群集墳の増加の傾向がこの時期を境に認められ、量的な表現による階層性の重層化が大きく進行しはじめた時期でもあることを指摘しておきたい。

　次にTK209型式並行期の状況についてみよう。ただし、この時期の前方後円墳はそう多くはない。

　まず平群町烏土塚古墳は、全長60mの前方後円墳である（奈良県教委 1972b）。埋葬施設は、南に開口する両袖式横穴式石室で、全長14.2mを測る。玄室のやや奥に組合式の家形石棺が安置されている。奥壁は3段積みで、2段目の石材は薄い板状を呈しているものの、正面からみた場合中央が大きな石材を使用しているかのようにみえる。これは基底部の石材が、玄門部からみた場合に石棺によってみえないことと関連性があるのかも知れない。

　さらに石室自体は基底部が縦使いであるほか、羨道部の石材が基底部の1石で1段積みとなっている[1]。これらは新しい要素といえよう。玄門部の袖の石材は縦積みではあるが横方向に長い石材が使用されており、五條野丸山古墳同様新しい要素と考えられる。しかしながら烏土塚古墳の場合は、この石材と羨道天井石との間に石材が存在しており、わずかではあるが2段積みとなっている。これは、隙間を詰めるための石材であると考えられ、時期の決定においては、基底部の石材が横方向に長いことと羨道が1段積みであることを新しい要素として評価したい。また玄室基底石周辺に目地が通りそうであるが、それ以外には目地は通らず、牧野古墳と類似した傾向を示す。

ウワナリ塚古墳は丘陵頂部に位置し、前方部を北に向ける全長110mの前方後円墳である（奈良県教委　1976b）。埋葬施設は後円部にあり、南に向けて開口する両袖型の横穴式石室で、玄室長6.85mを測る。奥壁は3段積みであり、烏土塚古墳に似た積み方をしている。右袖部の石材が方形で、1石で構成されていることから、新しい要素と考えられる。また羨道高を境に玄室部の積み方が上2段・下2段で構成されるのも新しい要素と考えている。さらに羨道右側壁にわずかに観察される石材からみて、羨道は1段積みと考えられ、これも新しい要素といえよう。これらから、烏土塚古墳とほぼ同時期の石室と考えられる。

　五條野丸山古墳は、全長308mを測る巨大な前方後円墳である（福尾・徳田　1993）。埋葬施設は、全長28.4mを測る両袖式の石室である。玄室内には2基の家形石棺が配置されている。玄室は4分の1ほどが埋没しており、基底石の状況は不明である。奥壁は2段から3段積みで、側壁は3段積みと新しい要素を示している。羨道は2段から3段積みと考えられ、羨道天井石が傾斜している点からみて、羨道もスロープ状の傾斜をもつと考えられる。奥壁は3段積みと考えられ、上記2基の古墳と一致すると考えられる。右袖部は1石で構成されており、これも新しい要素で、ウワナリ塚古墳と同時期と考えられる。ただし玄室側壁などは他の石室に先駆けて3段積みにしているなど、もっとも新しい傾向をやや先取りしている観がある。

　以上のように、3者の石室は、やや異なる部分もあるが石材の用法などでかなりの統一感をみせている。特に奥壁の構成はほぼ一致しているのではと思わせるほどである。これらの状況から、この時期の首長墓に採用されている横穴式石室は両袖式石室へと移行し、大和内部の地域性を超えて一致した要素を共有する石室を築くようになっていることがうかがわれる。そして、石室の統一感を示す時期をもって、大和では前方後円墳の築造を停止する。その意味までもここで論じるわけにはいかないが、オトンダ1号墳、烏土塚古墳、ウワナリ塚古墳、五條野丸山古墳と墳丘規模と相関関係をもって石室の玄室規模にも差が生じており、身分秩序の細かな重層性成立をうかがわせている。しかし多くの円墳や方墳が築かれるなかでも、前方後円墳の築造は、上層部だけに規制されることなく小型のものから五條野丸山古墳まで格差をもって築造されており、築造の停止は一斉に行われたと考えられるのである。

　以上のことをあらためてまとめてみると、南塚古墳や今城塚古墳によって開始された横穴式石室を埋葬施設とする前方後円墳の築造は、周辺へ大きな影響を及ぼした。しかしながら、大和や南河内では、その動きにやや遅れて、同調する様子がうかがわれる。

　これは、この時期に峰ヶ塚古墳をはじめとして横穴式石室を埋葬施設として採用していない前方後円墳群が大和や南河内に多数存在していることと関連性があると考えられる。というのも、これらの前方後円墳群が規模のうえでは、総じて大型であり、またその規模からすれば階層的に上位を占めるものである。このことは、今城塚古墳を中心とした横穴式石室を埋葬施設として採用した体系とは異なる別の体系が存在していたと考えることもでき、これらの2者が対立的かどうかは別にしても、移行期として同時に存在していた事実は注目すべきであろう。

　なお、この時期に前方後円墳が一時的にではあるが広範囲に築造されている。しかしながら、やや後に普及する大和の状況を合わせ考えても、南塚古墳や勝福寺古墳にみられるような石室が各地

に広まることはなかった。各地に復活する前方後円墳の埋葬施設としての横穴式石室は、それぞれの地域で導入されたかその系譜が読み取れる石室を採用しており、石室には地域性が尊重されているのである。

これは、周辺地域において、前方後円墳を採用した際のある程度の地域的自由度の存在を示していると考えられる。摂津の今城塚古墳を中心とした体制とはいえ、ただちに直接的な支配関係までをも示すものではないと理解できるのである。

大和にも横穴式石室を埋葬施設として採用する前方後円墳が普及しはじめると、大形の前方後円墳も築かれるようになり、格差構造が成立していくようになる。しかしながらこのころまでは、摂津の南塚古墳からの流れとしての系統と、大和で新たに創設された市尾墓山古墳や東乗鞍古墳の系統の2系統が並立しており、石室全体についても統一感に欠ける状況が続いていた。この2系統について概説すると、南塚系統は奥壁に沿って組合式石棺が配置されるもので、追葬を前提とした石室である。これに対し東乗鞍系統は、石室の中央に刳抜式家形石棺を石室主軸にあわせて配置するもので、基本的に追葬を前提としない石室である。南塚系統が九州の影響を受けて追葬を前提としているのに対して、東乗鞍系統の市尾墓山古墳などは、横穴式石室でありながら中期以来の伝統的な葬法を引き継いだ石室と考えられる。そしてある意味では、刳抜式家形石棺を退化した竪穴式石室に埋置した兜塚古墳と葬制上は変化していないとも考えられる。このように葬法や系譜関係においてまったく別の石室系統が併存しているのである。

ところが両袖式石室の出現とともに、前段階まで存在した2系統は発展的に解消され、石室形態は統一化へ歩みはじめる。これらの統一化は、同じものの中に格差を示す要素を与えるという別の意味も含んでおり、大和内部における階層の重層化が古墳によってあらためて体現されていくようになるのである。

以上で前方後円墳の流れをたどり終えるわけであるが、次に独立墳を中心に横穴式石室の状況をみてみよう。

（2）独立墳の横穴式石室 （図65・66・67・68）

大和における導入期の状況はすでに概観したので、それ以降の状況について、前方後円墳によって示されたアウトラインに沿って確認してみたい。

TK10型式古段階並行期からTK10型式新段階並行期にかけての時期、つまり片袖式石室が中心であり2系統の石室が存在する段階では、明確な独立墳はあまり多くなく、権現堂古墳・柿塚古墳・与楽カンス塚古墳・芝塚古墳が中心である。

御所市権現堂古墳は、南南東を向いた右片袖式の横穴式石室を埋葬施設とする（河上 2001）。玄室奥壁よりに刳抜式家形石棺を安置している。玄室の幅が狭いが、市尾墓山古墳とほぼ同規格の石室と考えられる。刳抜式家形石棺を石室主軸方向に配置するなど、市尾墓山古墳と類似点が多い。すでに述べたことではあるが、東乗鞍系統に属すると考えられる。羨道部が埋没しており、奥壁も破壊されていて、観察できない。ただ袖部の石材は依然として3段積みであるが、側壁の石材の用法が勝福寺古墳よりやや新しい傾向にある。これらの状況から、勝福寺古墳の年代よりやや新しい、TK10型式古段階並行期からTK10型式新段階並行期にかけての時期と考えられる。

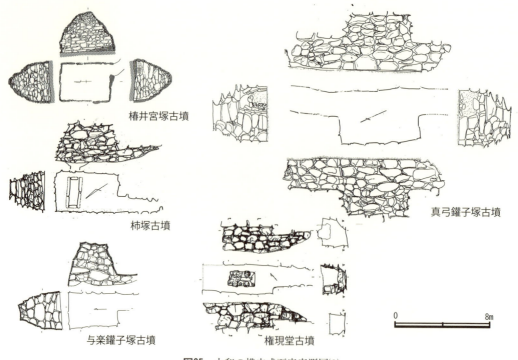

図65 大和の横穴式石室実測図(3)

　葛城市芝塚古墳は、右片袖の横穴式石室を埋葬施設とする（伊藤雅 1986）。玄門部に近い羨道内で閉塞されており、古い要素を備えている。おそらく羨道の短い石室と考えられ、MT15型式並行期からTK10型式古段階並行期にかけての時期と考えられる。玄室基底部の石材にも発達した部分は認められず、時期の想定に誤謬は認められない。玄室左側壁よりに組合式石棺が石室主軸に沿って配置されている。石室規模はほぼ南塚古墳に一致しており、組合式石棺を使用するなど、南塚系統に属するものと考えられる。しかしながら、石室主軸に沿って置かれている点において違いが認められる。石棺の規模をみると、石棺蓋の突起部を加味すると玄室幅を超えており、横位には配置できないことがわかる。本来ならば、刳抜式家形石棺のように玄室中央部に置かれるか、「左棺優先の不文律」（森岡 1983）により右片袖側に寄せるのが本来の姿であろう。しかしながらそうできていないのは、横位に安置する予定が、数cmの設計ミスによってできなかったことによるのかもしれない。

　平群町柿塚古墳は径12mの円墳で、埋葬施設は左片袖の横穴式石室である（奈良県教委 1972b）。玄室奥には石室主軸に直交して組合式石棺が安置されている。時期としては、羨道が未発達の点を考慮すれば、TK10型式古段階並行期と考えられる。奥壁・側壁ともに小型の石材であり、袖部の石材にも発達した要素はなく、古い要素を示している。この石室は玄室幅が広いが、どちらかといえば物集女車塚古墳や勝福寺古墳の石室に近い値を示す（図57・58）。内部の組合式石棺の位置が物集女車塚古墳とほぼ同じ位置にあり、石室が追葬を前提としている点で一致しており、南塚系統と考えられる。

高取町与楽鑵子塚古墳は、径約24mの円墳である（河上・右島編 1976）。埋葬施設は、南に開口する右片袖式横穴式石室である。柿塚古墳に比べて使用石材に大型化が認められ、また天井高も高くなっている。袖部の石材は3段積みと発達は認められないが、石室としては奥壁の段数など沼山古墳の石室に類似していると考えられる。よって時期としては、沼山古墳と同時期かやや先行する時期の石室と考えられる。

以上のように、この時期の石室では、本節前項の前方後円墳で論究したように、依然として片袖式の横穴式石室が中心であり、石棺の保有形態などの点で2系統が歴然と存在していることが理解される。また大形墳では、平群谷から大和郡山市にかけての地域に南塚系統が存在し、御所市から飛鳥にかけては、東乗鞍系統が分布しているように読み取れる。おそらくこれらの地域が分布の中心で、このほか宇陀から桜井市にかけてが南塚系統、天理周辺が東乗鞍系統の分布域と推定されるが、実際にはもう少し入り組んだ分布状況を示していたと考えられる。

次にTK43型式並行期における独立墳の状況をみてみよう。島の山1号墳・宮裏山古墳・藤ノ木古墳・仏塚古墳・沼山古墳・真弓鑵子塚古墳・北今市1号墳が中心である。

葛城市島ノ山1号墳は、一辺16mの方墳である（吉村幾ほか 1994）。埋葬施設は、両袖式横穴式石室である。袖部の石材が3段積みとなっており、古い傾向を示すが、羨道の基底石は縦使いとなっており、平林古墳に近い時期の石室と考えられる。

平群町宮裏山古墳は、直径約15mの円墳で、埋葬施設は両袖式の横穴式石室である（辰巳ほか 1993a）。奥壁・側壁ともに多段積みで基底石にも変化は認められない。袖部の石材が2石で構成されている点からみて、葛城市二塚古墳と同時期と考えられる。

斑鳩町藤ノ木古墳は、墳丘は径48mの円墳で、南東に両袖式の横穴式石室が開口している（奈良県立橿原考古学研究所 1990・1993a）。石室は花崗岩の巨石を用いており、側壁はほぼ垂直に積まれている。奥壁は4段積みに近く、側壁も5段積み以上になっている、側壁には谷積みに似た石材の使用が認められ、目地も通りにくくなるなど牧野古墳に似た傾向を示しはじめている。しかしながら、依然として袖部の石材は基底石が縦使いで2段で構成されているなど、古い要素も残している。このことから、牧野古墳の直前に位置づけられるような石室と考えられる。

橿原市沼山古墳は、径18mの円墳で、南側に開口する右片袖の横穴式石室である（伊藤勇編 1985）。玄室天井が高く、袖部も3石で構成されているなど古い要素を残す。しかしながら、玄室の奥壁の基底石が縦ぎみの使用で2石で構成されるなど、石材の用法に変化が認められる。これも、TK10型式新段階並行期からTK43型式並行期にかけての時期であろう。

香芝市北今市1号墳は、丘陵稜線の東側に築かれた直径約20mの円墳である（入倉・十文字 2006）。埋葬施設は南南東に開く両袖式の横穴式石室で、全長約11mを測る。玄室は縦長の石室である。玄室内には石室主軸方向に縦列に2基の組合式石棺が配置されている。石室は小型の石材を多用しており、古式の要素を示している。袖部の基底石が縦使いであることから、葛城市二塚古墳と時期的に近いと考えられる。墳丘はやや大きな円墳であるが、群集墳内の古墳であり、盟主墳的な位置づけが妥当であろう。

以上の状況から、この時期に両袖へと移行していく過程のなかで、沼山古墳などの片袖式の石室

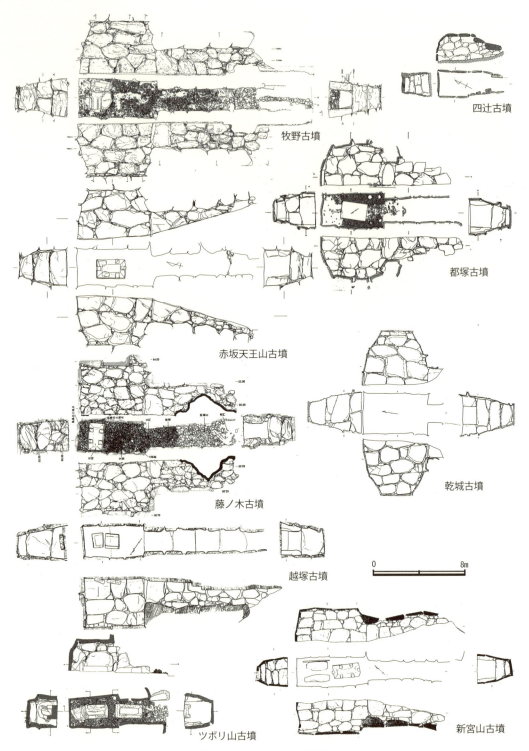

図66 大和の横穴式石室実測図(4)

が一部では残るようである。特に注意が必要なのは沼山古墳で、与楽鑵子塚古墳以降、乾城古墳からツボリ山古墳まで系譜関係が追える一群の石室である。これらの石室群が、沼山古墳に認められるミニチュア竈から、朝鮮半島との関係または身分的な差を示す可能性が秘められている。これについては、結論は今しばらく先に延ばしたい。ここでは、前方後円墳の項で確認したとおり、両袖式石室の変化は迅速であり、このような独立墳においてもほぼ同時に技術の移行ならびに石材の用法の伝達が行われていたことが確認された。

次にTK209型式並行期の状況についてみてみよう。この時期の石室は、赤坂天王山古墳、牧野古墳、越塚古墳、植山古墳、都塚古墳、新宮山古墳、小泉狐塚古墳、乾城古墳である。このころ、つまり6世紀末には前方後円墳が築造を停止するため、独立墳がこの時期以降増加していく。

桜井市赤坂天王山古墳は、東西45.5mを測る方墳である（丹羽 2010b）。埋葬施設は、南に開口する全長17mの両袖式の横穴式石室である。玄室中央には、刳抜式家形石棺が配置されている。奥壁が3段積みに変化し、袖部の石材も1石に変化している。谷積みが認められるが、牧野古墳のそれより、やや新しい傾向にある。

広陵町牧野古墳は、南北径約55mを測る円墳である（広陵町教委 1987）。埋葬施設は、南に開口する両袖式の横穴式石室である。玄室奥壁に並行して凝灰岩製刳抜式家形石棺を配置している。玄室側壁には谷積みが認められ、袖石も1石で構成されている。奥壁は3段で、赤坂天王山古墳と類似した積み方となっている。

なお、後に詳述するが、赤坂天王山古墳と牧野古墳さらに谷首古墳には系譜関係が認められる。また、越塚古墳とは壁体を垂直に積むかどうかで分類が可能な石室である。また、越塚古墳ならびにその系譜上にある茅原狐塚古墳は城上郡にあり、天王山古墳と谷首古墳は十市郡にある。同じ桜井市内であるが、狭い地域で住み分けるような立地をしている。これらの石室のうち、赤坂天王山古墳や牧野古墳の石室は越塚古墳の石室規模を凌駕しており、五條野丸山古墳が牧野古墳と同グループに入ることを考えれば、これらの石室が階層性を示すものと考えられる。それゆえに両者には技術的な一致による類似性が多く認められるのである。

橿原市植山古墳には2基の横穴式石室を埋葬施設としている（竹田・濱口編 2001）。そのうち、東石室は、ほぼ南に開口する両袖式で、石室の主軸（長軸）線は墳丘の南北軸に平行している。石室の規模は、全長約13mを測る。玄室には、阿蘇溶結凝灰岩製の刳抜式家形石棺が配置されている。

西石室は南南東に開口する両袖式で、石室の主軸線は墳丘南北軸に対して西へ約16度偏っている。石室の規模は、全長約13mを測る。玄室内より阿蘇溶結凝灰岩の破片が数点出土していることから、東石室と同じく阿蘇溶結凝灰岩の石棺が収められていたと考えられる。

東石室は、玄室平面が牧野古墳に近く、奥壁も3段積みと推定される。袖石が1石で構成されていることから、牧野古墳とほぼ同時期の石室と考えられる。石室中央に刳抜式家形石棺を安置し、石室規模も牧野古墳に近く、奥壁の内傾がつよいことから、石舞台形態と考えられる。

桜井市越塚古墳は、直径40m2段に築かれた円墳である（奈良県教委 1960a）。埋葬施設は、南南西に開口する両袖式の横穴式石室である。玄室には組合式石棺が中央に安置されている。この石

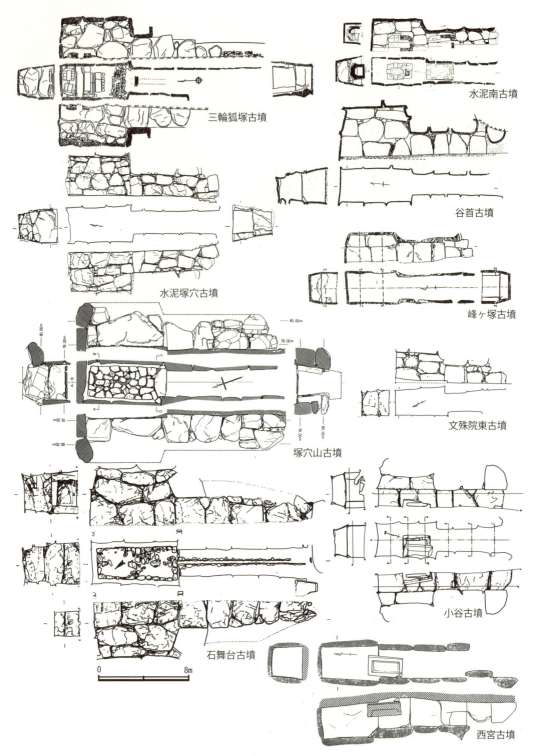

figure 67 大和の横穴式石室実測図(5)

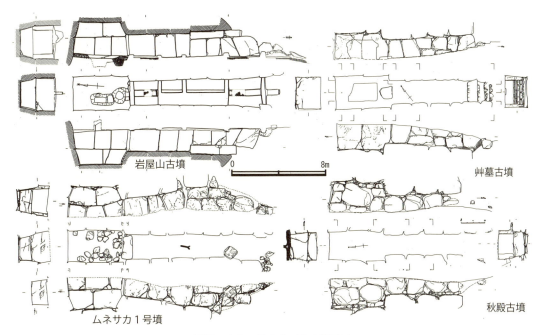

図68　大和の横穴式石室実測図(6)

室は、玄室前壁を垂直に、そのほか奥壁・側壁ともに垂直気味に築造を行っている。奥壁は三段積み、側壁も三段積みで、袖石も1石で構成されている。時期としては、牧野古墳とほぼ同時期の石室と考えられる。

　御所市巨勢山708号墳（新宮山古墳）は径25mの円墳と考えられる。埋葬施設は、東南に開口する両袖式横穴式石室である（奈良県教委文化財保存課 1980）。玄室入口側には凝灰岩製の刳抜式家形石棺、奥壁よりには箱式石棺を配置している。奥壁が3段積み、側壁も3段積みへと変化している。袖石は1石で構成されており、時期としては、越塚古墳と同時期にあたると考えられる。

　飛鳥村都塚古墳は、一辺28mの方墳である。埋葬施設は両袖式の横穴式石室である。玄室には凝灰岩製刳抜式家形石棺が配置されている。玄室の平面プランはほぼ越塚古墳と一致し、天上を丸くする意識が強いものの、その高さは越塚古墳より低い。

　高取町乾城古墳は1辺35mの方墳で、南に開口する両袖式の横穴式石室を埋葬施設とする（河上・右島編 1976）。奥壁は牧野古墳と同様の3段積みであり、袖石も1石で構成されていることから、牧野古墳と同時期と考えられる。

　TK209型式並行期以降の横穴式石室については、系譜関係を明らかにするか、またはその関係から必要と思われる横穴式石室に限って状況をみていくこととする。

　明日香村石舞台古墳は、一辺約51mを測る方墳である。埋葬施設は、両袖式の横穴式石室である（西光 2007）。奥壁は2段、側壁は3段積みである。袖石は1石で構成されており、羨道は1段積みへと変化している。羨道には矢筈積み技法が使用されている。越塚古墳に次ぐ時期と考えられる。

　天理市塚穴山古墳は直径65mの円墳で、墳丘の周囲には濠と周堤帯がある。埋葬施設は、両袖

式の横穴式石室である（竹谷 1990）。玄室内は、排水溝を周囲に巡らしている。また、左玄門付近など、一部に赤色顔料が塗布されていた痕跡が観察できる。構築の状況は石舞台古墳とほぼ同じであるが、側壁の石材がより簡素化の方向に進んで2段積みに近づいており、時期も石舞台古墳よりやや下がる傾向にあると考えられる。

桜井市谷首古墳は一辺40mの方墳で、埋葬施設は南に開口する両袖式の横穴式石室である（桜井市教委 1989）。奥壁2段積み、側壁3段積み、羨道1段積み、袖石は1石、羨道には矢筈積みとほぼ石舞台古墳の石室と同じである。時期的にも石舞台古墳と同時期であろう。

桜井市茅原狐塚古墳は一辺約50mの方墳で、埋葬施設は両袖式の横穴式石室である（網干 1959）。玄室内には奥壁に沿って組合式家形石棺が残っている。奥壁はほぼ2段積み、側壁2段に近い3段積み、羨道1段積み、袖石は1石、羨道には矢筈積みと石舞台古墳に近い状況である。時期的にも石舞台古墳と同時期であろう。この石室は、前壁も含めて直線的に壁面を構成するのが特徴で、越塚形態に含まれる。

水泥塚穴古墳は直径約20mの円墳で、埋葬施設は両袖の横穴式石室である（河上 1978）。奥壁ほぼ2段積み、側壁4段に近い3段積み、羨道2段積み、袖石は1石である。羨道部分に古い要素が残されており、時期的は、越塚古墳と茅原狐塚古墳の中間に位置づけられるであろう。この石室も、前壁も含めて直線的に壁面を構成するのが特徴で、牧野古墳などとは異なった形態をとる。

ツボリ山古墳は、一辺20m程の方墳の可能性が考えられている。埋葬施設は、南に開口する両袖式の横穴式石室である（奈良県教委 1972a）。玄室は二段積みで、2石目が大きく内傾し、前壁も同様であったと思われる。玄室中央と羨道に各1基の二上山白色凝灰岩製の刳抜式（家形石棺が納められている。奥壁2段、側壁2段、羨道1段積み、袖石は1石で、都塚古墳より1段階新しい石室であろう。

文殊院東古墳は、径15mの円墳で、埋葬施設は両袖式の横穴式石室である（奈良県教委 1982）。奥壁2段、側壁3段ぎみ、羨道1段積み、袖石は1石で、ツボリ山古墳の壁面構成に近い状況である。また、平面プランは、ツボリ山古墳とほぼ一致する。

以上、独立墳の状況について石室を個々にあげながら説明してきたが、石室の壁面構成や変遷が葛城市二塚古墳の出現以降は、ほぼ一致することが認められる。またそれ以前の段階では、2系統の存在があらためて確認できたと思う。

さてここまで述べてきたなかで、再度整理が必要な件について、あらためて論じることとしよう。それは、前方後円墳が終焉を迎える段階には、石室がいくつかの形式に分類可能な状況を示していることである。

実際には、烏土塚古墳・ウワナリ塚古墳・越塚古墳・茅原狐塚・水泥塚穴古墳で、これらには組合式石棺をもつという共通性があり、越塚形態に属する。それに対して、五條野丸山古墳・牧野古墳・赤坂天王山古墳、植山古墳東石室・石舞台古墳・塚穴山古墳・谷首古墳で、これには主として刳抜式家形石棺が伴い、石舞台形態に属する。

表3に示すように、越塚古墳のように四壁を比較的直線的に積むもの（表ではA形態）と、石舞台古墳のように途中で屈曲して積む石室（表ではB形態）とで差があり、さらにこの石舞台形

第4章 横穴式石室からみた地域間交流　129

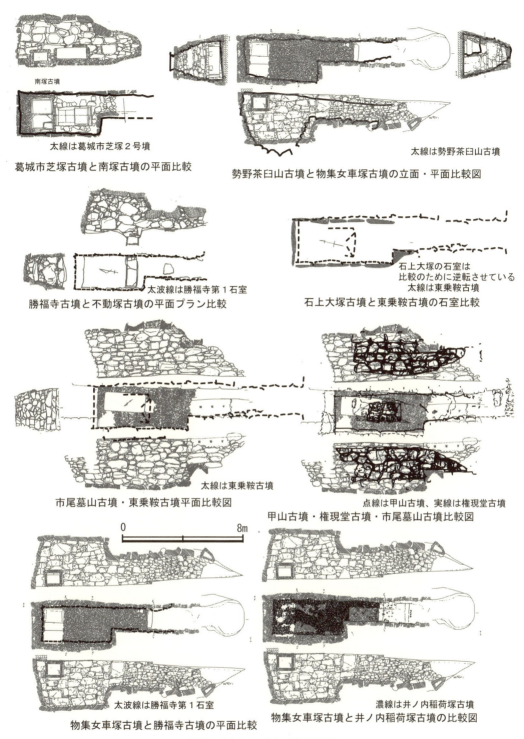

図69 大和における石室比較図

表3　主要古墳の石棺と棺配置の相関

古墳名	墳形	墳丘規模 (m)	石室形態	石室全長 (m)	石棺形式	石棺配置	楣石
越前塚古墳	後円墳	55	―	7.0+	―	―	有
円山古墳	帆立貝	27	Ba 形態	10.3	組家	直交	系
甲山古墳	円墳	30 ?	Ba 形態	15	剏家	平行	系
天王山古墳	後円墳	50	縦横	2.5 ?	―	―	
宮山 2 号墳	円墳	18	―	8.1	組家	平行	
宮山 1 号墳	円墳	―	―	9	組	平行	
鴨稲荷山古墳	後円墳	40 ?	―	4.7+	剏家	平行	
南塚古墳	後円墳	50	A 形態	9	組家	直交	系 ?
物集女車塚古墳	後円墳	45	―	10.9	組家	直交	系
摂津耳原古墳	円墳	30 ?	A 形態	14	組家	平行	
市尾墓山古墳	後円墳	66	B 形態	9.5	剏家 4	平行	系
珠城山 1 号墳	後円墳	50	A 形態	4.7+	組箱	平行	
東乗鞍古墳	後円墳	72	Ba 形態	14.6	剏家 4	平行	系
権現堂塚古墳	円墳	20	―	8.8+	剏家 4	平行	系
市尾宮塚古墳	後円墳	44	Ba 形態	10	剏家 4	平行	
ウワナリ塚古墳	後円墳	110	A 形態	15.7	組家 ?	―	系
二塚古墳前方部	後円墳	60	―	9	組家	平行	
藤ノ木古墳	円墳	40	A 形態	13.95	剏家 6	直交	
越塚古墳	円墳	40	A 形態	16.37	組家	平行	
牧野古墳	円墳	43	Ba 形態	17.1	剏家 6	直交	
都塚古墳	円墳	28	Bb 形態	12.2	剏家 6	平行	
見瀬丸山古墳	後円墳	310	Ba 形態	28.4	剏家 6	直交	
烏土塚古墳	後円墳	60	A 形態	14.3	組家	平行	
水泥南古墳	円墳	20	Ba 形態	10.8	剏家 6	平行	
赤坂天王山古墳	方墳	40	Ba 形態	14.86+	剏家 6	平行	
ツボリ山古墳	円墳	―	Bb 形態	8.9	剏家 6	平行	
茅原狐塚古墳	方墳	40	A 形態	17.3	組家	直交	
小谷古墳	円墳	20 ?	Ba 形態	11.5	剏家	平行	
岬墓古墳	方墳	30	―	13.16	剏家 6	平行	
星塚 2 号墳	後円墳	40	―	7.0+	組家	平行	
珠城山 3 号墳	後円墳	47	Ba 形態	11.7	組家	平行	
柿塚古墳	円墳	20	―	8.8	組箱	直交	
三里古墳	後円墳	35	―	12	組家	平行	

態（B 形態）には、玄室が短く、より持ち送りの強い Bb 形態も存在している。

　石舞台形態は、TK209型式並行期以降に出現すると考えられるが、TK43型式並行期における藤ノ木古墳の剏抜式家形石棺の配置にみられるような奥に沿って石棺を配置する事例が多くなってきており、石室が追葬を前提とした利用ないしは棺配置へ変化したと考えられる（図69）。

　なお、石舞台形態に属するものの玄室平面は牧野古墳などに比べて玄室長が短く、4壁をより強く内傾させる傾向のある一群がある。それは、乾城古墳・都塚古墳・ツボリ山古墳・文殊院東古墳であり、これらは都塚形態に属する。これらの石室も主として剏抜式家形石棺が伴う。この石室形態の場合、玄室規模が狭いことにもよるが、都塚古墳にみられるように玄室の中央に石棺を配置しており、石室はもともと構造の上でも追葬を想定していないと考えられる。

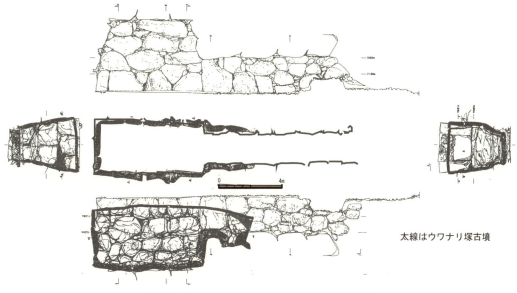

図70 ウワナリ塚古墳と牧野古墳の石室比較図

　石舞台形態と都塚形態はおおよそ同系列であるが、石室規模には明らかな差があり、伝統的な葬法の要素を残していることから、この差は階層差それも出自に伴う階層差を示している可能性がある。

　さて先に分類した越塚形態と石舞台形態であるが、違いは使用する石棺の形式である。さらに、越塚形態に属するウワナリ塚古墳の玄室規模は、石舞台形態に属する牧野古墳よりわずかながら小さい（図70）。五條野丸山古墳の存在を考えると、越塚形態がやや下位に位置づけられている可能性が考えられる。つまり、6世紀末の前方後円墳の終焉とほぼ並行して、石室による格差の成立が認められるのである。

　以上、大和における石室が2系統に分かれて存在している状況から、両袖式石室の成立を経て一元的に統一化が図られ、さらには階層差を表すように変化していった状況を述べてきた。これは、大和内部における社会的な変化を表していると考えられるが、これについては後述することとしよう。

　それでは、次に群集墳の動向を探ることとする。しかしながら、群集墳の動向を個別に述べていては際限がないので、上記で述べた点をふまえ群集墳の状況の変化と石室の変化を主眼として述べていきたい。両袖式石室成立以前は地域性がかなり強いが、両袖式石室導入とともに群集墳がどのように変化するのか、前方後円墳終焉以降の石室の状況はどう変化するのかを主として追いかけてみよう。

（3）大和における群集墳

　群集墳は数的に多くすべてを扱うわけにはいかないため、片袖から両袖への変化がうかがえる主要な群集墳を扱い、動向を探ることとしよう。

　山辺郡石上・豊田古墳群ホリノヲ支群は、横穴式石室が5基確認されている（奈良県教委

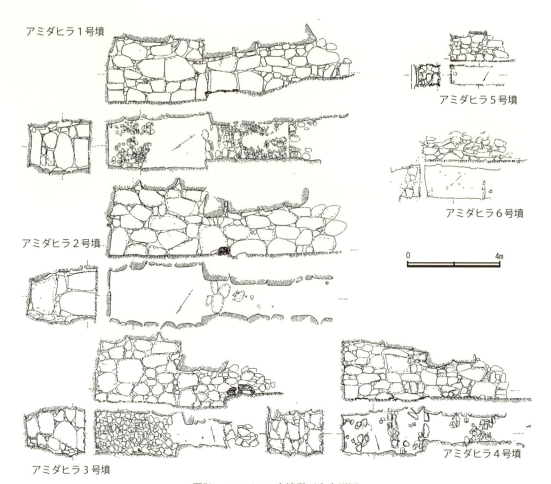

図71　アミダヒラ古墳群石室実測図

1975b)。それらはすべて右片袖で導入は比較的早く、TK10型式古段階並行期には造墓を開始していたようである。2号墳からは鍛冶具が出土しており、朝鮮半島との関係ないしは職能的な性格が備わる古墳群である。石室は小型の石材による乱石積みで特に特徴はないが、6号墳には基底石は縦使いへと変化している状況が認められる。袖石も縦使いでほぼ1石へと変化しており、平林古墳で認められる石材の用法が伝達されているのが理解される。ホリノヲ支群では両袖式石室を採用することはなかったようであるが、周辺の石材の用法などは取り入れていったと考えられる。

　山辺郡石上・豊田古墳群アミダヒラ支群は、6基調査されている（図71）。これら6基の石室は両袖式横穴式石室と無袖式横穴式石室で構成されており（伊達ほか 1966）、おおよそ TK43型式並行期～TK217型式並行期にかけての造墓と考えられる。アミダヒラ4号墳が築造当初の石室と考えられ、奥壁基底石がやや大型化している点から平林古墳と同時期と考えられるが、袖部の基底石の発達は不十分である。

　それに次ぐのがアミダヒラ3号墳で、奥壁などの石材は簡素化が進んできているため、藤ノ木古墳と並行の時期が考えられる。次いでアミダヒラ1号墳が築かれるが、玄室側壁の基底石の発達は遅れ気味である。奥壁の発達状況や羨道の石材の状況からみて、時期としては牧野古墳と同時期と

考えられる。袖部の状況は、烏土塚古墳と同様の状況を示しているが、玄室側壁などは1型式古い状況を示している。これに次ぐのがアミダヒラ2号墳で、奥壁基底部には2石を縦方向に使用して2段積みとなっている。袖部はほぼ1段になっているが、完全とはいえない。側壁には谷積みが行われており、時期としては奥壁の状況から越塚古墳より後出の石室と考えられる。これらの状況から、この石室では部分的に1型式ないしは2型式古い要素が含まれており、平林古墳以降、情報伝達が不完全になっていた可能性がある。

　なおこの古墳群では、3号墳以降、左袖が右袖よりも幅広になる特徴をもつほか、前壁を垂直にするという越塚形態をとるようである。そして2号墳築造後、石室は無袖式へ変化していくと考えられる。

　山辺郡石上・豊田古墳群石上狐ヶ尾支群では5基の調査が行われている（小島1960）。この支群ではTK10型式新段階並行期に3号墳が築かれ、TK43型式並行期に5号墳・8号墳が築かれてからほどなくして9号墳が築かれたと考えられる。5号墳から8号墳、9号墳の順に右袖と左袖のずれが大きくなっていくことはひとつの特徴といえよう。また3基とも羨道長が玄室長を超えておらず、完全な変化の対応とはなっていないようである。なおこの支群では、壁面は垂直に積もうとする意識がうかがえる。

　以上のことから、大和で両袖式石室が導入されるのに対応して、この支群にも両袖式石室と技術が導入されるが、羨道長など一部に欠落した情報があったと考えられる。さらに、それらの情報は更新されたか不確かさを秘めていたのか、9号墳の段階では両袖の意味をなしていないのが現状のようである。なおアミダヒラ支群2号墳などは、羨道長が玄室長を超えており確かさがうかがえるが、石上狐ヶ尾支群ではやや狭長な玄室が採用されており、平面プランにも違いが認められる。羨道が短いなどの特徴は、どちらかといえば次に述べる龍王山古墳群の状況に類似しているといえよう。これまで山辺郡の群集墳の状況をみてみたが、出土遺物から明確に支群間ないしは群集墳間での格差を指摘するほどではない。では石上狐ヶ尾支群やアミダヒラ支群それぞれの支群内の石室技術や形態的特徴の類似・差異点について考えるとき、周囲からの情報の入手に欠落部分が存在するため、その理由を身分的な差には求められないことになる。よってこれらの状況は、より同じ石室を作ろうとする意思の欠如、ないしは社会的な関係において直接的な関わりのない立場にあったかのいずれかであろう。

　城上郡龍王山古墳群では、やや古い須恵器が出土する古墳もあるが、おおむねTK43型式並行期から本格的な造墓を開始すると考えられる（奈良県立橿原考古学研究所1993b）。石室をみてみると、両袖式石室や片袖式石室では石材の大型化が認められるが、無袖式石室や小竪穴式石室ではあまり石材の大型化は認められない（図72）。龍王山古墳群の石室では、奥壁基底石が小口積みから縦使いになる変化が認められ、その変化が認められた石室では、側壁でも基底石が縦使いのものが多い。この変化は葛城市二塚古墳から葛城市平林古墳への石材の用法の変化の状況を反映したものと考えられるが、無袖式石室の場合は平林古墳出現以降に限られるため、概して奥壁基底石を2石または1石で縦使いにしている例が多い。しかし無袖式石室の場合には、石材の大型化を進行させる石室は少なく、大和全体における石室の変化に対して敏感に反応しているかどうかは判断できな

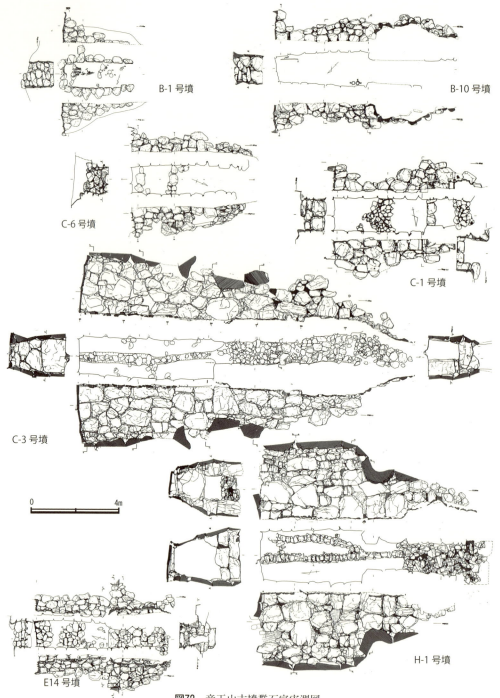

図72 竜王山古墳群石室実測図

い状況にある。それは、奥壁の基底石を縦使いにすることによって、平林古墳出現以降であること
は推測できるが、それが同時期なのか古い要素を残しているのか判断がつかない石室が大半を占め
るのである。

　それに対して、本格的な造墓開始段階における横穴式石室は片袖式石室が多く、それらは周囲の

技術的な変化にある程度対応していると考えられる。たとえばE14号墳は、玄室基底石は小口積みであり、左袖は4石以上で構成されるなど古い要素をもつ石室である。同じくB1号墳も玄室基底石は小口積みであり古い要素を残している。これらは羨道の未発達な石室であり、玄室幅に対して玄室長の長い狭長な玄室をもつのが特徴である。これらの2基の石室は、出土須恵器の上ではTK10型式新段階並行期と考えられ、その時期からすると1型式程度古い要素を残した石室と考えられる。この点は、羨道が未発達な部分からも理解される。ところがTK43型式並行期にあたるC1号墳では、奥壁基底石が縦使いとなり、玄室内の基底石も縦使いとなる。袖石は基底石が縦使いで2段積みとなるなど、平林古墳の石材の用法と一致するようになるのである。この特徴はC3号墳にもみられ、C3号墳では奥壁基底石が1石になるなど、新しい要素をみせるようになる。この石室において羨道長が長くなり、一般的な石室と変わりない状況となるが、依然として狭長な玄室という特徴はもち続けている。

　龍王山古墳群でもTK43型式並行期には両袖式石室が導入される。C6、B10、H1号墳である。これらの石室は袖部の石材の状況からみてほぼ同時期と考えられるが、C6とH1号墳では、奥壁の段数が依然として多段積みであり、古い要素を示している。またC6とB10号墳は羨道が短く狭長な玄室を採用しており、群集墳内の個性を保持しているといえよう。それに対してH1号墳は、袖部および玄室側壁基底部の石材の用法はかなり忠実に模倣を試みたとみられ、石材も大型化している。玄室も通常の平面プランであり、間接的にしろ何らかの影響が認められる。

　龍王山古墳群全体の少ない資料からではあるが、TK209型式並行期まではこの古墳群の個性が保持されていたことは確実に推定できる。無袖式石室に明確な特徴がないため難しいが、技術の受容といった点では、間接的な影響を受けるにとどまっていたようである。

　また、片袖式石室や両袖式石室では石室内からの出土遺物に環頭や馬具などが含まれるように、無袖式石室や小竪穴式石室と比較して遺物の保有形態において格差が存在する。そして両袖式石室の中には狭長な玄室ではない一群があり、これらは周囲の影響を積極的に受け入れた結果と考えられるのである。これらから龍王山古墳群では、TK209型式並行期までは、群集墳を構成する被葬者のうち上位に位置するものと何らかの関係をもつに至った可能性が認められるが、この段階までは、すべてに影響が及んでいたかどうかは不明な点が多い。ただし飛鳥編年I期以降、無袖式石室ならびに小竪穴式石室が増加し、有袖式石室は減少する。これには群集墳内部の変化が伴っていると考えられるが、現時点では意見を保留しておきたい。なお、この古墳群には多数の横穴が含まれているが、この横穴と小竪穴式石室や無袖式石室との間に出土遺物の保有形態において、明らかな格差は認められない。

　城上郡桜井古墳群では3基の古墳が調査されている（奈良県教委1964）。この古墳群では、袖部の石材以外の羨道石材が小型の石材で構成されており、この特徴は茨木市南塚古墳と同様である（図73）。また玄室での埋葬意識が強いのか、桜井280号墳でも羨道半ばの有段以降で閉塞の開始が認められる。この状態だと、羨道での多数埋葬は困難な状況と判断される。よって玄室中心に埋葬されたと考えられる。この古墳群でもTK43型式並行期には両袖型式の導入が認められ、奥壁基底石が2石縦使いと同様な傾向が認められた。

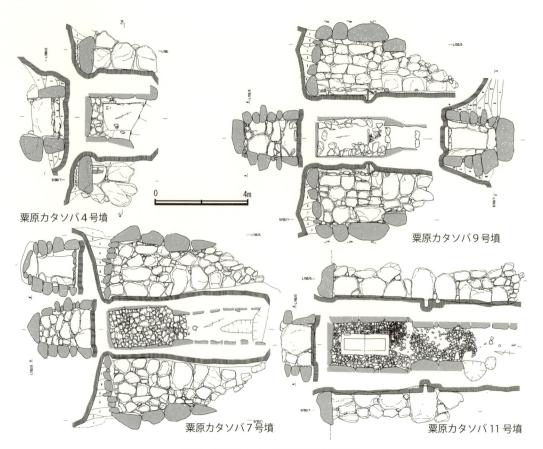

図73 粟原カタソバ古墳群石室実測図

　城上郡粟原カタソバ古墳群では、11基の古墳が調査され、TK43型式並行期に造墓が開始されたと考えられる（奈良県立橿原考古学研究所 2003）。玄室平面形としては、正方形に近い平面プランから玄室が時期の変化とともに長くなる傾向が認められる。またTK43型式並行期からTK209型式並行期にかけて迅速に情報が伝達されており、玄室長を羨道長が超えるといった原則も忠実に守られている。しかし袖部の構成が1石にならない石室もあることから、独立墳の石室との類似度は群集墳の個々の古墳によって違いが認められる。これも、TK209型式並行期に情報の伝達にややかげりが認められることと何らかの関連があるのかもしれない。とはいえ、他の群集墳と比較して独立墳との類似度で明らかな差があることも確かである。

　この古墳群の場合、造墓開始から両袖式石室を中心としており、これまでにみてきた城上郡の群集墳とは少し性格が異なるようである。というのも、この地域で特徴と思われた狭長な玄室で短い羨道とは異なった玄室平面プランと羨道をもつことから別グループと考えられる。4・9・11号墳には石棺が採用されるなど、階層的に上位と思わせる要素をも含んでいることにもよる。

　宇陀郡能峠南山古墳群は12基の石室が調査されている（奈良県教委 1986）。この古墳群の場合は、時期的に新しい段階からの造墓開始によるためか石室には古い要素が残り、直接的な影響下での情報の入手が想定できない状況である。他の古墳群の様相からも、TK209型式並行期段階には、

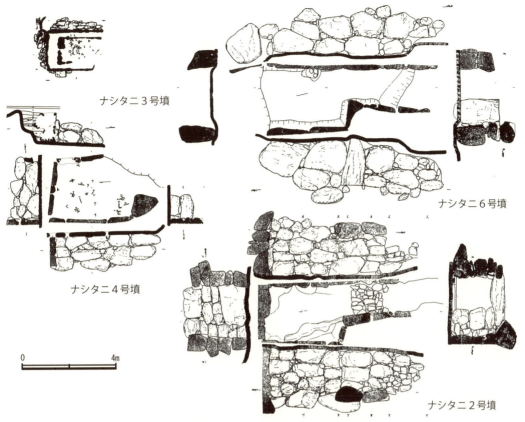

図74　ナシタニ古墳群石室実測図

影響力にかげりがある可能性が考えられる。

　十市郡植松東古墳群は、新しい時期の群集墳である（財団法人桜井市文化財協会 1995）。4号墳は右片袖と考えられるもので、側壁は3段積みである。TK209型式並行期でも7世紀に入るものであろう。7号墳は右片袖で、側壁は3段積み以上、袖部は2石で構成されている。時期としてはTK209型式並行期の範疇で捉えることが可能であろう。5・6号墳は、両袖式石室で、袖石が1石で、奥壁がほぼ2段積みとなっており、水泥塚穴古墳や茅原狐塚古墳の特徴をよく備えている。植松西1号墳は、両袖式石室で、奥壁2段積みで側壁2段積みへと変化している。こちらは、エンド山古墳の特徴をよく備えた石室といえる。この古墳群は、6世紀末に造墓を開始した古墳群と考えられる。TK209型式並行期には、袖石が2石であるなどやや異なった部分も認められるが、それ以降の時期では周囲の変化を忠実に取り入れるようになったようである。もっとも7世紀にはいった段階で継続的に両袖式石室を築きえたのは、ある程度の階層であった可能性がある。また、東4号墳からはミニチュア竈が出土しており、朝鮮半島からの移住者との関わりが考えられる。

　高市郡与楽古墳群ナシタニ支群は6基の古墳が調査されている（関川・卜部編 1987）（図74）。3号墳は小さな石材を小口積みにする右片袖の石室で短い羨道をもち、玄門部から閉塞をはじめている。このことから、MT15型式並行期と考えられる。5号墳からは、ミニチュア竈のほか、鉇子、銀環などが出土しており、朝鮮半島からの移住者との関わりが考えられる。1号墳は石材を小

口積みにする右片袖の石室であり、羨道長が玄室長を超えないものである。ミニチュア炊飯具の
セットが出土しており、これも朝鮮半島からの移住者との関わりが考えられる。時期としては
TK10型式古段階並行期と考えられる。4号墳は石材にやや大型化の傾向が認められることから、
1号墳に次ぐ時期と考えられる。2号墳は右片袖で、袖の石材は3石で構成するが、奥壁基底石が
縦使いとなっており、TK43型式並行期と考えられる。ミニチュア竈が出土しており、朝鮮半島か
らの移住者との関わりが考えられる。6号墳は大形の石材を使用する右片袖の石室で、袖石は1石
で構成されている。TK209型式並行期と考えられる。ミニチュア竈が出土しており、朝鮮半島から
の移住者との関わりが考えられる。与楽古墳群ナシタニ支群は、石室導入期から継続して石室を築
き続けている群集墳である。調査された資料に限定すれば、一貫して朝鮮半島からの移住者との関
わりがうかがわれ、その性格の一端が垣間見られる。そのためか、技術的な移行はスムーズに受け
入れられているが、継続して正方形に近い玄室プランの右片袖式石室を使用している。これは、導
入時の伝統を守り続けた群集墳と考えられる。

　高市郡新沢千塚古墳群では、木棺直葬墓が確実にTK43型式並行期まで継続して築かれており、
横穴式石室が希薄な古墳群として知られている（伊達編 1981）。この古墳群では、須恵器が木棺内
に埋葬されるようになるのはMT15型式並行期～TK10型式古段階並行期にかけての時期である。
また、179・272・372号墳のように朝鮮半島との関係をうかがわせる古墳も存在しており、石室の
埋葬法を受容する以前に倭に移住した人びととの関わりがある可能性も残る。この古墳群における
横穴式石室はB・C地区で確認されており、それぞれ数百基におよぶ古墳のなかの2～3基程度で
ある。石室の導入はB地区であったようで、B地区の221号墳は、右片袖の石室で、石室基底部を
小口積みとし、羨道の短い石室である。閉塞は玄門部から行なっており、古い要素をもっている。
桜井公園2号墳と同様と考えられ、MT15型式並行期と考えられる。204号墳の埋葬施設は、袖部
を3石で構成し、玄室長を羨道長が超えない右片袖の横穴式石室である。TK10型式古段階並行期
と考えられる。

　新沢千塚古墳群では、石室を築く場所が移動するようで、少ないがC地区乳母懐周辺に集中す
る。530号墳は、埋葬施設が両袖の横穴式石室である。奥壁が基底部の石材を縦使いとし、4段で
構成している。側壁の基底石も縦使いで、4段以上の多段積みである。袖部は2石で構成されてい
ると思われる。石室としては、前壁が垂直になっており、全体の壁面も垂直に積もうとしている意
識がうかがえる。藤ノ木古墳と類似した要素が認められ、時期としても同時期と考えられる。535
号墳は実測図が公開されておらず不明な点もあるが、報告によると石材の大型化が著しい右片袖の
石室とされており、TK209型式並行期と推定される。509号墳の埋葬施設は、奥壁・側壁ともに2
段であり、岩屋山古墳と同時期であろう。

　以上の点から、この古墳群では、導入期から継続して横穴式石室が築かれていたことがわかる。
それも、TK43型式並行期を境に造墓の立地条件を変えているのである。また、TK43型式並行期
には、両袖式石室を導入し、その後も509号墳のように石室の情報は正確に入手していたと考えら
れる。しかしながら継続して1基ないしは2基程度しか作られておらず、この古墳群の埋葬施設と
して中心にならなかったのには何らかの理由が存在すると考えられるが、ここでは意見を保留して

第4章 横穴式石室からみた地域間交流　139

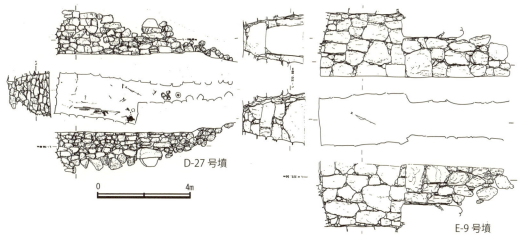

図75　寺口忍海古墳群石室実測図

おきたい。

　葛下郡寺口千塚古墳群では、竪穴系横口式石室や小石室を中心に少なくともTK47型式並行期には石室を構築しはじめている（坂編 1991）。発展的に追葬行為を追加しつつ、無袖石室の増加とやや石室長の増加を加えながら発展していく。しかしながらこの古墳群では、現時点では有袖の石室は確認されておらず、石室の構築技術も独特のものがあり、周辺地域と変遷が同じというわけではない。出土遺物をみると、鉄鏃のほか、農具や工具と須恵器で占められており、鉄刀や金銅装馬具などの出土は確認されていない。この構成は何らかの被葬者像を示していると考えられ、職能的な位置づけが可能かもしれない。技術的な伝播のあり方が異なるのは、身分的に下位の職能的な被葬者像に起因しているのかもしれない。また、導入期の石室形態を伝統的に堅持し続けた古墳群としての特性との評価もまた可能と考えられる。

　葛下郡三ツ塚古墳群は、TK43型式並行期から主に造墓を開始した古墳群で、飛鳥時代をとおして造墓を続ける古墳群である（宮原編 2002）。この群集墳では、7号墳に刳抜式家形石棺が納められるなど、7世紀以降勢力を伸ばしていく群集墳と考えられる。一方6世紀代では、石室がTK43型式並行期以降の技術を踏襲するものの古い要素を残している部分も認められ、それらが解消されるのは奥壁が2段へと変化する岩屋山式並行期以降である。

　葛下郡寺口忍海古墳群は、TK47型式並行期には石室を導入している古墳群である（図75）。石室は、無袖のいわゆる竪穴系横口式石室と右片袖を当初から導入している（千賀編 1988）。しかしすべての右片袖が高井田山古墳にみられるような石室ではなく、一部では竪穴系横口式石室にやや袖状の施設がみえるものからそれが発達したと考えられるものまである。有袖の石室については、その初源が明らかでないものもある。D支群では、無袖と右片袖が導入期の石室として採用される。D-27号墳の石室は、茨木市南塚古墳に通じるような完成した形態を早い段階に築いた石室と考えられる。ただしこの石室は通常の平面プランであるが、この後に続く右片袖の石室の多くが正方形に近いドーム状を指向する石室であり、この古墳群の中で系譜として引き継がれたかどうかは疑問が残る。

E支群では、無袖の石室とともに右片袖の石室が築かれる。しかし調査成果からみれば、早い段階に無袖はなくなり、有袖で占められるようになるようで、この古墳群中で中心になる支群と考えられる。TK43型式並行期には両袖式石室が導入される。両袖式石室導入とともに左片袖の石室も築かれるようになるが、袖部が3石で構成されているなど、石材の用法に古い要素が強く残る。両袖式石室でも袖部の基底石が縦使いへと変化し、2段積みとなるものの、奥壁の基底石の縦使いへの変化が顕著ではなく、市尾宮塚古墳と並行と考えられる。E-9号墳では、側壁の石材の大型化や谷積みの確認から、時期は比定できるものの、袖部は依然として2段であり、やや古い要素を残している。なお、この支群の石室から鉄製鑷子や角把手付椀が出土しており、朝鮮半島との関係も若干うかがわれる。

　H支群では、確実にTK43型式並行期まで無袖の石室が築かれている。寺口千塚古墳群でも同様であったが、ほとんどの石室において石材などの変化は認められない。奥壁基底石が1石になっていれば新しい要素と考えられるが、新しい時期に必ずしも基底石が1石へと変化するわけではなく、決まった法則が認められない。このことは、無袖式石室が、大和における基本的な石室構築技術の変遷とはあまり関わりのない状態であった可能性がある。それでも無袖の石室はTK43型式並行期を境に激減する変動をみせるが、その後両袖式石室の出現とともに有袖式石室が大勢を占めるようになる。

　以上のことから、寺口忍海古墳群は、両袖式石室の導入など周辺の変化と同調しており、その変化とともにこの古墳群の特徴である無袖式石室の築造を基本的には停止するようである。しかしながら、詳細に石室を検討すると、E支群ではかろうじて周辺の変化と一致していると考えられるが、H支群ではその技術の変化は一致しているとは言い難い傾向にある。寺口忍海古墳群では、金銅装馬具や鉄刀、棺飾金具など豊富な遺物が出土しており、寺口千塚古墳群とは遺物において異なった様相をもつ。それとともに、鍛冶金具など朝鮮半島との関係を示す遺物も一定量出土している。寺口忍海古墳群の石室の変化が明確に周辺と一致していると言い難い点は、遺物からみれば階層差によるものではないことは明らかであって、別の要因があったと考えられる。

　葛上郡石光山古墳群は、木棺直葬を主体とした群集墳である（河上ほか編 1976）。この古墳群に横穴式石室が正式に採用されるのは、TK43型式並行期と考えられる。それに伴って、周辺の技術的変遷も素直に受け入れている。これは、新沢千塚古墳群のように石室を中心としない古墳群と似た傾向である。寺口千塚古墳群や寺口忍海古墳群のように早くから横穴式石室を採用している古墳群とは異なった様相である。

　葛上郡巨勢山古墳群は、MT15型式並行期には横穴式石室を埋葬施設として採用していたようである（図76）。巨勢山71号墳・75号墳・407号墳・408号墳・431号墳・432号墳がそれにあたり、75号墳では平底鉢・角把手付椀・釵子が、408号墳ではミニチュア竈がそれぞれ出土しており、石室導入期に朝鮮半島との関係をうかがわせる遺物が多く出土している。また、巨勢山71号墳・75号墳・407号墳・408号墳の玄室平面プランは胴張であり、特に71号墳・75号墳で顕著である（久野編 1974、田中一 1984、木許・藤田編 2002、木許 2005）。

　巨勢山415号墳の埋葬施設は横穴式石室で、奥壁基底石が1石で縦使い、側壁基底石も縦使いへ

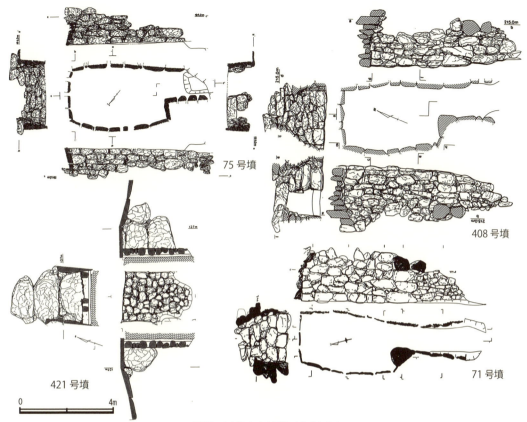

図76 巨勢山古墳群石室実測図

と変化しており、TK209〜217型式並行期と考えられる。この古墳からもミニチュア竈が出土している。421号墳の埋葬施設は奥壁が3段へと変化しており、TK209型式並行期でも新しい時期に位置づけられる。以上のことから、この古墳群では朝鮮半島との関係が一貫して認められるほか、東海地方に特徴的な胴張の玄室を導入期には採用していたという特徴が認められる。しかも、周辺の石室よりやや早い発展を遂げた右片袖の石室がMT15型式並行期には築かれていたことは、注意が必要であろう。この古墳群では、現時点での資料では、石室が連続して採用されていたのかなど不明な点は多い。しかし技術の移入という点からみれば、TK209型式並行期には周辺の変化に相応する動きが認められる。

　以上、大和の石室を概観してきた。大和ではもともと2系統存在していたものが、TK43型式並行期には全体的な微妙なばらつきが統合されて一元化の傾向を示す。群集墳においても、TK43型式並行期には両袖式石室が導入され、直接的な影響をうかがわせる部分がある。しかしながらTK209型式並行期には、その傾向は一時的にしろ一部の群集墳で弱まる傾向があり、飛鳥編年Ⅰ期からあらためて直接的な影響を及ぼすようになる。

　また、群集墳ごとにやや個性が認められるものの、基本としての平面形や立面形などは堅守されている。石材の用法でいえば、アミダヒラ2号墳のように基底石を2石縦に使用する方法が岡山県の備前周辺に認められる様相と似ているほか、粟原カタソバ3号墳では播磨に特徴的な羨門立柱石

が認められるなどわずかに例外があるもののそれ以外では特徴的な石材の用法は認められない。

　以上の大和の石室を概観した成果から、大和における石室の基本形を定義づけると、「平面形は玄室幅より玄室長が長く、袖を有する。袖部は、羨道側壁より突出しない。玄室高は羨道高より高く、明確な前壁を有する。羨道天井は、羨道第一天井とほぼフラットにのびるか、やや羨門部へと高くなる。羨道第1天井部には、まぐさ石のような突出はない。羨道部の床面は、フラットまたは緩やかに玄門部床面より高くなっている。羨道途中で段をもつものがある。袖部は、羨道第1天井石の羨道形成部分と一致しており、羨道側壁と玄室側壁は袖部の段を介してつながっている。袖部の突出が、羨道側壁の途中で消える、または袖部が羨道側壁と玄室側壁一体となったものは含めない。腰石を使用したものや、細い柱状石を袖石としたもののような石材の使用は含めない。石材は大型化の指向が強いが、奥壁は終末期を除いて、2段以上で構成されている。羨道部閉塞には原則的に、塊石を積み上げる。玄室の隅角は上部に至るまでよく保たれており、天井は平天井で、天井石は2石以上使用されている。石材は基本的に割石または切石で壁面を構成しており、河原石積みなどは含めない」となる。なおこれより大和の周辺における石室を概観していくことになるが、それについては、以下のように考えておきたい。大和の石室に類似した石室が存在する場合、大和からの影響で成立しているものの、在地の要素が含まれているものを大和系、在地の石室に大和の影響がうかがわれる（大和の石室の要素の一部が含まれる）ものを在地変容大和系[3]と少し分けて考えておきたい。

2　南河内の横穴式石室 （図77）

　南河内では、前方後円墳に横穴式石室を埋葬施設としたものはなく、独立墳で横穴式石室を埋葬施設としているものは金山古墳などごくわずかである。よってここでは、一須賀古墳群を分析することによって南河内の石室の様相を探ることとする。なおこの節の目的は、6世紀の古墳時代の動向を明らかにすることであるため、大阪府下に存在する7世紀以降の石室はこれを取り扱わない。

　一須賀古墳群は、ミニチュア炊飯具をはじめとする朝鮮半島との関係を示す遺物が多く出土する古墳群としても知られている。この古墳群では、組合式石棺が中心である。またI支群では、導入期の石室が集中することでも知られているが、支群ごとにやや異なった様相を示す。というのも、現在調査されている資料からみれば、O・P支群で1基ずつ存在するものの、両袖式石室は、WA支群に集中する傾向がみてとれる。そこでWA支群の状況をまず確認し、その上で各支群の状況をみていくこととする。その場合、WA支群、A・O・Q支群、D・E・F・J・K・L・P支群それぞれを単位としてまとめて記述することとしよう（大阪府教委 1970・1974・1975a・1982・1984・1993）。

　W支群の導入段階の石室は11号墳であり、右袖幅の大きな石室である。この石室に続く資料がこの支群内では明確ではない。WA1号墳は埋葬施設が両袖式の横穴式石室で、奥壁・側壁ともに基底石が縦使いで、袖部も基底石が縦の1段である。羨道も2段へと変化している。TK209型式並行期と考えられる。奥壁に沿って組合式家形石棺を配置しており、越塚形態に属する可能性がある。

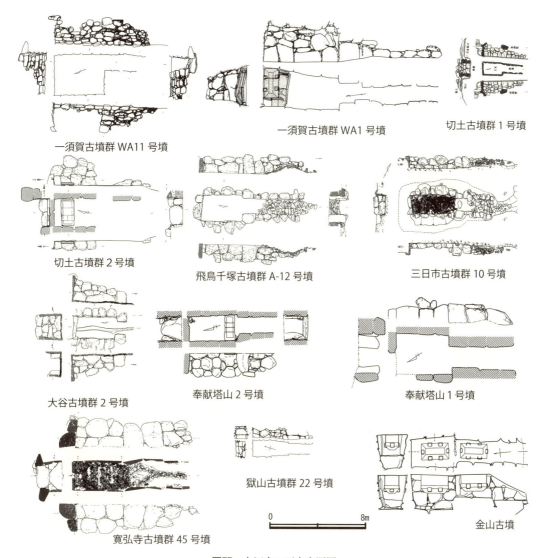

図77 南河内の石室実測図

　この支群では、TK43型式並行期以降に左片袖の石室が導入されたと考えられる。W支群においては、大和の群集墳の変遷や動向と遜色のない動きや状態にあると考えられる。特にW1号墳は、この支群の特徴でもある正方形に近い玄室プランから長方形の玄室プランへと変化が認められる。

　A・O・Q支群では、TK43型式並行期から、石室の採用が始まると現時点の資料からはうかがわれる。いずれも右または左片袖の石室で、大半は袖部が縦の1石で構成されるTK209型式並行期以降の時期の石室である。石室の壁面は精美なもので、古い要素の少ないものである。TK209型式並行期には、石材の大型化が正確に進むと考えられる。

　D・E・F・J・K・L・P支群では、TK10型式古段階並行期以降には、埋葬施設として、横穴式石室を採用していたようである（大阪府立近つ飛鳥博物館 2005）。変化の動きも特に違った様相は認められない。一須賀古墳群でも、MT15型式並行期〜TK10型式古段階並行期には、横穴式石室

が埋葬施設として導入され、TK10型式新段階並行期までは、導入期の伝統を引きずる部分があって石室に個性が認められるが、TK43型式並行期以降には、平面プランの特徴以外の石材の用法などは、特に目立った特徴をもたない。

　このような状況が南河内の特徴として認められるのか、寛弘寺古墳群の状況から確認したい。

　寛弘寺古墳群は、比較的新しく横穴式石室を埋葬施設として採用した古墳群で、26・75号墳が、TK43型式並行期と考えられる（大阪府教委 1986・1991）。45号墳は両袖で、石材が大型化している。奥壁・側壁ともに3段積みとみられ、石舞台古墳に近い時期と考えられる。無袖の石室には石材の用法に法則が認められない。この古墳群では、TK43型式並行期には石材の用法に類似点が認められるが、この時期に両袖式石室が移入されたかは判然としない。

　その他に特徴的な石室としては大谷古墳群2号墳があり、この古墳の石室は両袖式である。側壁は明確な谷積みが認められ、TK209型式並行期と考えられるが、奥壁や袖部の石材に古い要素が残る。石室内からはミニチュア炊飯具が出土している。羽曳野市切土1号墳は、右片袖の横穴式石室で、袖部の石材が縦の2段、奥壁・側壁ともに基底石が縦へと変化している。TK43型式並行期と考えられる。切土2号墳は両袖式で、1号墳より1時期新しい石室と考えられ、奥壁に沿って組合式石棺が配置されている。石室内からはミニチュア炊飯具が出土している。奉献塔山古墳群1・2号墳はともに両袖式で、袖部がほぼ1石になるなど新しい要素が認められ、TK209型式並行期以降の石室と考えられる。2号墳からはミニチュア炊飯具が出土している。

　飛鳥千塚A-12号墳は両袖式で、袖部の発達からみてTK209型式並行期と考えられる。石室内からはミニチュア炊飯具が出土している。飛鳥千塚A-4号墳は両袖式で、羨道がほぼ1段になるなど新しい要素が認められる。TK209型式並行期以降と考えられる。石室内からはミニチュア炊飯具が出土している。嶽山古墳群第22号墳は、両袖式の横穴式石室を埋葬施設としており、袖部が1石で構成されるなど新しい要素をもち、TK209型式並行期以降の石室と考えられる。河内長野市三日市古墳群10号墳は、両袖式石室を埋葬施設としており、側壁の石材の用法が水泥塚穴古墳群に類似している。袖石も1石であると思われ、少なくともTK209型式並行期以降の石室と考えられる。金山古墳の埋葬施設は両袖式横穴式石室で、刳抜式家形石棺2基を玄室内に配置している。袖が1石で構成されており、TK209型式並行期と考えられる。牧野古墳形態に属すると考えられる。

　以上の結果から南河内では、一須賀古墳群W支群以外では両袖式石室の導入が1時期遅れ、TK209型式並行期となることが明らかとなった。また両袖式石室の約半数でミニュチュア炊飯具など朝鮮半島との関係を示す遺物が出土しているのは、大和の両袖式石室とは異なった様相といえよう。

3　中河内の横穴式石室

　中河内の石室状況では、まず代表的な高安古墳群からみていく。

　高安千塚古墳群では、TK10型式新段階並行期より玄門部の基底石が縦に変化する（吉田2012）。TK43型式並行期には奥壁・側壁ともに基底石は縦に変化し、袖部の石材も基底石が縦で、2段へと変化する。TK209型式並行期には谷積みが認められる石室が増えるなど、技術的な変化は

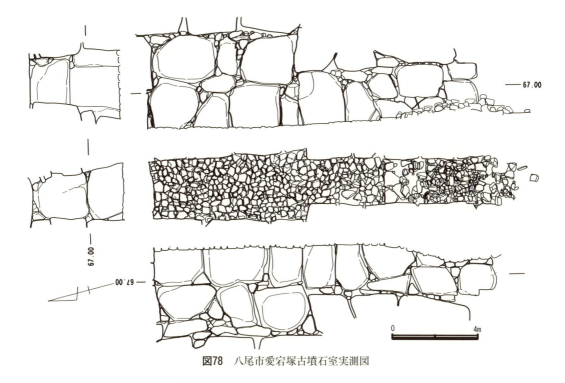

図78 八尾市愛宕塚古墳石室実測図

おえるが、明らかに谷積みが認められる石室でも袖部が2段構成であるなど、一部の石室に古い要素が認められる。なお両袖式石室は、TK43型式並行期から導入される。この古墳群では、MT15型式並行期～TK10型式古段階並行期には、横穴式石室を埋葬主体として採用しており、天井の高い、いわゆるドーム状天井の石室を中心としている。TK43型式並行期にも、方形に近いプランのやや天井の高い石室は残るが、おおむね天井石2石以上の平天井へと変化している。

また、愛宕塚古墳の埋葬施設である両袖式石室は（八尾市立歴史民俗資料館 1994）、TK10型式新段階並行期からTK43型式並行期と考えられるが、両袖の導入としては早い段階のものである（図78）。玄室壁面が2段で、奥壁2段、袖石1石の構成は大和では認められない石材の用法である。この石室に類似した石材の配置やまぐさ石の状況を他の地域で求めると、岡山県の箭田大塚古墳の石室と類似点が多い。玄室長に違いはあるものの、その他の要素はほぼ一致している。特に右側壁の奥壁側が3段で、羨道側へ行くと2段へ変わる積み方がまったく同じである。奥壁では箭田大塚古墳（中野雅 1984）が1石であるのに対して、愛宕塚古墳が2石である点はやや異なるが、岡山県こうもり塚古墳（葛原 1979）が、袖石1石で奥壁2段、側壁ほぼ3段であることを考えれば、この石室がこうもり塚古墳と箭田大塚古墳の中間に位置する時期と考えることができよう。形態としては、越塚形態に属する。

以上のように、高安千塚古墳群では特に石室に個性があるわけではなく、石室は大和の基本形で構成されており、導入期の特徴も時期とともに徐々に失われていったと考えられる。また、特殊な事例ではあるが、他地域からの影響も受け入れる地域であると考えられる。

大県郡内には多数の古墳群があるが、周辺で確実に横穴式石室が導入されるのは、TK10型式古

段階並行期と考えられる。平野大県17-1・27-2号墳がそれにあたる（柏原市教委 1998）。17-1号墳は、袖が平積みの３段で構成されており、いずれの石室も羨道が短い。

平尾山支群13-5号墳は（柏原市教委 1992a）、奥壁が４段で、基底石は２石で構成されている。側壁は多段、袖部は基底石が縦で２段となっている。奥壁などの基底石に縦使いが認められないことから、TK10型式新段階並行期と考えられる。

平野大県17-2号墳は（柏原市教委 1998）、羨道３段積み、袖部基底石が縦で３段積みとなっており、奥壁２段の基底石１石、側壁４段で構成されている。基底石が縦使いへと変化しており、谷積みが認められないことから、TK43型式並行期と考えられる。この時期までの横穴式石室は、時期の不明瞭なものを含めても数はそう多くない。

雁多尾畑6-11号墳（柏原市教委 1980）、太平寺3-4号墳（太平寺２号墳）（河内考古刊行会 1979）、平尾山支群13-3・13-4・13-6号墳（柏原市教委 1992a、大阪府教委 1975b）。平野大県6-1・10-1・13-9・27-1号墳は（柏原市教委 1992b・1998・2001）、TK209型式並行期の右片袖の横穴式石室を埋葬施設としている。谷積みが認められる石室があり、奥壁の３段への発達がやや早い傾向にある。それに比べ、袖部が１石へと変化しないケースが多い。

TK209型式並行期の両袖式石室の事例としては、雁多尾畑6-13号墳・太平寺3-2号墳（太平寺３号墳）・平野大県13-10・19-1号墳・平野大県20-3号墳の埋葬施設がある。奥壁３段、袖部の石材が１石で構成されており、右片袖の石室より基本的な変化に忠実である。これにより、高安千塚古墳群以外では、両袖式石室の導入はTK209型式並行期となり、１時期遅れると考えられる。

平尾山支群15-5号墳の袖石は、天井部の位置とややずれている（柏原市教委 1988）。大和でも右袖と左袖の位置が揃わないことがあり、必ずしも羨道の袖と羨道第１天井石との開始の位置が正確に一致しない部分はあるものの、どちらかの袖とは一致している。そして、そのズレが明確にわかるような範囲のものはわずかである。しかし15-5号墳の場合、そのズレが明らかにわかる範囲のものであることは注意が必要であろう。

以上のことから、大県郡では両袖式石室の導入がやや遅れ、TK209型式並行期となること、そしてTK43型式並行期には右片袖の石室が中心となっており、その変化はやや古い要素を残す傾向が認められるのである。この傾向は、南河内でみてきた、一須賀古墳群とその周辺の傾向と高安千塚古墳群とその周辺の古墳群との関係が似た傾向とも捉えられるが、南河内ではTK209型式並行期には石室の変化が周辺の変化とよく一致するのに対して、大県郡では変化はするもののやや情報の欠落が継続する。

次に河内郡の状況をみてみよう。

河内郡での導入期の石室はすでに述べたとおりであるが、群集墳の築造時期を示す石室としては、出雲井７号墳の埋葬施設に示されるような右片袖の石室と考えられる。時期としては、TK10型式古段階並行期と考えられる。

神並5号墳（夫婦塚西石室）は、奥壁・側壁ともに多段積みであり、袖は平積みの４段で構成されている。羨道も多段であり、TK10型式古段階～TK10型式新段階並行期と考えられる。東石室とは石室において明らかな時期差があり、東石室が後から付け足された可能性もある。

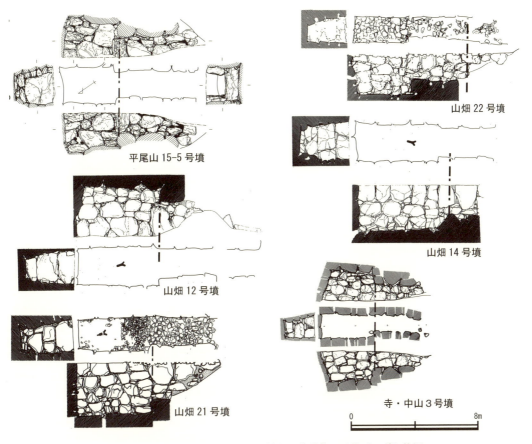

図79 中河内の石室実測図および袖部と羨道第1天井石のずれ状況

　TK43型式並行期に位置づけられるのは、山畑22・27号墳、神並5号墳（夫婦塚東石室）の右片袖の石室と、六万寺2号墳（二本松）の両袖式の石室である。奥壁が3から5段、側壁は4段、袖部の基底石は縦へと変化し2段となっている。山畑22号墳と神並5号墳（夫婦塚東石室）では、羨道の袖部と羨道第1天井石の位置がずれている。

　TK209型式並行期の右片袖の石室としては、花草山16号墳（鉢伏古墳）・五条古墳・五里山2・3号墳・山畑2・14・21・25号墳がある。いずれも奥壁3段、側壁3段であるが、袖部の発達が遅れ気味で、2段積みである。

　中河内における右片袖の石室は、両袖式石室に比べやや古い要素を残す傾向があると考えられる。またほとんどの石室において羨道第1天井石と袖の開始位置が一致しておらず、一部には袖が羨道天井石に達する前に袖の突出部が玄室側壁と一体化するものもある。

　TK209型式並行期の両袖式石室としては、客坊山1号墳、山畑11・12・17・33号墳、出雲井8号墳（松本塚）がある。奥壁2～3段、側壁2～4段積みである。大県郡では袖部が1石へと変化していたが、河内郡では両袖式石室でも袖部は2段と古い要素を残している。なお、山畑12号墳では右袖が完全にずれて羨道第1天井石に一致せず、袖部が保持されたまま玄室天井近くまで達するほか、左袖もずれていながら袖が羨道天井石に達する前に袖の突出部が玄室側壁と一体化する。この

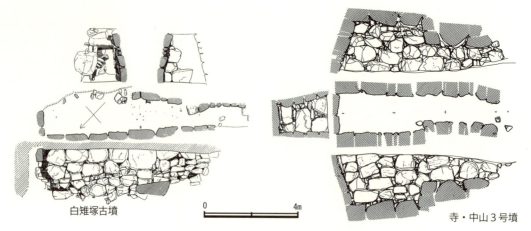

図80　淀川流域南岸地域の石室実測図

ように河内郡では、袖部の位置と羨道第1天井石の位置が一致しないか、袖の形状が羨道天井石に達するまで維持できないものが多く含まれている（図79）。

　南河内の一須賀古墳群周辺の石室で感じられた微妙な違和感は、TK209型式並行期には解消される形で動きがあり、明確な形では提示できないでいた。それが、高安千塚周辺では、その違和感が右片袖式石室の変化の遅れとして明確に現れることとなった。さらに北へ距離を置く河内郡では、袖部の変化の遅れとともに袖部が正確に築造できていないという明らかな差を表すまでになってきている。これは、この地域における横穴式石室の変化などの情報が、高安千塚古墳群に比べて遅れる、または正確さに欠けるものであることを示しているものとして興味深い。

4　北河内・淀川流域南岸地域の横穴式石室（図80）

　この地域での導入段階の古墳としては、枚方市白雉塚古墳がある。直径30mを測る円墳で、独立して築かれていることから、首長墓ないしはそれに準じる古墳と考えられる。この古墳の石室は左片袖の横穴式石室で、羨道部分の石材が小型化する特徴を備えている。このような特徴は、向日市物集女車塚古墳や、茨木市南塚古墳など、淀川流域の首長墓系譜につながる石室に認められる特徴である。これ以後の古墳としては、枚方市比丘尼塚古墳や寝屋川市寝屋古墳などがあり、寝屋古墳は北河内最大の巨石墳であるが、現状では不明な点が多い。

　群集墳の石室では大東市城ヶ谷1号墳があり（大東市教委 1990）、この古墳の横穴式石室も左片袖である。その後、交野市寺・中山3号墳のように右片袖の横穴式石室も築かれるが（交野市 1992）、袖部の位置が羨道第1天井石と一致せず、また羨道第1天井石にかかるように玄室側壁の石材が積まれているなど、大和の基本形にはみられない石材の用法が認められる。また寺古墳群に近い位置にある交野市清水谷古墳の石室は（交野市 1992）、竪穴系横口式石室であり、注目される。竪穴系横口式石室は奈良県の葛城地域の葛城市二塚古墳のくびれ部の石室として築かれるなど、葛城地域にある一定の分布を示す石室形態であるが、その形態としては主流とはいえないものである。

大東市堂山古墳群では（大阪府教委 1994b）、7世紀に入ってから3号墳が築かれる。小形の石室で、無袖である。3号墳には陶棺が使用されており、その陶棺は千里・桜井谷地域で製作された可能性が指摘されている（宮本 1994）。またT字型の石室は、本来6世紀後半までがその築造の中心時期であり、7世紀の本事例は別個に考える必要がある。

　この地域を概観すると、白雉塚古墳の羨道部の特徴から摂津地域との関わりが指摘でき、7世紀に入っても陶棺を使用するなど、摂津地域との結びつきが強い地域と考えられる。また石室の数が極端に少なく、それゆえに個々の石室の特徴が目立つ結果となっている。中河内では一貫して右片袖式石室が中心であり、遅れながらも両袖式石室を導入するのに対して、北河内では左片袖が主流で、両袖式石室の導入が判然としない状況にある。このことは、中河内よりも新たに異なった要素が加わったといえ、地域的個性が強まりはじめているともいえよう。

5　山城の横穴式石室 （図81）

　上狛天竺堂1号墳は、右片袖の横穴式石室である。石材はほとんど失われており石室の形状は不明であるが、TK47型式～MT15型式の須恵器が出土しており、この地域の導入期の石室と考えられる。

　山際1号墳は石室の実態は不明であるが、その出土遺物からMT15型式の時期が考えられ、この地域の導入期の横穴式石室のひとつである。

　車谷2号墳は、左片袖の長方形玄室の形式である（山城町教委 2003）。羨道は、12°の角度で玄室床面から外上方に傾斜している。側壁の使用石数は、1m²あたり約10石を使用している。玄室長より短い羨道をもつもので、袖石は多段と思われる。奥壁の基底石の石材が一部に縦使いとなっており、通常大阪や奈良県域にて認められる渡来系の石室を祖形とした石室群には認められない石材の用法である。出土遺物からはMT15型式並行期と考えられる。草ヶ山1号墳は長方形玄室で、いわゆる「竪穴系横口式石室」と考えられる。袖部が多段積み、奥壁多段積みの型式である。側壁の使用石数は、1m²あたり約28石を使用しており、前㭗2号墳より1/3以下の小形の石材を使用している。

　坂尻1号墳は（奥村 1990）、長方形玄室で、いわゆる「竪穴系横口式石室」と考えられる。袖部が多段積み、奥壁多段積みの型式である。側壁の使用石数は、1m²あたり約17石を使用している。坂尻2号墳は、長方形玄室で、いわゆる「竪穴系横口式石室」と考えられる。袖部が多段積み、奥壁多段積みの型式である。側壁の使用石数は、1m²あたり約18石を使用している。

　草ヶ山1号墳（奥村 1996）や坂尻1・2号墳などの「竪穴系横口式石室」では、石材の大形化といった観点から、草ヶ山1号墳から坂尻1・2号墳への流れが考えられる。音乗谷古墳から出土した遺物を参考にすれば、「竪穴系横口式石室」はTK43型式並行期まで使用されていたと考えられる。

　千両岩2号墳は、右片袖の長方形胴張玄室の形式である。袖石2石積みで羨道基底石は縦使いである。羨道長は、玄室長を超えている。千両岩2号墳は、奈良県の横穴式石室の編年体系に照らせば、TK43型式並行となる。袖石が2石積みであることもこの位置づけを支持している。

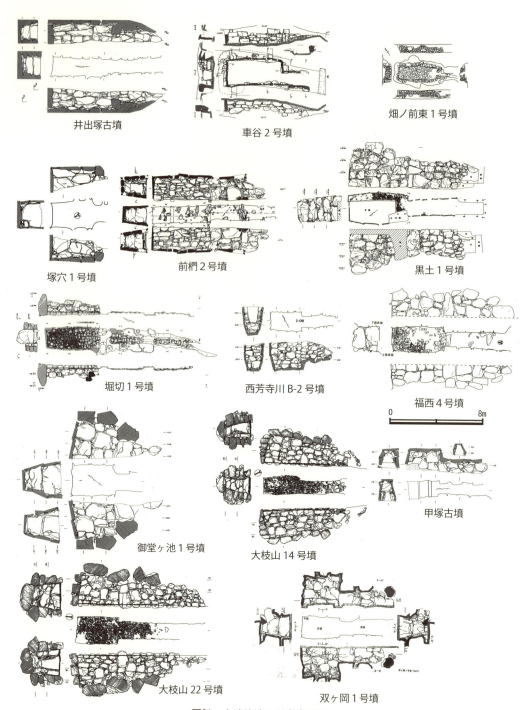

図81 山城地域の石室実測図

　畑ノ前東1号墳は、両袖の長方形胴張り玄室である。形態的特徴として石材を河原石積み風に積み上げているが、壁体を主として構成している石材より倍以上の大きさの石材を組み込んで、模様積み風に壁面を構成している。畑ノ前東1号墳は玄門部が狭く、羨道が短いものである。美濃地域での河原石積みの場合、陽徳寺裏山1号墳など、羨道が短く玄門部が狭いものから、羨道が長く玄

門部が広くなる傾向があり、これらの要素を参考に模様積み風の新しい要素を加味して、TK10型式古段階～TK10型式新段階並行期に比定できる。

前畑2号墳は（京都府埋蔵文化財調査研究センター 1982）、両袖の長方形玄室で、まぐさ石をもつ形式である。羨道高と玄室高にほとんど差がない点も形式的特徴として捉えておこう。袖2石積みで、奥壁は2段積みの型式である。側壁の使用石数は、1m²あたり約9石の使用している。前畑2号墳は東海地方の石室と対比可能であるため、ここでは、時期の決定は誤謬をさけるために出土遺物にもとづくこととし、TK10型式新段階～TK43型式並行期としておく。

井出塚古墳は（加茂町教委 1981）、両袖の長方形玄室で、羨道天上石は第1石がまぐさ石状に一段下がり、やや階段状に高くなる形式である。袖2石積み、奥壁は2段積み以上の型式である。側壁の使用石数は、1m²あたり約2～3石の使用である。直接奈良県内の石室の編年体系を援用することはできないが、石材の大形化という観点とともに奥壁が2段積み以上との点からみて、TK43型式並行期以降と考えられる。

稲葉5号墳は（山城町教委 2001）、右片袖の長方形玄室である。玄室基底石は縦使いである。奥壁は多段積みであるが、基底石は1石である。玄室内には、袖部の右側壁側に沿う方向で、組合式の石棺が安置されている。稲葉5号墳の石室は、基底石が縦使いであるため、TK43型式並行期以降と考えられるが、出土遺物からみれば飛鳥I期に相当する。

車谷24号墳は（山城町教委 2003）、両袖の長方形胴張玄室の形式である。袖石2石で、玄室基底石が縦使いである。奥壁は多段積みであるが、奥壁基底石は2石で構成されている。通常の石室の編年観からすればTK209型式並行期とするところであるが、出土遺物からすれば飛鳥II期が妥当であろう。

塚穴1号墳は（奥村 1988）、両袖の矩形玄室の形式である。羨道を有していたかは不明である。袖石左右とも1石積み、奥壁は1段積みの型式である。側壁の使用石数は、1m²あたり約1石の使用である。時期としては、車谷24号墳と同時期か後出の石室と考えられる。

相楽郡の横穴式石室は、形式分類の上では、「竪穴系横口式石室」と長方形胴張り玄室とが存在する。そのほか通有の長方形玄室でまぐさ石をもつものなど多彩である。また川原石積みといった形態的特徴を合わせれば、石室の形態分類上、類型化は困難である。

その上で、導入期にはかなり早い段階から石室築造が開始されており、近隣の奈良県における石室導入の時期と比べても遜色のない状況にある。その観点から述べれば、近畿地方に横穴式石室が導入される中での同等な状況と考えられる。その後、車谷2号墳のように一部に外部からの影響がうかがえる石室もあるが、畑ノ前東1号墳や前畑2号墳のように東海地方の影響が認められる石室も出現しはじめる。これに遅れて奈良県域からの石室の影響も出はじめるが、部分的であることが多い。

黒土1号墳は、両袖の長方形胴張玄室の形式である。奥壁は多段積みであり、袖石は2段積みである（城陽市教委 2001）。玄室側壁の基底石は縦使いであり、TK43型式並行期以降の様相を示す。出土遺物の中に瓶形土器が含まれている。

平山古墳は玄室などの形状は不明ながら、側壁の石材が縦使いとなっており、時期としては

TK43型式並行期以降と考えられる。なお、TK43型式に相当する須恵器が出土しており、時期的には齟齬はない。この古墳からは、土師質亀甲形3行24脚の陶棺が出土している。

堀切1号墳は（京田辺市教委 2006）、両袖の長方形胴張玄室の形式である。奥壁は1段積みの型式である。二上山白色凝灰岩製組合式家形石棺が、玄室内から出土している。この石室では、時期決定の根拠が石材の用法からは見出せない。出土遺物が示す時期から、TK209型式並行期と考えられる。

しお1号墳は（杉本優 1987）、両袖の矩形玄室の形式である。袖石は1石積みと思われ、時期としてはTK209型式並行期以降と想定される。

下司1号墳は（京都府教委 1964）、両袖の矩形玄室の形式である。側壁の石材は切石風の方形状に加工されており、7世紀以降のものである。

小玉岩1号墳は両袖の矩形玄室である。袖石左右とも1石積み、奥壁は2段以上の型式である（井手町教委 1979）。時期としては、飛鳥II期が想定される。

茶臼塚古墳は無袖の形式である（奥村 1988）。側壁の石材が縦使いとなっており、石室の小型化の要素を加味すれば、飛鳥II期以降と考えられる。

綴喜郡の横穴式石室は、その導入期が不明確ながら、黒土1号墳が胴張り玄室の形式であり、この形式は堀切1号墳へとこの地の盟主墳の石室形式は継続される。また平山古墳のように石室内に土師質の陶棺が使用されるなど、地域的色彩は濃いものがある。これらとは別に、しお1号墳など、矩形玄室の形式が新たに出現してくる。これらの石室は石材の用法などで、奈良県内に存在する横穴式石室の技術と比較可能と考えられるものである。この新たな動向は、堀切1号墳の組合式家形石棺が、二上山白石である点も何らかの関連性をもって考えるべきであろう。

以上の成果からみて、木津川流域では、大和からの影響よりは木津川上流域や伊賀・伊勢周辺からの影響がうかがわれる。そのため、宇治周辺は伊賀・伊勢からの影響と淀川下流域からの影響がぶつかる地域と考えられる。

6　淀川流域北岸の横穴式石室　（図82）

淀川流域北岸については、高槻市今城塚古墳を中心とした地域と茨木市南塚古墳を中心とした地域に分けたうえで、まず首長墓系譜の実態が明らかな南塚古墳を中心とした地域から記述を進めることとする。

茨木市南塚古墳は、右片袖の横穴式石室である。羨道は市尾墓山古墳に近い形状であったと推定される。南塚古墳に次ぐ石室である青松塚古墳は、左片袖の横穴式石室である。玄門部に段差があり、羨道部がやや階段状に高くなる。袖部は3石で構成されている。

海北塚古墳は、左片袖の横穴式石室である（菱田哲 2014a）。袖部の石材は3石であるが、基底石は縦使いに変化しており、新しい傾向を示すが、石室全体での石材の用法としては、大型化が進んでいるとはいえない。内部に組合式の石棺を使用している。

茨木市将軍塚古墳は、全長約9mを測る右片袖の石室である（菱田哲 2014c）。袖部は3石で構成されており、石室内に使用されている石材も加工度の少ないものである。時期的に海北塚古墳に

第4章 横穴式石室からみた地域間交流 153

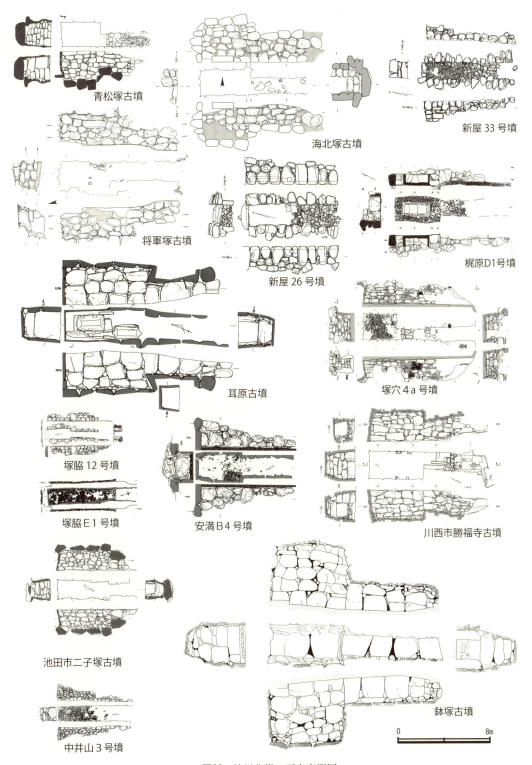

図82 淀川北岸の石室実測図

次ぐものと考えられる。羨道部分の石材は玄室で使用されている石材と変化は認められない。

耳原古墳は、両袖式の横穴式石室である（菱田哲 2014b）。奥壁は2段積みであり、奥壁基底石はきわめて平滑に仕上げられており、切石と考えられる。側壁の奥壁側は2段積みであり、玄室側壁は3段積みであるが、2段積みを指向しているものと思われる。壁面の石材の状況は、奈良県牧野古墳より進んだ状況が認められる。玄門部の袖石は、ほぼ1石で構成されており、石材は縦使いである。

この袖石で区画された玄室と羨道の境と、羨道第1天井石の位置が完全には一致していない。この古墳の時期は、奥壁の状況などを加味して7世紀初頭と考えられる。これは近年の調査において、切石を使用した石室がさかのぼる可能性が示されていることも勘案してのことである。なお内部には、組合式家形石棺と刳抜式家形石棺が使用されている。石室が示す年代より、奥壁側に置かれた組合式家形石棺がやや古い傾向を示す。

これによって、この地域の首長墓系譜としては、南塚古墳から青松塚古墳へ、海北塚古墳・将軍塚古墳から耳原古墳へと続くものと考えられる。これにより、袖の形態としては、右片袖と左片袖が混在し、その後、両袖式石室へと変化するものと考えられる。また、この動きは、系統的要素の堅持から、在地的指向を経て、耳原古墳が越塚形態に属することから、質的な差異への移行を模索しはじめたと考えられる。

次に群集墳の横穴式石室の状況についてみてみよう。新屋神社26号墳は直径16mの円墳で、埋葬施設は左片袖の横穴式石室である（茨木市教委 1994）。盗掘を受けていたものの、馬具や鉄刀など豊富な副葬品をもっており、内部に組合式石棺をもつなど、この古墳群の盟主的な位置を占める。石室からみて、海北塚古墳と耳原古墳の中間の時期と考えられる。この石室に近い時期のものとして、真龍寺1号墳がある（菱田哲 2014d）。

新屋神社33号墳は無袖の横穴式石室で、基底部の石材は縦使いであるが、全体に使用石材は小ぶりである（茨木市教委 1994）。時期としては、耳原古墳と同時期かやや新しいと考えられる。

この地域では左片袖から両袖式石室へとの変化が認められ、群集墳も含めた一致した変化が認められる。しかしながら、南塚古墳に認められたような諸特徴（富山 2000）は継続せず、個々の石室において時間的変化を超えた共通性は認められない。唯一この地域の特徴と認められるのは、南塚古墳から新屋26号墳、耳原古墳へと継続して使用される組合式家形石棺ぐらいであろう。

この地域の特性を評価する前に、今城塚古墳周辺の群集墳をみてみることとする。この地域での導入期の横穴式石室としては、まず塚穴4a号墳をあげられる（高槻市教委 1993）。この古墳は、左片袖の横穴式石室である。袖部は、2石の基底石で構成されており、3段以上積み上げている。玄室の石材は小ぶりのものを使用しており、全体として古い特徴を備えている。闘鶏山A1号墳は、左片袖の石室である。袖石は掘方の痕跡から2石で構成されているものと考えられる（名神高速道路内遺跡調査会 1998b）。塚穴4a号墳と同じように羨道内に閉塞石が積まれている。梶原B1号墳は、闘鶏山A1号墳や塚穴4a号墳の基底部の袖石が2石で構成されていることから、南塚古墳と同時期かやや新しい時期と考えられる。このことから、この地域における群集墳への導入段階の石室としては、左片袖の石室が採用されたものと考えられる。そのため、首長墓にみられる諸特

徴が明確には認められない。

　塚脇 F1 号墳は、左片袖の横穴式石室で、袖部は 3 段以上の平積みである。羨道部の閉塞位置が青松塚などよりもやや羨道入口側に後退している。羨道は、玄室長より短いものである（高槻市教委 1991）。塚穴 3 号墳は、左片袖の横穴式石室である（高槻市教委 1993）。玄室長を羨道長が超えるもので、塚脇 F1 号墳より新しい傾向を示すものである。安満 B1 号墳のように右片袖の石室も存在するが、おおむねこの時期までは左片袖が優勢である。

　梶原 D1 号墳は、直径25m の円墳で（名神高速道路内遺跡調査会 1998a）、埋葬施設は右片袖の横穴式石室である。袖部は 2 石以上で構成されており、全体に古い傾向を残している。玄室には組合式家形石棺が置かれており、墳丘規模などから考えて、古墳群中の盟主墳と考えられる。

　安満 B2 号墳は直径14m の円墳で、両袖式横穴式石室を埋葬施設とする（高槻市教委 2003）。石室は弱い両袖で、玄室幅に比べ玄室高が高く、玄室幅1.6m に対して、天井部での幅が0.8m 程度と天井部が狭い構造となっている。石材は小ぶりであるが、袖部は縦使いの石材であり、海北塚古墳と同時期と考えられる。それに比べ、梶原 F1 号墳の横穴式石室は右片袖であり、袖部の石材は大型化している。

　また安満 B4 号墳の横穴式石室は両袖式で、袖石は石材を縦使いにしており、石室を構成する石材も大型化している（高槻市教委 2003）。奥壁は 2 ないしは 3 段積と考えられる。年代としては、奈良県牧野古墳に近い時期と考えられる。以上のように、この時期の石室には、やや古い要素を残したような石室や、玄室の立面に地域的な特色をもつものなども存在するが、安満 B4 号墳のようにかなり正確に中央の石室構築技術やそれに伴う情報を採用している石室などが混在している。ただし、前段階に認められた左片袖はわずかであり、両袖ないしは右片袖が主流を占める。

　塚脇12号墳は 1 辺22m の方墳で、埋葬施設は両袖式の横穴式石室である。羨道部分は 3 段積みであるが、袖部は縦使いの 1 石であり、羨道側には切組状になっている部分がある（高槻市教委1965）。耳原古墳と同時期と考えられるが、羨道や側壁の石材はやや小ぶりである。塚脇12号墳は古墳群のなかでも盟主墳といえる古墳であり、石室内には組合式家形石棺を使用している。このほか塚脇10号墳は、方墳で両袖式の大型の横穴式石室を埋葬施設としている（高槻市教委 1965）。盟主墳ないしはそれに準じるようなクラスには、墳丘形態は方墳で、両袖式の石室を採用するように変化していったものと考えられる。両袖式の石室を中心としながら、右片袖式石室や無袖式石室などが採用されているようであり、左片袖式石室は採用されていないか、または使用されていたとしてもこの地域では劣勢である。

　淀川流域の横穴式石室は、南塚古墳にみられるようにさまざまな特徴を備えており、追葬を前提とした石室が当初から完成した形で、前方後円墳の埋葬施設として採用される。一方で群集墳などには、左片袖の横穴式石室が採用されていく。南塚古墳で採用された横穴式石室の諸特徴は、やや時期を開けながらも、向日市物集女車塚古墳の横穴式石室へと引き継がれていく。にもかかわらず、この周辺地域にはほとんどその特徴は受け継がれず、在地で採用された左片袖の石室が主流を占めるようになる。これは、群集墳の盟主墳のみならず、白雉塚古墳や青松塚古墳・海北塚古墳のような首長墓の石室までもが在地的な傾向を強めていくのである。

海北塚古墳は（菱田哲 2014a）、出土遺物から TK43型式並行期と考えられる（高松 2006）。こ
の石室の袖部の基底石は石材を縦にして使用しているが、袖部自体は3段積みで構成されている。
また、羨道の石材には縦方向に使用されている石材が確認できるが、玄室の側壁などでは不明瞭な
状況である。海北塚古墳より先行する物集女車塚古墳の袖部がほぼ2段積みへと発達している状況
からすれば、海北塚古墳の袖部はやや古い傾向を示していると思われる。また、海北塚古墳と時期
的に並行するか若干先行すると考えられる奈良県平林古墳の石室では、玄室側壁の石材は縦方向で
使用されており、この点においても海北塚古墳の石室は古い傾向を残しているといえよう。つまり
南塚古墳の次の段階からは、地域内部を中心とした傾向へとシフトしていくようであり、それは海
北塚古墳の時期まで継続するようである。そして新たな方向もうまれるようであり、同じ時期では
あるものの安満B4号墳のように両袖式の石室で石材の用法などに最新の技術が採用されるなど、
大和の動向に敏感に反応する石室もあらわれる。つまり安満B4号墳が築かれる頃には、地域的な
特色をもち続けるような石室と中央からの情報を敏感に取り入れた石室とが混在している。しかし
ながら群集墳内の盟主墳とも考えられるような石室には、地域的な特徴とも考えられる組合式家形
石棺を使用していたり、梶原D1号墳のように右片袖であっても袖部の石材の用法が古い傾向を示
したりしている。ただし石棺は石室主軸に並行して配置されており、南塚古墳にみられた奥壁に石
室主軸に直行して石棺を配置するあり方とは異なっている。
　耳原古墳が築かれる段階になると、群集墳内の盟主墳と考えられるような古墳、たとえば塚脇12
号墳などは方墳であり、埋葬施設として両袖式の横穴式石室を採用するようになる。依然として組
合式家形石棺は使用され続けるが、塚脇10号墳や安満B4号墳のように石室に関する情報には敏感
に反応するようになるものが増える傾向にある。しかし群集墳へ情報がダイレクトにもたらされた
かは疑問で、塚脇C6号墳や塚脇E1号墳では、東海からの影響を思わせるような胴張りプランの
石室であったり、両袖式石室を TK43型式並行期に導入するものの石材の用法に古い傾向を残した
りと、必ずしも中央の動向に敏感なものだけへとまとまった状況にないのも確かである。
　淀川流域周辺の動向を石室からみると、今城塚古墳の被葬者を中心として南塚古墳の被葬者など
重要な役割を果たすものの、その後は大和の周縁地域として、強いていえば地域内部に埋没してい
る状況がうかがわれ、中心的な地域というよりは一地方のような様相を示している。その後、大和
の動向に敏感に反応しはじめるが部分的な動きにとどまり、他地域からの影響も受けるような地域
であったと考えられる。つまり地域的な特色は薄れるものの、組合式石棺の使用や、千里・桜井谷
地域で製作された陶棺が中井山3号墳や堂山3号墳などで使用されるなど、地域的な特徴はわずか
ではあるが継続していたと考えられる。しかしながら、明確な地域的なまとまりというまでには至
らず、安満B2号墳から安満B3号墳にみられるような、群集墳ごとにわずかながら地域的な特色
を残すものの、淀川流域全体でのまとまりとしては判然としない。
　猪名川流域周辺部における導入期の横穴式石室としては、まず川西市勝福寺古墳があげられる。
勝福寺古墳からやや時期をおいて、TK43型式並行期に池田市二子塚古墳（前方後円墳）が築かれ
ており、石室が両袖式へと変化している。二子塚古墳に継続する首長墓としては、TK209型式並行
期に相当する鉢塚古墳がある。鉢塚古墳の石室は両袖式で、天井高が5.2mを測る大型の横穴式石

室である。八尾市の高安千塚古墳群では、時期的な変化とともに天井高を減じる傾向が認められるが、そのなかで平天井の勝福寺古墳の流れで逆に天井高が高くなる変化は、別系譜からの影響と考えられる。

この地域の群集墳の石室の状況は資料不足のため判然としないが、鉢塚古墳に続く時期の石室として中井山3号墳がある。無袖の石室であるが、石室内に千里・桜井谷地域で製作された陶棺が置かれていた。この中井山3号墳の所属する太古塚古墳群では、中井山1号墳や、ゴーランドが大英博物館に寄贈した陶棺など多くの陶棺が出土している。陶棺は、大和では歌姫横穴墓内から出土するものの、大和でのTK209型式並行期以降の首長墓では刳抜式家形石棺の使用が中心であり、組合式石棺は1ランク落ちる傾向があり、さらに須恵質の陶棺はその周辺部ないしはそれ以外の地域での出土が中心を占める。

このようにみていくと、猪名川流域周辺では、勝福寺古墳第1石室にみられるような石室が存在するものの、首長としての地縁的な連続性はなく、第2石室が築かれる段階では、千里・桜井谷地域との関係が示すように、在地的な繋がりが重視されるように変化し、鉢塚古墳の石室のような天井の高い石室の出現など、地域的な特色を表すようである。また鉢塚古墳には、組合式家形石棺が使用されているが、この石材は神戸層群の石材を使用しており、この点においても、地域的な特色を備えているといえよう。なお、両袖式石室はTK43型式には導入していたと考えられるが、群集墳への影響は明らかではない。

7 西摂津の横穴式石室

（1）河辺郡の横穴式石室の変遷 （図83）

この地域においては、おおよその変遷は大和の石室の変化に倣う傾向が認められるが、その変化自体には地域的特性が伴う。大和や河内の石室においても、袖部の石材は右袖が1石で左袖は2石で構成されている事例が多くあり、通例として新しい要素をもって時期決定の基準としている。しかしながら大和や河内では、奥壁や側壁・袖部の構成は全体的にスムーズに変化している傾向があり、どの部位での変遷をみもあまりブレは少ない傾向にある。

ところが摂津においては、各部分に古い要素が残る傾向にあり、新しい要素が決まった部分（袖部や奥壁）に必ずしも現れるといったものではない。よって、袖部のみといった特定の部位をもってトータルな変遷を組むことは不可能と考え、全体の傾向を考慮しつつ、奥壁や側壁・羨道・袖部の部位においてもっとも新しい要素を時期決定の根拠とする。なお時期決定の参考として、大和の石室の各構成要素を属性として使用し、これを基準とした。

導入段階の石室としては、雲雀丘C群北4号墳や勝福寺古墳があげられる。雲雀丘C群北4号墳は（関西学院大学考古学研究会 1979）、小型の右片袖の石室であり、小型の石材を多用して壁面を構成している。袖部は石材を3段以上積んでおり、奥壁・側壁ともに新しい傾向は認められない。羨道はまだ発達しておらず、TK10型式古段階並行期と考えられる。勝福寺古墳第1石室は、奥壁・側壁・羨道いずれも多段積みであり、袖部の石材は3石で構成されている。石室の全体的な構成ならびに袖部の石材の用法は、大和の権現堂古墳と対比することが可能であり、TK10型式古

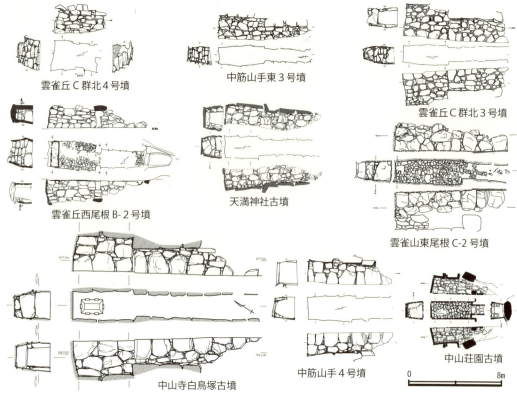

図83　西摂津河辺郡の石室実測図

段階並行期と考えられる。勝福寺古墳第2石室は、形状としては雲雀丘C群北4号墳に類似しているが、玄室にやや長胴化が認められ、新しい傾向を示しているものと考えられる。雲雀丘C群北4号墳より1段階新しい、TK10型式新段階並行期と考えられる。

中筋山手東3号墳は（宝塚市史編集専門委員 1978）、両袖の石室で、側壁・奥壁・羨道・袖部いずれも多段積みである。袖部の発達が認められないが、羨道長が玄室長を超えており、奥壁にわずかにみられる基底石が縦使いのほぼ1石へと変化している。このことからTK43型式並行期とした。この石室が両袖式石室をこの地域に導入した最初の石室のひとつと考えられる。

中筋山手東1号墳は、側壁・奥壁・羨道・袖部いずれも多段積みである（宝塚市史編集専門委員 1978）。ただし中筋山手東3号墳より基底石が発達した傾向を示しており、やや新しい時期と考えられる。左側壁の奥壁に接した基底石が縦使いとなっており、右側壁にはそれよりやや新しい傾向が認められ、TK43ないしはTK209型式並行期の事例と考えられるかもしれない。

雲雀山東尾根C-3号墳は（大久保 1959）、側壁・奥壁・羨道・袖部いずれも多段積みである。一見すると古い要素が残る様相を示している。しかしながら、奥壁・側壁・羨道いずれも基底石がやや大型化の傾向が認められ、特に羨道部の基底石は縦使いとなっており、どちらかというと平林古墳に近い時期、つまりTK43型式並行期の時期に位置づけられるものと考えられる。

雲雀丘C北3号墳は（関西学院大学考古学研究会 1979）、石室の基底部に縦方向の石材を使用する傾向が認められるものの、全体として古い様相を残している。その壁面の全体構成は、ほぼ海

北塚古墳に類似した特徴が認められ、海北塚古墳並行の時期と考えることができる。よって、TK43型式並行期と考えられる。

　河辺郡では、この時期まで、北摂津の海北塚古墳と同様に袖部の石材が大和の用法に一致せず、古い様相を示している。

　雲雀丘 B-1 号墳は（宝塚市教委 1980）、石室の基底石が縦使いとなっており、奥壁も依然として、多段積みである。ただし雲雀丘 C 北 3 号墳より、袖部の石材に新しい傾向が認められることから、ほぼ北摂津の海北塚古墳並行かやや新しい時期と考えられる。

　雲雀山西尾根 B-2 号墳（宝塚市教委 1975）は、玄門立柱石を袖石に使用する両袖式石室である。奥壁および側壁の基底石が縦使いであり、羨道にもその傾向がうかがわれる。しかしながらそれより上部の石材は、大型化することなく数段積まれているのみである。これらの傾向から、大和の平林古墳並行と考え、TK43型式並行期と考える。

　河辺郡では、TK10型式新段階並行期より地域的様相が強まる傾向にあり、それらを受けて大和からの影響以外のものとして西からの影響も受けている資料がこの時期にあることは興味深い。

　雲雀山西尾根 B 北 4 号墳は（関西学院大学考古学研究会 1987）、奥壁がほぼ 3 段積みへと変化しており、玄室右側壁に谷積みが認められる。袖部の石材は破壊されていて確定できないが大型化しており、前段階の石室と比べ変化が認められる。谷積みの使用からみて、大和の牧野古墳並行の時期が考えられる。

　中筋山手東 2 号墳は（宝塚市史編集専門委員 1978）、立柱石で袖状の突出と天井の一段下がる状況で複室構造をもつ両袖式の横穴式石室である。奥壁および側壁・羨道の基底石が雲雀山西尾根 B-2 号墳よりも大型化の傾向を示している。さらに玄室左側壁には、基底石を山形にして、その谷間に三角形の石材をはめ込む谷積みを使用している。このことから、牧野古墳よりやや新しい傾向を示している石室と考えられ、TK209型式並行期でもより新しいと考えられる。

　雲雀山東尾根 A-4・A-5 号墳（宝塚市史編集専門委員 1978）は、ともに無袖の小型石室である。基底部の石材が縦使いとなっており、新しい傾向を示す。これらの壁面の特徴は、茨木市の新屋古墳群にも認められる特徴であり、基底石の高さが揃うのは新しい傾向と考えられる。よって新屋26号墳より新しい時期が考えられ、おそらく TK209型式並行ないしはそれ以降の時期と考えられる。

　天満神社古墳は（関西学院大学考古学研究会 1991）、袖部が依然として 3 石で構成されているなど、全体として古い傾向を残している石室である。ただし石室の基底石は縦使いに変化しており、奥壁も高いものから低い 3 段積みを指向していることがうかがえるなど、新しい特徴も備えている。羨道も 2 段積みの傾向がうかがわれる。これらの特徴は、水泥塚穴古墳に類似しているものと考えられ、TK209型式並行期〜飛鳥 I 期と考えられる。

　雲雀山東尾根 C-2 号墳は石材の大型化が進んだ石室であり、玄室側壁に谷積みが認められる。奥壁がほぼ 3 石で構成されており、大和の越塚古墳の特徴をもつ。また袖部に退化した傾向が認められ、1 段階新しい傾向を示している。これらのことから、TK209型式期並行ないしは、飛鳥 I 期の時期と考えられる。

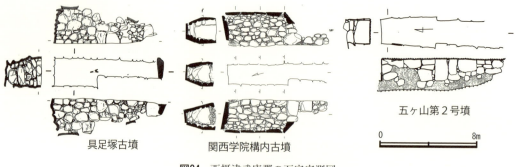

図84　西摂津武庫郡の石室実測図

　中山寺白鳥塚古墳は（奥田編 2017）、奥壁がほぼ2段積みへと変化する傾向を示しており、側壁・羨道共に基底石の発達が著しい。これらの特徴は、奥壁・側壁ともに桜井市の狐塚古墳の特徴と類似しており、同時期と考えられる。

　中筋山手1号墳は（関西学院大学考古学研究会 1978）、玄室側壁に古い傾向が残るものの、壁がほぼ2段積みへと変化する傾向を示すことや袖部の石材も方形の1石で構成されているなど、新しい特徴も備えている。また、玄室の平面形が奥壁より玄門部の方が幅広になっており、これに類似した石室としては大和の文殊院東古墳があげられる。時期としては、飛鳥Ⅰ期並行期と考えられるが、実際にはもう少し新しい可能性も残る。

　中筋山手4号墳は（関西学院大学考古学研究会 1978）、奥壁が1石で構成されており、玄室も2段で構成されている。袖部の退化傾向などからみると、小谷古墳などよりもより新しい傾向を示している石室と考えられる。おそらく岬墓古墳に近い時期で、飛鳥Ⅱ期並行と考えられる。

　この地域では、嶋上郡や嶋下郡との交流を示す資料がある一方で、西からの影響を示す資料も見受けられる。ただ、嶋上郡で確認されたような東からの影響は認められない。また両袖式石室の導入は、TK43型式並行期から認められるが、壁面の石材の大型化が進まず、袖部の発達も認められないなど、大和でみられた変遷過程を石室の一部でしか認められない状況となっている。

（2）武庫郡の横穴式石室の変遷 （図84）

　具足塚古墳は（西宮市教委 1977a）、奥壁・側壁ともに多段積みで構成されており、袖部を2石で構成している。袖部が2石であることから、TK10型式新段階並行期の石室であると考えられる。

　関西学院構内古墳は（坂井 1976）、側壁は多段積みで袖部は2石で構成されている。羨道は基底石が大型化の傾向を示している。この石室の問題は、奥壁であろう。奥壁は1石で構成されており、時期的には新しい傾向を示す。出土遺物にTK43型式の土器が含まれていることから考えて、平林古墳並行、TK43型式並行期と位置づけられる。奥壁が1石で構成されている点は、吉備地域からの影響とも考えられ、時期的に合致すると考えられる。

　五ヶ山第2号墳は、奥壁が2段以上で構成されており、玄室は4段以上、袖部は1石で構成されている。袖部の時期からみて、牧野古墳並行期と考えられる。玄室側壁も牧野古墳と類似点が多く、TK209型式並行期と考えられる。

　上原入組古墳は（武藤 1967）、奥壁は1石で側壁が右側壁では2段積みとなっている。無袖の石

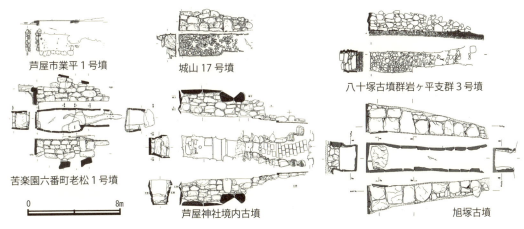

図85 西摂津菟原郡の石室実測図

室であり、個々の石材も大型化が認められる。時期としては、飛鳥Ⅰ期ないしはⅡ期並行と考えられる。

武庫郡の石室はその資料自体が少なく、他地域との対比や変遷の傾向をつかむまでには至っていない。おおよそTK43型式並行期に地域的特性が強まる可能性はあるが、これが全体的な特徴として捉えられるとはいいきれない。

（３）菟原郡の横穴式石室の変遷（図85）

芦屋市業平古墳の石室は小型の石材を多用しており、その平面プランは大阪市の七ノ坪古墳に類似している。袖部は3石以上で構成されていた可能性が残る。残存率が悪く根拠に乏しいが、時期としては、雲雀丘Ｃ北4号墳並行のTK10型式古段階並行期と考えられる。

芦屋市業平1号墳の石室は（芦屋市教委 2006）、袖部の基底石が2石で構成されており、古い様相を示す。平面プランは芦屋市業平古墳に近い形態を示している。この石室も残存率が悪く根拠に乏しい部分もあるが、石材が小さく平面プランが古い様相を示していることから、この地域の導入期の石室と考えられ、芦屋市業平古墳と同時期のTK10型式古段階並行期と考えられる。

八十塚古墳群岩ヶ平支群3号墳の石室は（芦屋市教委 1966）、袖部が2石で構成されており、業平古墳よりも新しい傾向を示す。羨道長が玄室長を上回るものの、石室の基底石に発達した状況は認められない。奥壁の基底石が1石になっている部分が新しい様相を示している可能性も残るが、やや新しい時期の石室と考えられ、TK10型式新段階からTK43型式並行期にかけての時期の石室と考えられる。

八十塚古墳群岩ヶ平支群5号墳の石室は（芦屋市教委 1967）、袖部の石材が2石で構成されており、玄室・奥壁ともに石室の基底石に大型化の傾向が認められる。しかしながら側壁上部の石材は依然として小型のもので、全体としては多段積みとなっている。羨道部分も小型の石材で構成されていることから、時期的には平林古墳並行と考えられ、TK43型式並行期と考えられる。

芦屋神社境内古墳は、袖部が1石で構成されており、新しい要素を示している。玄室側壁は平林古墳に近い様相を示しており、袖部より新しい要素は見あたらない（一瀬ほか 2014）。奥壁が3段

積みを指向していることから考えても、牧野古墳並行期の石室で、時期としてはTK209型式並行期と考えられる。

　城山17号墳は（兵庫県教委 1984b）、玄室の石材に大型化の傾向が認められ、段数も3～4段積みとみられる。明瞭な目地の通りが認められず、牧野古墳以降に認められる特徴である。時期としては牧野古墳ないしは水泥塚穴古墳並行と考えられ、TK209型式並行期でも新しい傾向を示す石室である。

　老松1号墳の石室は、奥壁の基底石に板状の石材を使用しており、新しい要素と考えられる。袖は柱状の石材を使用しており、玄室平面プランはやや胴張ぎみになっている。袖部は2段で玄室は4段で構成されており、中央部に目地が通る。羨道部は2段積みと考えられる。時期としては、水泥塚穴古墳並行と考えられ、TK209型式並行期でも新しい傾向を示す石室と考えられる。

　八十塚古墳群岩ヶ平支群第1号墳の石室は両袖式の石室で、奥壁が1石化するなど新しい傾向を示している（芦屋市教委 1966）。側壁の石材に大型化がみられ、羨道も2段で構成されている。袖は柱状で、おそらく1石であると考えられる。時期としてはTK209型式並行期の石室と考えられる。この時期には確実に両袖式石室が導入されていると考えられる。なおこの古墳の奥壁が1石であるのは、やはり西からの影響が考えられる。

　八十塚古墳群岩ヶ平支群第19号墳の石室は、奥壁が1石化するなど新しい傾向を示している。玄室側壁は石材の発達が認められず、古い様相を残している。袖部が退化傾向を示しており、TK209型式並行期ないしはそれ以降の時期と考えられる。奥壁1石化の石室としては早い事例のひとつであろう。

　八十塚古墳群岩ヶ平支群50号墳の石室は（芦屋市教委 1992）、奥壁が城山17号墳などと同様に大型化・単純化が進んでいる。側壁には明瞭に新しい傾向が認められない。無袖の石室であることを考えると、時期としては城山17号墳より新しい飛鳥I期の段階まで下げて考えた方がよいのかもしれない。

　旭塚古墳の石室は（森岡 2009）、奥壁が2段を指向しており、傾向としては老松1号墳などの系譜上にあると考えられる。側壁は1段積みを指向しており、羨道は1段積みである。部分的に切石が認められる。石室の時期としては、岬墓古墳ないしは西宮古墳並行の時期と考えられる。

　この地域では、石材の大型化は進む傾向にあるものの、袖石の簡素化はやや遅れる傾向にある。また、西からの影響も受けていると考えられる。

8　丹波の横穴式石室

（1）多紀郡の横穴式石室の変遷（図86）

　多紀郡では、導入段階の石室としては、灰高1号墳があげられる。羨道のほとんどない石室で、氷上郡の多利向山C2号墳と同様両袖の石室である。玄室の側壁・奥壁ともに小さな石材を使用しており、袖部は3石以上で構成されている。次のTK10型式古段階並行期の石室としては灰高2号墳、やや遅れて、すえが谷西1号墳・箱塚4号墳がある。箱塚4号墳を除いては片袖の石室である。羨道が明瞭化する以外は石材の規模や用法などに目立った変化はない。

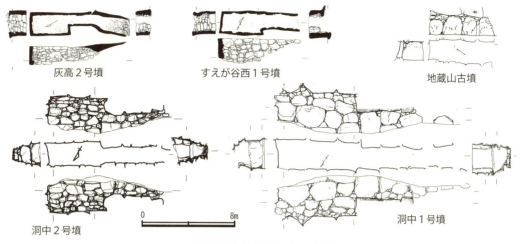

図86 丹波多気郡の石室実測図

　TK43型式並行期の石室としては、両袖式石室を埋葬施設とする洞中2号墳がある（富山2007）。奥壁3段で側壁の基底石が縦使いに変化しはじめている。玄門部の石材は縦使いの2段である。

　TK209型式並行期の石室として、指標となるべき石室をあげることはできない。飛鳥Ⅰ並行の石室として洞中1号墳がある。洞中1号墳は両袖式石室で、全長約16mを測る兵庫県下最長の横穴式石室である。奥壁3段、側壁2段で構成されており、玄門部は1石、羨道もほぼ1段で構成されている。

　また洞中2号墳に近い時期の石室として、岩井山3号墳や稲荷山古墳、地蔵山古墳などがある。岩井山3号墳は奥壁に石棚をもつもので、周辺の同一古墳群中には石棚は確認されていない。稲荷山古墳は、T字型プランの玄室を持つ石室でやや洞中2号墳に先行する可能性のある石室である。諏訪山古墳は、氷上郡からの影響か玄門部にまぐさ石をもつ石室である。

　このように、洞中2号墳の時期には周辺に多彩な石室が築かれており、地域性の強さを示していると考えられる。よって、分類の上では洞中2号墳などは大和系石室に入れられる可能性も残るが、上記の結果からみて、洞中2号墳築造段階までは、あえて大和からの影響を考える必要はないものと考えられる。

　群集墳の石室は、TK209型式並行期には無袖が主流となる。また特殊扁壺など地域的特徴をもつ遺物が、箱塚4号墳から出土しているが、TK209型式並行期以降、地域的特色は薄れる傾向にある。

（2）氷上郡の横穴式石室（図87）

　導入期の石室としては、MT15型式並行期の井原至山古墳や多利向山C2号墳がある。いずれも両袖で小型の石材を多用して築かれている。袖部は井原至山古墳の石材が多段であるのに対して、多利向山C2号墳では立石を使用している。玄室内の側壁にも腰石気味の石材が使用されている。これらのことから、多利向山C2号墳の方が導入にあたってのモデルとなる石室により近い形で築かれているものと考えられる。なお、いずれの石室も左袖部の方が幅広く築かれている。

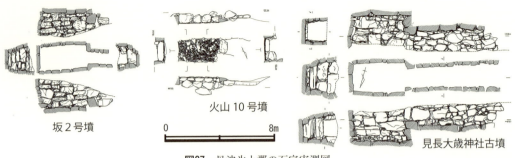

図87 丹波氷上郡の石室実測図

　次の段階になると、導入期の石室にみられた諸特徴は正方形に近い玄室プランも含めて認められない。この時期の石室としては、坂2号墳がある。この坂2号墳は（氷上郡教委 1995）、坂1号墳へと変化することが、まぐさ石の退化傾向から読み取ることができる。このまぐさ石は、見長大歳神社古墳へと受け継がれるまで、その変化過程をたどることができる。

　坂1号墳・2号墳は、いずれも前方後円墳で、この地域の首長墓と考えられる。よって、この地域の横穴式石室の主系列の石室として、まぐさ石をもつ石室が存在していたことは明らかである。このほか下油利群集墳・北野群集墳内の石室や伊佐口古墳などにもまぐさ石が認めらる。また、坂2号墳に認められる明瞭な棒状まぐさ石から、見長大歳神社古墳のように羨道第一天井石が一段下がったものへと変化するようである。

　坂1号墳・2号墳ともに奥壁は多段積みで、側壁にこれといった特徴は認められない。坂1号墳の側壁の方がやや大型化しているようにみられる。玄門部の袖は、2段で構成されている。なお、坂1号墳の袖は、右側の幅が広くなっているが、坂2号墳・見長大歳神社古墳の袖は、導入期の多利向山C2号墳などと同様に左袖の幅が広くなっている。

　見長大歳神社古墳は（奈良大学考古学研究室 1996）、奥壁3段積みで、側壁の基底石は縦使いとなっている。袖部の石材は縦方向の1石で構成されている。時期的にはTK43型式並行期でも末に近い時期が考えられる。

　一方、群集墳の石室では、野坂大谷12号墳が両袖であるのに対し、それ以降では、片袖から無袖へと変化を遂げるようである。なお、高坂1号墳は左片袖であるが、火山10号墳・7号墳は右片袖である。野坂大谷13号墳も右片袖である（兵庫県教委埋蔵文化財調査事務所 2005b）。

　火山10号墳では（兵庫県教委埋蔵文化財調査事務所 2005a）、玄門部にしきみ石があり、羨道と玄室に段差をもつ構造となっている。また火山7号墳では、片袖部分の石材が内側に飛び出すなど、地域的な特徴を備えている。9号墳の玄門付近がくびれ、羨道が開く特徴も在地的要素と考えられる。

　TK209型式並行期には石室の無袖化が進み、主たる特徴を認識しづらくなるが、主系列の石室も含めて、TK43型式からTK209型式にかけて、在地的特徴が残ると考えられる。

　群集墳の中には大和からの影響が認められる石室もあるが、野坂大谷13号墳に代表されるような、玄室床面から羨道が低く下がるように傾斜するのは地域的要素と考えられ、必ずしも無袖化とともに大和からの影響が地域全体に広まったとは考えにくい状況にある。また、TK209型式並行期

と考えられる谷上野田2号墳の奥壁に石棚があり（植野ほか 1998）、これも地域的特徴のひとつといえよう。また、奥壁部分に「力石」または「隅詰め」といわれる技法が坂1号墳・2号墳や見長大歳神社古墳・北野18号墳などにみられ、これもこの地域の特徴的な石室の構築のあり方と考えられる。

なお時間的変化でいえば、群集墳の石室はいずれも石材が小型で、これといった特徴をもたない。一部に基底石が縦使いのものもあるが、一般的に群集墳の石室で基底石が縦使いとなるのは、飛鳥I期並行期以降である。

以上の状況からみて、石室の諸特徴や変遷過程においても大和と一致する部分が少なく、あえて大和からの影響をこの地域においては考える必要はないと思われる。

9　播磨の横穴式石室

（1）東播磨明石郡

神戸市域の中で、古墳群全体が理解できる資料はそれほど多くない。舞子古墳群など著名な古墳群はいくつか存在するが、発掘調査などによる詳細な資料となると高塚山古墳群があげられるのみである。ここではまず高塚山古墳群を中心に、石室の特徴とそこに浮かび上がる地域間交流について考えてみたい。

高塚山1号墳の墳形は楕円形で、埋葬施設は複室構造でT字形の玄室をもつ両袖の横穴式石室である（神戸市教委 1994b）。築造時期は6世紀後半から7世紀初頭と考えられる。小型ながらT字形の玄室をもち、白毛13号墳との類似点が認められる。おそらく西からの影響とも考えられ、大和からの影響は認められない。また、複室構造をもつなど大和の基本形にはみられない要素である。高塚山2号墳は方墳であり、埋葬施設は右片袖の横穴式石室である。これといった特徴はなく、大和からの影響も考えられるが、石室内には線刻壁画があり、山陰または四国方面との交流もうかがわれるものである。

高塚山7号墳は東西13mを測る楕円形墳で、埋葬施設は石室全長10.7mを測る右片袖の横穴式石室である。玄門部分には巨石による閉塞が行われている。この巨石に関しては、框石である可能性も残されている。

高塚山8号墳は東西11mを測る楕円形墳で、埋葬施設は複室構造で右片袖の横穴式石室である。玄室を立柱石で区画して複室構造としているほか、中浜が指摘されている羨門立柱石[6]も認められる（中浜 2001）。なおこの石室内には4棺の木棺が配置されており、そのいずれもが火を受けていることが確認されている。

高塚山9号墳は東西13mを測る楕円形墳で、埋葬施設は右片袖の横穴式石室である。玄室内の石材に魚の線刻画が認められ、山陰または四国方面との交流もうかがわれる。

高塚山古墳群内においても、さまざまな個性がうかがわれる。白毛13号墳との類似点が認められる1号墳のほか、複室構造をもつ1号墳と7号墳、羨門立柱石をもつ8号墳、線刻壁画をもつ6号墳と9号墳である。それに対して、2号墳をはじめとして個性の確認できなかった石室も存在する。羨門立柱石をもつ8号墳に関しては加古川流域との交流が考えられ、線刻画の存在からみて、

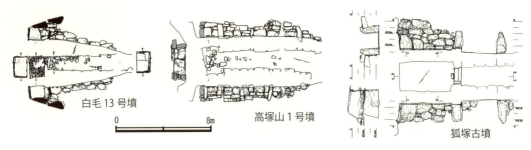

図88 西からの影響が認められる石室実測図

間接的であるにしても広範囲に情報を入手していることがうかがわれる（図88）。

　このことから、独自に導入した石室形態の系譜がうかがえるほか、個性豊かな石室を築いた古墳群であると考えられる。ただし、2号墳の横穴式石室にみられるように大和方面からの影響が皆無とはいいきれず、大和の基本形が導入されているかどうかの議論は別としても、大和の石室の情報についてはある程度入手可能であったと考えられる。

　舞子古墳群毘沙門1号墳の埋葬施設は、T字形の横穴式石室である（神戸市教委 1989）。出土遺物から、TK10型式古段階並行期に比定でき、高塚山1号墳に先行するものと考えられ、この地域における導入段階の石室と考えられる。

　神戸市狐塚古墳は（神戸市教委 1995）、舞子古墳群の西15kmに位置する直径25mを測る円墳であり、古墳裾をめぐる周溝の外側にも周溝が確認されており、二重に周溝がめぐらされていた。二重周溝の外側の規模は、直径50mを測る。埋葬施設は、全長9.5mを測るものである。玄門床部分には框石が配され、羨門部分には羨門立柱石が配されている。玄室には凝灰岩質砂岩製の組合式家形石棺が配置されていたと考えられている。出土遺物からTK43型式段階には築かれていたものと考えられる。

　狐塚古墳は、外側の周溝を含めると直径50mを測る規模の大きなものであり、周辺の状況からみて、舞子古墳群などを含む首長墳であった可能性が高いと考えられる。その古墳の石室についてであるが、羨門立柱石をもつ点は加古川流域との交流がうかがわれ、玄門床部分に框石が配される点からみても大和の基本形の範疇にはないものと考えられる。埋葬された家形石棺の石材は、在地産の凝灰岩質砂岩を使用している。このことからも狐塚古墳は在地指向の強い古墳と考えられる。

　狐塚古墳にはなぜこのような石室が採用されたのであろうか。周辺の状況からみて、大和からの石室などを含めた葬制に関する情報は、間接的にではあるにしろ確実にもたらされているはずであるから、情報がないがゆえにこういった石室を採用したのではないと確言できる。狐塚古墳の石室や石棺などからうかがわれることは、この地域の首長が大和方面との交流をもちながらも、地域的様相を強く出している点である。これは、高塚山古墳の線刻壁画にみられるような山陰または四国との交流の結果として、この石室が採用されたと考えられる。以上のことからこの地域では、首長墓に山陰または四国にその源流を求める石室が採用されており、地域的様相が首長墓にまで及んだと考えられる。

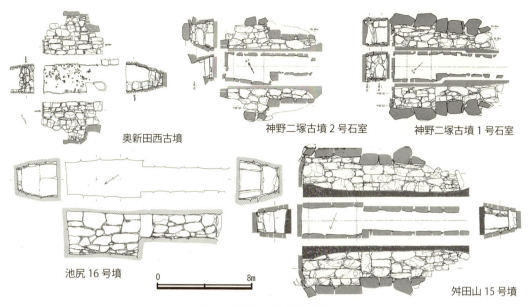

図89 印南郡の石室実測図

（2）東播磨印南郡（図89）

　印南郡における横穴式石室の導入は意外に遅く、TK10型式古段階並行期と考えられる。池尻3・19・57号墳がそれに該当する（加古川市教委 1965）。いずれも左片袖の石室で、小型の石材を多用して石室を築いている。ただし池尻19号墳は、奥壁と側壁に腰石状の石材を使用しており、他地域からの導入である可能性を含んでいる。

　TK10型式新段階並行期の石室としては、池尻58号墳・奥新田西古墳があげられる（加古川市教委 2000）。いずれも、右片袖の石室で基底石は依然として小口積みで、袖は平積みの3段となっている。

　TK43型式並行期の石室としては、池尻8・12号墳、神野二塚古墳がある。神野二塚古墳は（加古川市史編纂専門委員 1996）、前方後円墳で、前方部と後円部にそれぞれ横穴式石室を埋葬施設としており、この地域の首長墓と考えられる。後円部の石室は、袖の基底石が縦となっており、二段積みである。立面形は越塚形態に属する。前方部の石室は、ほぼ同時期と考えられる。

　池尻8号墳は、両袖式の石室で、奥壁は1石、側壁が多段、袖には細い柱状石が使用されており3段積みである。池尻12号墳は、側壁が多段で、羨道は2段積み、袖には細い柱状石が使用されており、羨道部が途中で狭くなって二重の羨道を形成している。ただし柱状石は羨道天井石には達しておらず、途中で玄室側壁と一体化している。

　この時期には、首長墓には特に目立った個性は現れないが、群集墳のなかには袖部に柱状の石材（上田哲 1985）を使用しはじめているものもある（図90）。この柱状石は本来、玄門立柱石として、羨道側壁から飛び出すように据えられるのが普通である。このような石材の用法は、通常大和では認められず、東海や山陰および筑後周辺に認められる使用方法である。

　TK209型式並行期に位置づけられるのは、阿弥陀第Ⅱ号墳・奥新田東1号墳・舛田山15号墳・池

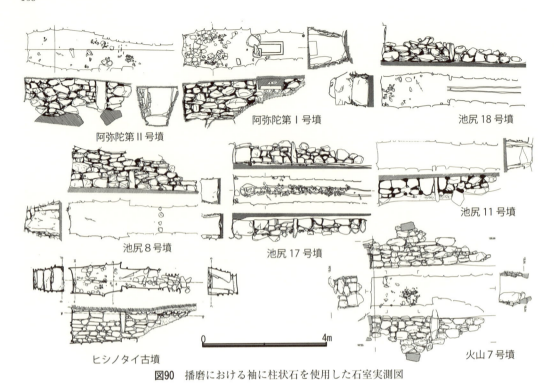

図90 播磨における袖に柱状石を使用した石室実測図

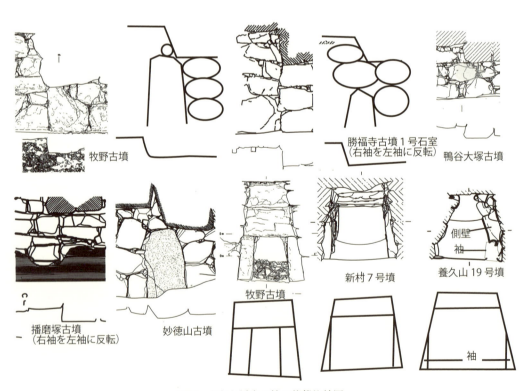

図91 大和と播磨の袖の状態比較図

尻05・06・10・11・18号墳・中山1号墳である。

　舛田山15号墳は（加古川市教委 1965）、全長14.21mを測り、両袖の横穴式石室を埋葬施設としている。奥壁3段積み、側壁が3～4段積み、羨道は3段積みで、右袖に化粧状の柱状石を使用している。この石室に地域性を示すものは右袖部の柱状石のほかはない。周囲の石室の状況と比較すると、袖部は羨道天井石まではっきりしており、ズレも認められない。よってこの石室は、大和からの影響を考えざるを得ないと思われる。

　奥新田東1号墳は、奥壁1石、側壁の基底石が縦使いで、羨門立柱石があり、側壁に谷積みが認められる（兵庫県教委 2001a）。奥壁の1石化が地域的特徴として早い段階からあり、羨門立柱石という地域的特色をもつ石室である。

　池尻10・11・18号墳では、側壁の基底石が縦使いで、側壁に谷積みが認められる。袖部には化粧状の細い柱状石があり、前段階より発達して、1石で羨道天井石を受けている。しかし、羨道天井石に達する部分で、玄室側壁に埋没してしまっている。なお18号墳はやや玄室が胴張となっており、周辺部からの影響が考えられる。

　阿弥陀第II号墳は（高砂市教委 1965）、胴張の玄室をもつ両袖式の石室で、袖部には柱状石を使用するものの、羨道側壁から突出していない。九州の名木野6号墳や瀬戸市高塚山古墳群の石室にやや類似しているものの、正確な源流は特定できない。舛田山15号墳のように大和からの影響をうかがえる石室の出現とともに、大和以外からの地域の特色が現れはじめる。

　7世紀初頭に位置づけられるのは、池尻16・17号墳・大亀谷山古墳・阿弥陀第I号墳である。

　池尻16号墳は、全長13.80mを測り両袖の横穴式石室を埋葬施設としている。奥壁が2段積み、袖部は1石で構成されており、羨道が2段積みである。奥壁の石材配置など、赤穂市西野山8号墳と類似する点が多く、両者が同じ源流のもとに築かれたと思われる。強いていうなら池尻16号墳のほうが全体的に精緻である。また池尻16号墳では、舛田山15号墳でみられたわずかな地域的要素も払拭されている。

　池尻17号墳は、奥壁2段・側壁3段と石材の大型化が進んでおり、袖には柱状石を使用している。側壁には谷積みが認められる。

　阿弥陀I号墳はやや玄室が胴張の石室で、袖には細い柱状石を使用している。柱状石は羨道側壁から突出していない。川原石積み状の割石で構築されており、石材の大型化が認められない。このように、この地域の最大規模を誇る中心的な石室では大和との関係が浮かび上がってくるが、群集墳では、この時期でも袖部に柱状石を使用するなど地域的な様相が継続している。

（3）東播磨神前郡（図92）

　神前郡では、妙徳山古墳と山崎大塚古墳がある。

　妙徳山古墳は（福崎町史専門委員会 1990）、全長約12.6mを測り両袖式の横穴式石室を埋葬施設としている。奥壁・側壁ともに3段積みで、袖石は1石で構成されている。谷積みが認められることから、TK209型式並行期以降の石室と考えられる。大形の石室ではあるが、袖部の石材は左右ともにほとんど羨道天井石を支えておらず、地域性の強い石室といえよう。

　山崎大塚古墳は（福崎町史専門委員会 1990）、全長約13.3mを測り両袖式の横穴式石室を埋葬

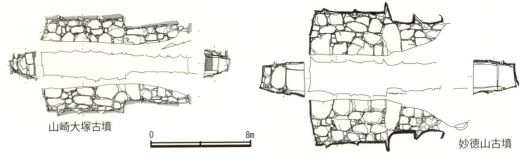

図92 神前郡の石室実測図

施設としている。奥壁・側壁ともに3段積みで、袖部は1石で構成されている。谷積みが認められ、TK209型式並行期と考えられる。袖部は精緻なものであるが、玄室がかなり細長く、やや胴張気味に玄室中央部分が膨らんでいるのが気になるところである。妙徳山古墳に先行すると考えられるが、明らかに大和からの影響とは言い難い部分を含んでいる。

すでに大阪の山畑古墳群（図79）の記述で羨道天井石の位置と袖石にずれが発生している点は指摘したが、図91で示すように播磨では、袖石の玄室側壁との一体化または、羨道側壁との一体化、袖石と天井石の位置のずれなどが常態化する傾向にある。それが群集墳内の石室にとどまらず、妙徳山古墳の石室のように地域の大型石室にまで及ぶ傾向にある。

（4）西播磨夢前川流域周辺（図93・94）

丁古墳群は、導入時に北部九州系の石室を採用しており、その後の石室展開も独特のものがあって、ほとんど大和の石室変遷観を援用できない石室群である。この古墳群では、奥壁には一定の発展が認められそうであるが、それ以外はほとんど変化がなく、明確に変遷を追うことができない。揖保郡に入ってそろそろ大和での変遷観が通用せず、独自の地域的変遷観が必要になってきたようである。

太市中古墳群は、12基の調査が行われ（兵庫県教委埋蔵文化財調査事務所 2003）、各石室から豊富な遺物が出土している。そこで若干、土器の情報もあわせて石室の変化をたどってみることとする。太市中4号墳は、玄門立柱石をもつ北部九州系の石室である。奥壁・側壁ともに基底石を縦使いとして、腰石風に仕上げている。時期としては、須恵器からみてMT15型式並行期～TK10型式古段階並行期にかけての時期と考えられる。

太市中6号墳は、右片袖の横穴式石室を埋葬施設としている。奥壁基底石が縦使いで2石使用している。時期としては、TK10型式新段階並行期～TK43型式並行期にかけての時期と考えられる。袖石は、平積みの2段以上で、石材の用法にとりわけ新しい要素や特徴は認められない。

太市中12号墳は無袖の石室で、出土した土器からTK43型式並行期と考えられる。奥壁基底石は2石使用されており、側壁にはこれといった特徴はない。この時期にこの地域には無袖が出現すると考えられる。

太市中2号墳は、無袖の横穴式石室を埋葬施設としている。奥壁基底石は1石で構成されており、側壁にやや石材の大型化が認められる。太市中08号墳は、右片袖の横穴式石室を埋葬施設とし

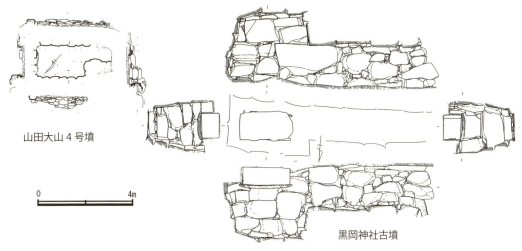

図93　夢前川流域周辺の石室実測図

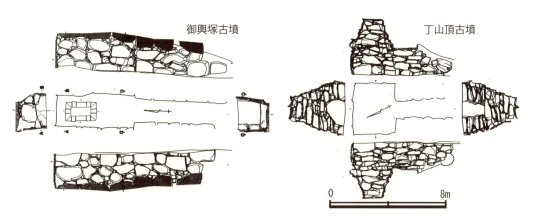

図94　姫路市域の石室実測図

ている。奥壁基底石は1石で、袖部は縦使いの1石で構成されている。側壁には谷積み風の石材用法が認められる。これらの石室からは、TK209型式並行期～7世紀前半にかけての時期の土器が出土している。遺物からみれば、やや2号墳が先行するとみられる。

　以上の成果から、奥壁基底石が2石から1石へと変化するのがTK209型式並行期と考えられ、この段階には、石材の大型化が進みはじめると思われる。

　山田大山4号墳は（播磨考古学研究集会実行委員会 2001）、右片袖の石室で羨道が未発達のものである。平面プランは見野長塚古墳後円部の石室に類似しており、時期もほぼ同時期と考えられる。山田大山2・3号墳は、玄室がやや大型化しているものの、石材には目立った大型化の傾向は認められない。山田大山4号墳に次ぐ時期の石室と考えられる。

　原北町古墳・黒岡神社古墳（太子町 1989）・立岡山3号墳は、奥壁基底石が1石で、袖部は1石から2石で構成される。側壁基底石は縦使いとなっているが、多段積みである。時期としては、TK43型式並行期～TK209型式並行期と考えられる。白毛9・13号墳は（中浜 1990）、逆L字状の

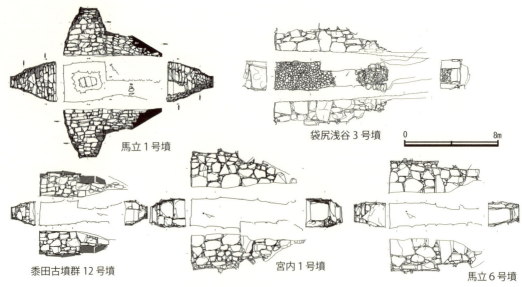

図95　揖保川流域の石室実測図(1)

平面プランをとる特殊な形状の石室である。この古墳の玄室プランに類似した石室は、高塚山１号墳・若狭野古墳である。時期としては、７世紀以降と考えられる。

また内山戸古墳群の状況から、石室の小型化は７世紀以降に始まったものと考えられる。

この地域では、九州系の石室が導入され両袖式石室を採用するが、時期の変遷とともに片袖ないしは無袖が主体となっていく。よって、両袖式石室の導入段階は時期として明示できない。また、変遷観も大和の流れを援用できないまでに在地的要素が顕著である。

これは、西摂ですでに始まっていたことではあるが、側壁に使用する石材の極端な大型化の遅れが主たる要因と考えられる。それがすべての部位に及び、前後関係の判断を難しくしている。

（５）西播磨揖保川流域周辺（図95・96）

揖保川流域周辺の石室の導入段階以後の展開については、大和の変遷観を援用できない部分が多く含まれているため、まずこの地域における変遷をつかんでおきたい。

黍田古墳群12号墳は左片袖の石室であり、奥壁が４段積みであり、袖石は２石で構成されている。側壁の基底石は縦使いへと変化しているが、依然として顕著な石材の大型化は認められない。

馬立６号墳の石室は左片袖であり、奥壁は２段積みで、袖石は１石へと変化している。側壁の石材も黍田12号墳と比較して、大型化が認められる。

以上のように、黍田12号墳から馬立６号墳へと奥壁の段数の減少、側壁の使用石材の大型化、袖石の１石化が認められ、時期的に前後関係が把握できる。ただし、黍田12号墳以前の石室については、判別が困難な状況にある。２基の古墳にみられる変化は、周辺の調査で出土した須恵器から、TK43型式並行期〜TK209型式並行期にかけての間での変化と考えられる。

ここで、導入段階にすでに造墓が開始されて、当初独自に石室が導入された馬立古墳群（新宮町教委 1992）を詳細にみてゆきたい。この馬立古墳群では、群集墳の石室については詳細な実測図が公開されており、諸条件が整っていることにもよる。

第4章　横穴式石室からみた地域間交流　173

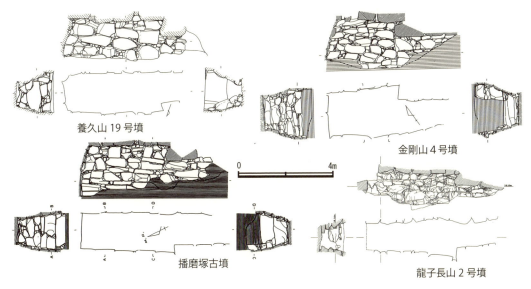

図96　揖保川流域の石室実測図(2)

　馬立1号墳の埋葬施設は、全長7.8mを測る左片袖の横穴式石室である。石室の基本構造は、西宮山古墳と酷似している。

　馬立4号墳の埋葬施設は、全長7.4mを測る右片袖の横穴式石室である。右袖の形態が、現状の基底部では明瞭な袖を形成しているが、上半部では不明瞭になり、羨道側壁と玄室側壁が一体化しており、「隅詰め」が認められる。また奥壁はほぼ1石で構成されているが、その形態は山形を呈している。時期としては、7世紀以降であろう。

　馬立6号墳の埋葬施設は、全長8.9mを測る左片袖の横穴式石室である。石室は、左の袖の部分が上半部では玄室側壁と羨道側壁が一体化しており、「隅詰め」が認められる。また奥壁は2段で構成されているが、基底部の石材は4号墳同様に山形を呈している。また、左袖に対応する側壁部分には、袖石状の石材が使用されており、両袖を強く意識した石室であると考えられる。時期としては、TK209型式並行期以降であろう。6号墳と4号墳を比較すると、4号墳の奥壁の山形がより発達した傾向にあり、玄室幅に対する羨道幅が広くなる傾向があるなど、4号墳においてやや新しい傾向が認められる。

　馬立17号墳の埋葬施設は、全長8.0mを測る両袖式の横穴式石室である。この石室には「隅詰め」が使用されており、玄室の床部分には敷石が敷かれていた。また奥壁には山形の石材が使用されており、2段で構成されているが、石材の用法としては充塡的な意味合いの強いものである。袖の部分は、両袖ともに上半部分では玄室側壁と羨道側壁が一体化しており、袖部分は不明瞭となっている。奥壁の段数や羨道幅と玄室幅の関係において6号墳よりも新しい傾向を示すが、時期としては、TK209型式並行期以降であろう。

　馬立19号墳の埋葬施設は、全長7.7mを測る無袖の横穴式石室である。奥壁は2段で形成されており、7号墳と同様に山形の石材の使用が認められる。7号墳と併行関係にある石室と考えられるが、奥壁の状態は7号墳よりも1石化が進んだものと考えられる。時期としては、7世紀以降であ

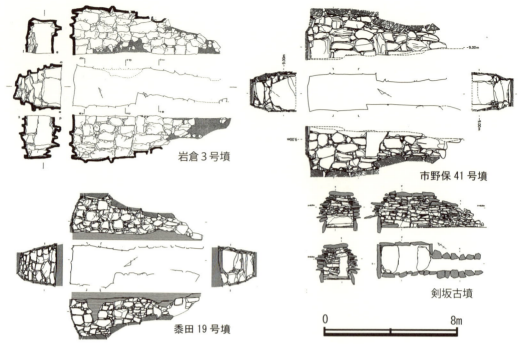

図97 天井石がやや特殊な事例の石室実測図

ろう。

　馬立20号墳の埋葬施設は、全長6.2mを測る無袖の横穴式石室である。奥壁は2段で形成されているが、山形の石材の使用は認められない。立地状況や奥壁の比較において19号墳に後続する石室と考えられる。この石室には、この古墳群に認められた「奥壁に山形の石材を使用する」といった個性の消失がおきている。時期としては、7世紀以降であろう。

　現在確認されている石室について述べてきたが、馬立古墳群では、奥壁に山形の石材を使用することをひとつの個性としている。また、袖の構成は在地性の強いものである。これらのことから馬立古墳群は一貫して在地の個性を発揮した古墳群と考えられ、この個性は馬立20号墳の段階には消失すると考えられる。このことは、大和における石室の要素が群集墳内部の石室において徐々に浸透していったものではないことを証明しており、個性の消失はある段階に突然現れるのである。

　宮内1号墳は、奥壁を3段積みにする右片袖の横穴式石室を埋葬施設とする。側壁の基底石は縦使いとなっており、袖部の石材は縦の2石である。TK43型式並行期〜TK209型式並行期にかけての時期であろう。

　揖保川流域の黍田古墳群については、この節に関わる部分についていくつか述べておきたい。

　黍田19号墳は（揖保川町史編纂専門委員会 2001）、石室には小型の石材を使用しており、羨道長が玄室長を超えている。時期としては、TK10型式新段階並行期と考えられる。玄室天井は玄門部で一段下がるものの、そのまま羨道途中まで高さを減じる構造となっている。剣坂古墳に認められる構造ではあるが、周辺を含めて類例は少ない。他地域からの移入も含めて注意が必要である（図97）。

黍田12号墳の埋葬施設は、左片袖の横穴式石室である。前壁に接する玄室側壁が袖状に一段突出しており、左袖の上半部では玄室側壁とほぼ一体化した状態となる。黍田12号墳は、地域的個性の強い石室であると考えられる。時期としては、馬立１号墳より後出であることからTK10型式古段階併行からTK43型式併行の時期と考えられる。

　黍田中山８号墳（黍田８号墳）は、奥壁基底石が縦使いの２石で、２段積みとなっており、その用法は西野山８号墳や池尻16号墳と一致する。袖部が２石で構成されるなど古い要素を残すが、時期としては、７世紀以降と考えられる。

　この古墳群では、玄門立柱石をもつ16号墳など地域的な個性をもつ石室が築かれるが、これらの個性の消失は石室の小型化に伴うTK217型式期併行の時期に始まるものと考えられる。

　袋尻浅谷３号墳は（揖保川町教委 1978）、奥壁基底石がほぼ１石となっており、側壁に大型化が認められる。袖部は１石で構成されている。出土遺物の中にミニチュア炊飯具が出土しており、朝鮮半島との関係が指摘できる。この石室の時期は、奥壁基底石の状態から７世紀に入ると考えられる。

　龍子長山２号墳は（兵庫県教委 1984c）、玄室長の長い右片袖の石室である。奥壁は多段積みで、側壁に石材の大型化は認められない。時期としては、TK10型式新段階並行期と考えられる。龍子向山１号墳は、奥壁が４段積み、袖部は縦使いの２段となっている。袖部の形状と奥壁段数より、TK43型式並行期～TK209型式並行期と考えられる。

　このように、かなり地域性が強い状況がうかがえるが、馬立古墳群にみられた奥壁の特徴は周辺部では認められず、基底石１石の２段積みへと急速に変化するものもある。また備前周辺で特徴的にみられる、基底石を２石縦方向に並べて使用する石室も分布域が限られているわけではない。これらの状況は、地域としてのまとまりよりも、個々の群集墳内部での他地域との交流の状況を示していると考えられる。

（6）西播磨千種川流域周辺 （図98・99）

　揖保川と千種川の中間に存在する入野大谷古墳は（相生市教委 1982）、円墳で、埋葬施設は全長7.23mを測る右片袖の横穴式石室である。右袖には、玄門立柱石が張り出している。出土遺物からTK209型式併行の時期と考えられる。

　入野大谷古墳の南に位置する小丸古墳群２号墳は（小丸古墳群調査団 1985）、埋葬施設が全長6.7mを測る左片袖の横穴式石室である。左袖は、上部で玄室側壁と羨道側壁が一体化するものである。奥壁の１段目は、縦方向の石材を２枚組み合わせて使用するもので、個性的な横穴式石室である。この石室の時期は出土遺物などからTK43型式併行の時期と考えられる。

　緑ヶ丘２号墳は（相生市教委 1982）、奥壁３段積みで、袖部が２段積みの左片袖の横穴式石室である。石室内に線刻があり、他地域との交流がうかがわれる。石室の時期は、奥壁が３段であることから、TK209型式並行期と考えられる。

　小丸第１号墳は、奥壁基底石が２石で、縦使いとなっている。側壁には石材の大型化は認められない。出土遺物をみると、TK43型式並行期～TK209型式並行期のものが含まれており、この時期に比定できる。

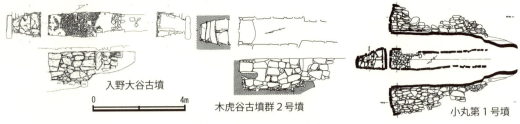

図98 千種川流域の石室実測図

　小丸第2号墳は、右片袖の横穴式石室で、奥壁基底部が縦方向に2枚石を使用して構成されている。奥壁は、2ないしは3段積みである。出土遺物からみてTK209型式並行期と考えられる。奥壁の形状をもとに遺物から時期の変化をみてみたが、3段積み以上の場合はおおよそTK43型式並行期～TK209型式並行期と考えられ、奥壁基底部に2枚の石材を縦方向に使用する場合、2段以上で、TK209型式並行期ないしは7世紀に入る時期と考えられる。これをこの地域における変遷の時期的参考とする。

　木虎谷古墳群1号墳（富山 1999）の埋葬施設は、南東に開口する無袖の横穴式石室である。側壁は、左右とも奥壁から入口側へ傾斜した目地が通っているのが認められる。石材は、大小の石材を比較的乱雑に積み上げ、奥壁付近のみやや大形の石材を使用している。奥壁は、基底部に2枚の石材を縦に並べて使用しており、その上に2石の石材を積み上げている。天井石は入口に向けて徐々にその高さを減じている。時期としては、TK209型式並行期と考えられる。

　木虎谷2号墳の埋葬施設は、両袖の横穴式石室である。石室内部は、床面に若干の土砂が堆積しているもののほぼ全容がわかるものである。石室規模は、全長9.5m+を測る。奥壁の高さ1.3mの所に、奥行1.3m、厚さ0.45mの板石がはめ込まれており、石棚をもつ石室である。奥壁下段には2石で構成しており、その上に棚となる板石をかませて1石を積み上げ、奥壁を構成している。側壁は2ないしは3段で構成されている。墳丘の築造にあわせて構築されたようであり、大きくは3工程に分けて行われたものとみられる。袖は左袖が、右袖に比べて羨道側にややずれており、右袖に比べてやや小ぶりである傾向が認められる。全体の袖の傾向としては、明確な袖といえるもので、羨道の側壁と玄室側壁とが羨道天井付近でも一体化しないで分かれているものである。石棚の下の両側壁には1枚石を使用しており、床の部分にも石材が存在していた。このことから、石棺状を呈していたとみられる。石棚の周辺にはやや大きめの石材を使用している。時期としては、TK43型式並行期～TK209型式並行期と考えられる。

　木虎谷8号墳の埋葬施設は、南に開口する左片袖の横穴式石室である。石室規模は、全長6.0m+を測る。袖石は門柱石の形状をとるもので、2石で構成されている。玄門上部には、まぐさ石をもつ。玄室と羨道の高さはほとんど変わらない。玄門立柱石とまぐさ石の位置はずれており、玄門立柱石よりやや羨道側にまぐさ石が設置されている。奥壁は、基底部に2石の石材を使用し、その上に1石を積み上げるものである。時期としては、奥壁の形状より、7世紀初頭以降と考えられる。

　木虎谷9号墳の埋葬施設は、南東に開口する左片袖の横穴式石室である。石室規模は、全長6.7m+を測る。袖は上部では不明確となり、羨道側壁と玄室側壁が一体化する。なお羨道内にお

いて幅を狭める箇所があり、この部分にも袖のようなものがある可能性はあるが、埋没が著しく判然としない。天井は、奥壁から緩やかに羨道に向けて下がっており、袖の部分では明確な段差をもたない。時期としては、奥壁の形状より、7世紀初頭以降と考えられる。

木虎谷10号墳の埋葬施設は、南に開口する無袖の横穴式石室である。石室規模は、全長7.0m+を測る。奥壁は3段積みである。12号墳とは奥壁における石材の用法に違いが認められ、10号墳では石材を横積みにしている。奥壁の1段目と同じ高さで側壁の1石目が大きい石材を使用している。時期としては、奥壁の形状よりTK209型式並行期と考えられる。

木虎谷12号墳の埋葬施設は、南東に開口する無袖の横穴式石室である。石室規模は、全長7.1m+を測る。側壁は奥壁付近にやや大きめの石材が使用されているが、基本的には乱石積みといえるものである。目地の通りとしては数本認められるが、すべて奥壁側から入口の方へ傾斜した目地となっている。奥壁は、石材を2枚縦方向に使用して1段目を構成している。そして2段目は、石材を横方向に使用して積み上げている。1号墳と石室規模がほぼ同じであり、奥壁の積み方も類似している。しかし奥壁上半部の石材は、12号墳の方が小形化している。石室の中間から入口に向けてやや幅を狭める傾向がある。天井は奥壁側の第1石がやや下がっており、第2天井石との間に段差がある。天井自体は羨道状に幅を狭める部分から緩やかに下がる傾向がある。時期としては、奥壁の形状より、7世紀初頭以降と考えられる。

木虎谷13号墳の埋葬施設は、南西に開口する無袖の横穴式石室である。石室は、全長2.6m+を測る小型のものである。

木虎谷15号墳の埋葬施設は、南に開口する横穴式石室である。石室規模は、全長3.9m+を測る。いわゆる小石室の部類に入るものである。奥壁の上部で左側壁との接合部に向けて丸みをもたせてあり、隅詰めの痕跡とも考えられる。時期としては、奥壁の形状より、7世紀以降と考えられる。

惣計谷古墳群は、尾根を隔て木虎谷古墳群の東側に位置している。

惣計谷A号墳の埋葬施設は、南南西に開口する両袖の横穴式石室である。石室規模は、全長4.24mを測る。袖石は門柱石の形状をとり、それぞれ2石で構成されている。玄門上部には、まぐさ石をもち、玄室と羨道の高さはほとんど変わりない。奥壁は3段積みであり、時期としてはTK209型式並行期と考えられる。

惣計谷B号墳の埋葬施設は、無袖の横穴式石室である。石室規模は、全長2.4m+を測る。奥壁が2段積みへと変化しており、時期としては7世紀以降と考えられる。

惣計谷古墳群ではA・B号古墳のほかに、12号墳に埋葬施設が両袖の横穴式石室がある。これらのことからみると、惣計谷古墳群もまた、群内にいくつかの石室形態をもつ古墳群と考えられる。

塚山古墳群は（荒木 2011）、惣計谷古墳群の東に位置する古墳群である。ここでは古墳群のうち、第1群集墳の主な石室について記載しておく。

塚山1号墳の埋葬施設は、無袖の横穴式石室である。石室規模は、全長5.3mを測る。奥壁の基底石は2石を立てて使用しており、木虎谷古墳群1号墳の奥壁と同様な特色をもつ。時期としては7世紀初頭以降と考えられる。

塚山4号墳の埋葬施設は、右片袖の横穴式石室である。石室規模は、全長7.05mを測る。時期

としては7世紀初頭以降と考えられる。

　塚山6号墳の埋葬施設は、玄室内に間仕切りをもつ右片袖の横穴式石室である。石室規模は、全長11.76mを測る。玄室内の間仕切りは門柱石の形状をとるもので、まぐさ石とともに前室と後室とに玄室を区切っている。奥壁が2段積みであり、前室右側壁の石材の積み方が那波野古墳の石材配置に類似した点があり、時期としては近いと考えられる。

　塚山7号墳は、奥壁が3段積みとなっており、1号墳にやや先行する時期と考えられる。

　以上のことを少し整理しておくと、西宮山古墳の石室のような玄室プランが方形である在地性の個性的な石室が導入される段階には、一部の群集墳で造墓の開始が認められるが、石室は方形のものが主流を占める。その後玄室は長方形のものも導入されてゆき、導入段階の石室形態は失われていく傾向にある。石室の構築技術の拡散とともにさまざまな石室が築かれはじめる段階になると、群集墳は導入段階の石室形態から変化していくかまたは独自の個性をもった石室を築きはじめる。なおこの時には、群集墳内での動向によって、特定の地域的なまとまりを作らずに個別に地域の影響を受け合うような状況を示している。また次の段階では、一部に大和で築かれている石室との類似点は認められるが、地域的な個性は堅持している。群集墳の石室は、群集墳単位または群集墳内部でも石室にさまざまな地域的な個性がうかがわれる。さらに次の段階（7世紀初頭以降）には、群集墳内の石室は小型化しはじめ、石室の多様性は減少してゆく個性の消失の段階である。西播磨では個性の消失する方向性は各地で似通っているが、完全な消失に至るには個別に差があり、しばらく時間を要した。

　群集墳の石室の状況は以上のとおりであるが、次に群集墳の盟主墳および独立墳における横穴式石室の状況について考えてみたい。これらを総合的に比較検討することが重要と考えるからである。[7]

　まず、たつの市狐塚古墳について述べることとする。狐塚古墳は（龍野市教委 1978）、墳形は円墳と考えられるが方墳の可能性も残るもので、埋葬施設は全長9.68mを測る両袖式の横穴式石室である。時期としては、TK43型式並行期と考えられる。この石室の特徴は、大和に多く分布する石室に認められる特徴と共通する部分があることである。しかし石材の用法などにおいて、強い在地性が認められる。特に注目すべきは左袖の部分であり、現状の基底部では明瞭な袖を形成しているが、上半部では不明瞭になり、羨道側壁と玄室側壁が一体化して構架されている。こういった袖の状況は大和では一般的ではなく、馬立古墳群など在地の古墳と共通する要素である。

　このことから狐塚の石室は、大和で築かれている石室と類似点は認められるものの、在地的な要素をもった石室と考えられるのである。このことについて、周辺の石室をもとにもう少し詳しくみていきたい。

　西宮山古墳の西に位置する中垣内群集墳1号墳は、墳形は円墳と考えられており、埋葬施設は全長9.98mを測る両袖式の横穴式石室である（龍野市教委 1978）。この石室も狐塚古墳と同様に左袖の構造がほぼ一致しており、在地的要素を含むものと考えられる。なお、玄室の基底石が縦長に変化しており、TK209型式並行期と考えられる。また狐塚古墳は玄室が埋没しているため玄室高については推定の域を出ないが、中垣内1号墳と前壁の高さがほぼ一致し、玄室規模はやや狐塚古墳

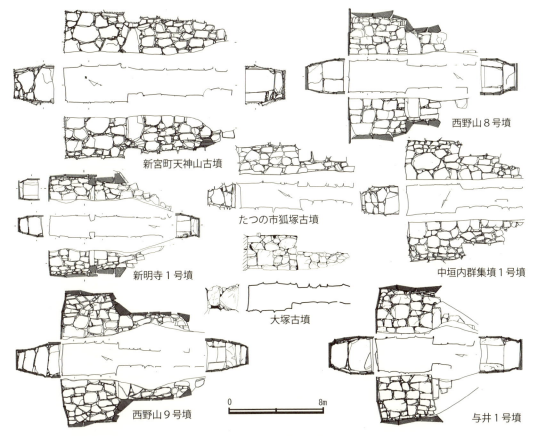

図99 西播磨の大型石室実測図

の方が上回ることから、狐塚古墳の玄室高も中垣内1号墳とほぼ同規模の3m前後であったと考えられ、ともに玄室が高い段階のものと考えられる。

揖保川中流域の新宮町天神山古墳の墳形は円墳で、埋葬施設は石室全長11.36mを測る両袖式の横穴式石室である（新宮町教委 1992）。天神山の石室は左袖が羨道部天井石の開始位置と一致しておらず、袖を構成している石材も上半部では玄室との段差が不明瞭になるなど、狐塚古墳と同様に個性が強い。時期としては狐塚古墳に近い時期と考えられる。

千種川流域の西野山9号墳の墳形は円墳で、埋葬施設は石室全長10.71mを測る両袖式の横穴式石室である（上郡町史編纂専門委員会 1999）。西野山9号墳の石室は、左袖の下段の石材が明確な袖を形成しているのに対して、上段の石材は、袖部を斜めにすることによって玄室と羨道の壁面を一体化している。狐塚の袖の状況と同一視はできないものの、玄室と羨道の壁面が一体化するといった共通点は認められ、在地性を指摘できる。なお時期としては袖部の石材の用法、および奥壁が4段でも3段に近いことから、TK209型式並行期と考えられる。

与井1号墳は（上郡町史編纂専門委員会 1999）、奥壁が2段積み、側壁は多段である。袖は、柱状石を使用しており、在地的要素を含んでいる。時期としては、TK209型式並行期ないしは7世紀以降の時期と考えられる。

鳳張2号墳は（上郡町史編纂専門委員会 1999）、無袖の石室で、奥壁がほぼ2段積みで側壁には新しい要素は認められない。時期としては、奥壁の状態からTK209型式並行期と考えられるが、やや新しい時期の石室であろう。

　惣尻1号墳は奥壁が2段積みで（上郡町史編纂専門委員会 1999）、袖部には玄門立柱石がある。時期としては、7世紀に入ると考えられる。

　惣尻2号墳は奥壁が2段積みで（上郡町史編纂専門委員会 1999）、側壁は多段積みであるものの、袖部は1石で構成されている。奥壁と袖部の状態から、7世紀に入る時期と考えられる。

　新明寺1号墳は奥壁が2段積みで、側壁基底石は縦使いである。袖部は玄門立柱石である。時期としては奥壁から7世紀に入る時期と考えられる。

　鳳張1号墳は奥壁に石棚をもつもので、奥壁の基底石が2石で2段積み、側壁の基底石は縦使いとなっている。時期としては、やや古い可能性もあるが、7世紀に入る時期を想定しておきたい。

　千種川河口付近に位置する大塚古墳の墳形は円墳で、埋葬施設は石室全長8.6mを測る両袖式の横穴式石室である。大塚古墳の石室は、前壁に接する玄室側壁が袖状に一段突出しており、左袖の上半部では玄室側壁とほぼ一体化した状態となる。他の石室に比べ、特徴は必ずしも一致しているとはいえないが、在地性の強い一例と考えられる。おそらく西宮山古墳の壁体の特徴を残しているものと考えられ、古い要素を残している石室と考えられる。この他にこのような特徴をもつ石室としては養久山19号墳の石室などがあげられる。大塚古墳の石室は古い要素をとどめているものの、奥壁2段で袖が2段となっており新しい要素を含んでいるため、時期としては狐塚古墳と同時期かやや先行する時期と考えられる。

　千種川流域の西野山8号墳は墳形は円墳の可能性があり、埋葬施設は石室全長10.3mを測る両袖式の横穴式石室である（上郡町史編纂専門委員会 1999）。袖石は1石で構成されており、奥壁は2段積みである。奥壁の1段目は、縦方向の石材を2枚組み合わせて使用するもので、この特徴は木虎谷古墳群などでみられるものである。袖部は左右ともに明瞭で、9号墳でみられたような袖の状況は認められない。石室の変遷としては、9号墳から8号墳への系譜が考えられる。8号墳は、奈良県越塚古墳と石室の対比が可能である。時期としては7世紀初頭以降の時期と考えられる。[8]

　相生市那波野古墳の墳形は円墳で、埋葬施設は全長10.6mを測る両袖式の横穴式石室である。右羨道側壁に切り欠きが認められ、石材も精緻な状態であることから、切石の石室と考えられる。この石室は奥壁や袖部などに地域的な個性は認められない。

　以上から、次のようなことが指摘できる。西宮山古墳が導入段階の石室であるとすると、龍野市狐塚古墳などが築かれる段階（狐塚段階）には、導入段階の特徴であった正方形プランといった玄室平面型の特徴を失い大和の石室との対比が可能な状況に変化するが、地域的な個性も含まれると考えられる。さらに西野山8号墳の段階になると、側壁の石材の大型化に乏しいもののほぼ確実に大和からの影響を受けている石室が出現し、那波野古墳へと受け継がれる。群集墳では、黍田12号墳が築かれる頃には、各地で石室が築かれはじめ、構築技術が拡散しはじめる。このころまでは、導入段階の特徴を残してはいるが、馬立6号墳が築かれる頃以降には群集墳毎ないしは群集墳内部においてもさまざまな個性をもつ横穴式石室が築かれるようになる。そして、千種川流域の木虎谷

古墳群にみられるように横穴式石室の小型化の進展とともに石室に認められた個性は消失するのである。これらのことについて大和の石室と対比すると、独立墳としては狐塚古墳の石室が出現する段階から、群集墳の場合は石室の小型化の進展による個性の消失の開始という形で始まる段階において、大和の石室の動向を局所的に取り入れはじめている。そして、群集墳築造層と独立墳や群集墳の盟主墳それぞれの動向は、画一的な動きはせず、地域や時期によってずれが認められるのである。

　以上の状況からみて、石室の諸特徴や変遷過程においても大和と一致する部分が少なく、あえて大和からの影響をこの地域においては考える必要はないと思われる。

10　大和・河内とその周辺地域との情報の流れ──まとめにかえて──

　ここまで、各地域の特徴を述べてきた。それらを総合してまとめると、大和での地域的特徴をもつ石室はその分布範囲が限られ、内部では時間的変化がかなり迅速に伝達されるのに対して、周辺部に対しては点的な広まりか遅れた伝達となっており、石室の在地性は大和との距離的な関係で決定されることが理解できる。情報の伝達を捉えるならば、大和・河内の範囲では一定の領域が形成されており、相互の関係や情報のやりとりも密であったと考えられる。その外の領域では、情報の伝達は緩やかであり、局所的な伝達のあり方が読み取れる。これらのことから、周辺地域では中心部との関係は密とは言い難いものと推察される。その関係は距離に左右されると考えられるだけに、6世紀の畿内とその周辺の実態は、大和・河内領域の中心と周縁といった実態が浮かび上がるのであり、ひとつの強固なまとまりの領域には達し得なかったと考えられる。

　人・もの・情報が行き交う社会において、ひとつの流れが6世紀においても把握できた。次章ではその社会の内部構造について詳細に述べることとする。

註

（1）石室の基底石で、石材の面の広い部分を壁面に向けて縦長に使用することを仮に縦使いまたは縦と呼称する。

（2）西弘海による飛鳥の編年（西 1978・1982）を使用するが、以後、飛鳥Ⅰ・飛鳥Ⅱのように略して使用する。

（3）今回の検討において、畿内型の実態としては畿内を冠するには領域的に狭く、実態に即した形としては大和形と呼称すべきものであろう。しかしながら、用語の混乱を招くおそれもあるので、「大和の基本形」としておく。よって本章では、「畿内型」の用語は使用しない。また、畿内系も「大和系」ないしは「在地変容大和系」という用語を使用しこれを使用しない。

（4）MT85までは、盟主墳や首長墓に準ずるような規模の古墳よりも小規模の古墳の方が石室には地域的な傾向が強い。

（5）この地域においては、大和からの影響は階層の上位からもたらされているようで、階層の上位に位置する古墳が畿内中枢部からの情報入手に積極的でなくなる、あるいは関係が疎遠になることによって、地域に埋没傾向が生まれるものと考えられる。この場合、群集墳築造層の情報入手が鍵となるが、この地域はあまり積極的な状況とは考えられない。遠方の情報の間接的入手やその情報の採用については消極的であった可能性がある。いずれにしてもこの地域における大和からの横穴式石室への影響は、階層的

により上位からもたらされる傾向が強く、群集墳築造層が間接的にしろ優先的に影響を受けるような状況にはならなかったと考えられる。しかしながら、群集墳築造層と地域首長との関係を横穴式石室からみた場合、播磨西部の状況と異なり、地域首長は大和との関係による変化に対して大きく影響を受けやすい立場にあったと推定される。

（6）羨門立柱石といった地域的特徴は存在しても、群集墳内部、または広域にすべての石室が羨門立柱石をもつといった石室形態の斉一化という方向性は認められない。播磨内部ではいくつかの点で地域的な特徴が認められるが、上述の羨門立柱石と同様な状況である。

（7）独立墳とは群集墳とは離れて1基ないしは2基のみ築かれているもので、群集墳の盟主墳とは、群集墳内において中心的な位置を占める古墳のことである。おそらく独立墳よりも群集墳の盟主墳の方がややランクは下がるものと考えられる。なお西野山8号墳や9号墳などは、群集墳というよりも首長系譜のなかの古墳群と考えられるものであり、これに関しては東山古墳群における菱田の考察が参考となろう（菱田ほか 1999・2002）。

（8）石室の時期については、相対的な時期であるが、西野山9号墳は牧野古墳ないしは天王山古墳の石室と、西野山8号墳は水泥塚穴古墳の石室と比較検討し、時期決定の参考としている。

第5章　古墳時代後期の諸段階

第1節　大和における石室分布の実態と時間的変化

　大和の石室を概観すると、前方後円墳や独立墳に採用された横穴式石室には基本的に共通点が多く、変遷も似通った動きを示している。しかしながら群集墳内の横穴式石室となると、微妙な個性が見え隠れする。特に龍王山古墳群周辺や、葛城山麓、巨勢山周辺などには、特徴的な石室が存在する。またTK209型式並行期には袖部の変化がやや遅れ気味になる地域が多いなどその変遷においてもやや異なった点が存在するのである。しかし時間的なズレは半型式ほどであり、これまでにみた周辺地域での袖部の造りの崩れは認められない。左右の袖部の位置が異なるとしても大きくずれるケースは少なく、ほとんどが整った袖部を形成している。

　これを、独立墳から群集墳への横穴式石室の構築に関する情報の移入のモデルケースとしておきたい。それは、ある意味これぐらいの情報のブレが存在するということであり、逆にそれ以上のブレに対しては、大和内部では起こりえないこととして取り扱う。

第2節　大和周辺地域の動向と画期

　すでに確認しているとおり、一須賀古墳群 W（WA）支群ならびに高安千塚古墳群では、大和とほぼ同じ動きをすることが確認できた。そして南河内では、TK209型式並行期以降では、大和の群集墳より敏感なほど早い動きをすることも看取することができた。

　このことから、大和における石室の情報を正確に保有していた地域は、TK43型式並行期には、大和（五條市周辺を除く）に一須賀古墳群 W（WA）支群ならびに高安千塚古墳群の範囲を含めた地域であり、TK209型式並行期には、南河内全域が含まれるようになったと考えられる。

　それに比べ山畑古墳群は、すでに述べたように、石室の石材の用法などは遜色がないにもかかわらず、袖部の造りに崩れが生じている。これは、大和では起こりえなかった状況であり、山畑古墳群が所在する河内郡からが、大和の石室文化圏外として、1段下がるようなあり方を示している。

　北河内に入ると石室数が激減し、導入期の石室も左片袖へと変化する。また個別に異なった石室を使用しており、ひとつの地域としてまとまりのなさを感じさせられる。これは、小地域ごとに地域間交流を行っていた結果と考えられるが、石室の多様性は、それぞれの地域がさまざまな地域と交流していた証であり、決して大和を中心としたものではなかったことを示している。

北摂では、石室導入期には中心的な役割を果たすが、すぐに在地化が進んでしまう。2系統の石室がその後も継続して存在することを考えれば、南塚系統の石室の中心が大和へと移ったことに起因していると考えられる。

在地化による左片袖を中心とした石室群へと変化していくなかで、基底石の使用に特徴をもつ石室や、玄室幅の狭い石室などがみられ地域性が強まる傾向がある。完存している石室に乏しいため、袖部の変化は掴めないが、側壁や袖部の石材の用法など、山畑古墳群よりもブレが目立ちはじめている。

西摂では、奥壁が早い段階で1石へと変化するものや、玄門立柱石をもつ石室など、西からの影響を感じさせる石室が加わりはじめる。また奥壁の1石化を果たすにもかかわらず、側壁の石材の大型化は進まず、古い様相を示す事例が多くなる。これも、北摂よりも石室構築における大和を基本としたものからみれば、異なった要素が加わったといえよう。

ここまでみてくると、大和にみられる石室の基本形は、中河内の河内郡を境に変化する。その後は、距離的な関係をもって徐々に基本形は崩れはじめ、他地域からの異なった要素を含みはじめるのである。

播磨に入ると、石室の様相は大きく変化しはじめる。神戸市狐塚古墳の横穴式石室は玄門立柱石をもつようになるのである。また、周辺の高塚山古墳群の石室も個性豊かであり、大和の基本形として捉えるべきか無関係に在地とするべきか判断に苦しむ状況となってくる。

加古川流域の池尻古墳群では、袖部に柱状石を使用するなど在地性が強く、近くの阿弥陀古墳群では胴張の石室があるなど、大和の基本形とは明らかに異なった地域である。そこに舛田山15号墳や池尻16号墳が築かれるのであるが、舛田山15号墳の右袖には柱状石が使用されており、大和からの影響がうかがわれるが、在地的要素も加えられている。池尻16号墳では、やや側壁の石材の大型化が遅れる傾向があるものの、大和からの影響が認められる。

揖保郡に入ると、吉備地域からの影響か、奥壁が1石になった石室が散見できるようになり、変遷観も大和とともに吉備地域の変化も参考にする必要が出てくる。しかしながら、岡山からの影響範囲も面的な状況を示しておらず、散在的な分布を示している。また、玄門立柱石をもつ石室も特定の地域に限定しているわけではなく、分散した状況を示している。奥壁基底石を山形にするものや、奥壁基底石を縦方向に2枚石を使用するものなどさまざまであるが、それぞれが入り組んだ分布状況を示している。

このような分布状況は、大和からの直接的な影響が地域の首長に及びはじめた段階（TK209型式並行期）に相当し、各地の首長層の石室には大和からの影響が及びはじめている。しかし群集墳の石室には大和からの影響は認められない。このことは、群集墳築造層を中心として大和以外との活発な交流が開始された結果を示しているといえ、さまざまな地域の特色が認められる。

赤穂郡に入ると、群集墳の石室は地域的個性が強いといえるが、TK209型式並行期以降には、地域の首長墓に大和からの影響が強く現れはじめる。山陰や四国・吉備からの影響もうかがわれる地域であり、水田などの可耕面積は小さいものの、重要な交流の拠点であったと考えられる。

TK209型式並行期以降、美作地域でも大和の影響かと考えられる石室が存在しており、この時期

には東から西への影響も存在していたと考えられる。

　播磨と同じような状況が三田市域や丹波でも認められ、篠山市や氷上市などでは石室の袖部に崩れが認められるほか、まぐさ石をもつ石室などさまざまな石室が認められる。また京都の亀岡市域でも、石棚をもつ石室や袖部に柱状の石材を使用するなど、在地の要素を含めてさまざまな状況がうかがえるのである。

　なお、この地域には洞中2号墳の時期に前方後円墳が再び築かれるが、石室自体は在地的様相をとどめている。これは、前方後円墳自体は何らかの関連性があったとしても、石室までは外部から導入するに至らなかった状況を示しているものと考えられる。石室の変化は、洞中1号墳の段階であって、7世紀に入ってからのことである。これは中心部が南河内へと拡大してからの動きとみられ、中心部が外部に向けて動ける大勢が整ったことによると考えられる。

第3節　群集墳の動向と被葬者

　近年の研究により、5世紀後半には、棺内への複数埋葬が普遍的に行われていた実態が明らかにされつつある。大和ならびに周辺地域では、6世紀に入り横穴式石室が導入されると、石室内への埋葬は2棺が優勢となる。いわゆる渡来系と関連すると考えられる石室に多いものであり、時には中心に石棺を据える形態のものまで存在していた。一方で、九州系の流れで理解できる南塚古墳などでは多数埋葬が想定され、石室内の埋葬数も古墳の規模や地域によって異なっていた。6世紀後半に入り、石室内には3棺以上の多数埋葬が優勢へと変化していく。従前、こういった変化について水野正好は、群集墳の分析（水野 1970）において、戸主が古墳の築造経緯となっており、戸主以外のキョウダイは、チチまたはキョウダイの墓へ埋葬されると考えている。そして家族墓という概念を用いて家父長制を想定している。

　しかしながら、近年の文献史学ならびに女性史の立場からみて、8世紀段階での家父長制の成立については否定的な意見がほぼ通説となっており、夫婦の存在についても男女の関係は曖昧で、「夫婦」は成立していないと考えられている。

　大和の石室出土の人骨を分析した清家章によると、大和では父系化は進むものの、女性家長は一般的に存在しており、双系的基盤は維持されたと考えている（清家 2004）。さらに田中良之は歯間係数から血縁関係を探り、九州では基本モデルⅠから基本モデルⅡを経て基本モデルⅢに至ると考えた（田中良 1995）。そのうえで、基本モデルⅢは父系制へ移行したモデルと指摘している。

　本節では、数少ない人骨の事例を参照しながら、2棺埋葬から多数埋葬へ移行する時期とその変化について、棺数を根拠としてどこまで石室内の被葬者群を意味づけられるかを問題とする。

　そのためまず資料に即したかたちで、その動きを探ることとする。ここで重要なのは、石室内での埋葬形態である。特に単次葬の場合、2体の埋葬があったとしても組合せは、基本的にキョウダイまたはチチハハと考えられ、1世代埋葬と考えられる。そこで、2世代埋葬の事例としては、追葬を含む3体以上の事例の増加時期を探ることが人骨の事例の少ない近畿地方においては基礎的な作業と考える。それには、竪穴系横口式石室を含む早い段階から造墓活動を行っている寺口忍海古

墳群をケーススタディとして、作業を行いたい。

　寺口忍海古墳群E-12号墳では、9体の人骨が出土している。人骨が血縁かタニンかは明らかではない。そのうち順序が明らかな埋葬順としては、壮年男性→老年女性→熟年男性→壮年男性→壮年者→壮年男性・若年者である。初葬の男性には銅製釵子が伴い、朝鮮半島からの移住者との関わりが考えられる。この被葬者の性格はともかく、この埋葬は、老年女性1のほかはすべて男性である。時期的には20年から30年間の間での埋葬と考えられ、若年者を含むことから2世代以上の埋葬であろう。また老年女性は、築造契機となった壮年男性の次に埋葬されていることから血縁者であれば、ハハまたはオバと考えられる。つまりこの古墳の埋葬には、少なくともチチハハの埋葬はなく、キョウダイまたはチチとムスコの形態となる。また、H-23号墳やH-25号墳では幼児を築造経緯としている。

　なお、この古墳群では無袖の場合1棺のみのケースが多く、片袖が出現するTK10型式古段階並行期以降に2棺埋葬ならびに追葬行為が行われるようになる。しかしながら、2世代に渡ると想定できるような多数埋葬の事例となると、TK43型式並行期以降が中心的な時期となるようで、H6・H26・H32・H36がTK43型式並行期、H22・H29がTK209型式並行期の事例となる。以上のことから寺口忍海古墳群では、多数埋葬が盛行する時期はTK43型式並行期以降と考えられる。

　石上豊田古墳群ホリノヲ支群では、TK43型式並行期以降に追葬行為が行われた1号墳では最低4体の埋葬が行われている。また、TK209型式並行期以降に追葬行為が行われた2号墳では最低3体の埋葬が行われている。4号墳では、築造時期はTK10型式古段階並行期と考えられるが、埋葬は2棺並葬であり、同時埋葬の可能性がある事例である。6号墳では、TK43型式並行期〜TK209型式並行期にかけて追葬行為が行われており、7世紀の事例も含めると4体の埋葬が行われている。このように追葬行為に伴う複数埋葬は、TK43型式並行期以降に盛行期を迎えるようである。

　葛城市石光山古墳群では、1墳丘に3棺以上の埋葬例はあまり多くない。通常2棺の埋葬施設をもつものが多く、棺内に須恵器を伴う事例は少ない。1墳丘の多数埋葬は、7・13・22・39・40・49号墳の事例があり、TK10型式古段階並行期からTK43型式並行期である。この中に横穴式石室を伴う事例がある。なお22号墳では、改葬墓の事例ではあるが、熟年男性が追葬されている。

　龍王山古墳群では、E-21号墳が1棺に1体の埋葬と考えられているもので、時期としてはMT15型式並行期と考えられる。またB-1号墳では、木棺内に4体の人骨が納められており、成人男女と小児1・幼児1の計4体となっている。時期としては、TK43型式並行期とされている。C-4号墳では、男女と性別不明の成人1体の埋葬が認められる。時期としては、TK43型式並行期とされている。この他、C-5・C-6・E-14・E-18・E-20号墳で、男性の人骨が出土している。

　龍王山古墳群のB-1・B-2・B-8・C-2・C-3・C-4・C-6・H-1号墳は、TK43型式並行期以降の築造と考えられており、これらの石室からは、2体から4体の埋葬が考えられている。これらのことから、龍王山古墳群でも、MT15型式並行期には1体の埋葬であり、TK43型式並行期以降には、男女を含む2世帯以上の埋葬が行われたと推測される。

　以上、類例は少ないが、群集墳における埋葬の事例をみてきた。これらのことから、TK43型式並行期ないしはやや早い段階に多数埋葬の事例は増加をみせるようである。またその実態は、血縁

関係が不明ではあるが、男性多数によるキョウダイまたは男女の組合せによる可能性が指摘できる。また龍王山古墳群の事例からみて、造墓の経緯は男性による可能性が考えられるが、すべてにあてはめられるかは不透明である。

　また首長墓の事例としては藤ノ木古墳があり、棺内の人骨はキョウダイと考えられている。大和における首長墓は、南塚系統の場合、奥壁に沿って棺を配置する事例が多く、玄室内に追葬可能な空間が事前に用意されている。それに比べ市尾墓山古墳では、玄室中央に刳抜式家形石棺が据えられており、基本的には１棺が基本と考えられる。東乗鞍系統では、追葬を行う場合でも、組合式石棺などを限られた空間に納めるようである。[1]このように、大和における首長墓では複数埋葬はあるものの、多数埋葬の事例は少ないものと考えられる。また、牧野古墳や五條野丸山古墳など、TK43型式並行期移行には奥壁に沿って刳抜式家形石棺を配置する事例が増加する。これは群集墳の多葬への動向に呼応して石室空間の利用に変化が起きはじめたものと考えられるが、TK43型式並行期はさまざまな点で移行期であったとみられ、追葬可能な石室空間を創設しながらも棺内にはキョウダイを埋葬する藤ノ木古墳のような事例も存在していた。

　以上の事例からみると、MT85〜TK43型式並行期にかけての時期に多数埋葬が盛行するようであり、この頃に２世代埋葬が一般的になるものと考えられる。なお大和において、朝鮮半島からの移住者からの影響を受けたと考えられる石室が多数存在しており、これらが２世代埋葬への移行を遅らせた要因かもしれない。それでも群集墳では、TK10型式新段階並行期〜TK43型式並行期にかけて２棺程度の１世代埋葬と考えられることから双方的原理がうかがえる。龍王山古墳群のように男性が造墓経緯となっている事例が多い古墳群が存在する点からみると、男性優位にやや偏る方向への移行が進みはじめたケースもあったものと考えられる。藤ノ木古墳の事例からすると、首長層でも父系に偏る方向への移行は貫徹しないものとみられる。

　なお、寺口忍海 E-12号墳なども双方的原理の事例と考えられ、群集墳ごとにやや異なった部分を含んでいるようである。

　多数埋葬の段階には追葬が増える状況にあり、副葬品としての須恵器などに時期差が認められる。第３章第１節で分析を行った一須賀古墳群の事例からみて、奥壁や羨道など、追葬の単位ごとに副葬品を配置している事例が認められることから、それぞれの埋葬には時期差が想定できる。須恵器型式で１型式以上の差をもつものであり、２世帯以上の埋葬のケースが増加しつつあったと考えられる。これは、田中良之がいう基本モデルⅡへの移行（田中良 1995）が考えられる。ただし、幼児を造墓経緯としている事例も認められ、田中がモデルによって示す「家長」の造墓経緯という原則は大和ならびに周辺部では守られない場合もあったと考えられる。ただし田中の研究によって、墓への埋葬者は２類型の場合、血縁関係が想定されている。埋葬数だけでは血縁関係か断定はできないが、田中の研究成果からみて、墓内への埋葬者はおおよそ血縁関係者で占められていたと考えられよう。構成としては、ハハ・キョウダイ・イトコなどであり、居住関係のあった構成員のなかから選ばれた者が埋葬されたと考えられる。

　大和においては、２世代以上の埋葬が増加する傾向が読み取れ、家長（首長）が造墓経緯となるケースもうかがえるようになる。しかしながら、石室における格差が明確化するなかで、必ずしも

家長（首長）優先での造墓経緯へと移行しないのであるなら、親族などの基礎構造としては、親族としての明確な主たる成員が曖昧な状態ともとれる。だが、造墓を指示し被葬者を選択する者とそれに従う者という構造は存在したと考えられ、文献史学などにみられる年齢階層構造の社会（田中禎 2016）に近い基礎構造の社会が存在したと考えられる。

第4節　石室の移入の実態とモデル化

　以上の状況からみると、TK43型式並行期には、大和（五條市周辺を除く）に一須賀古墳群 W（WA）支群ならびに高安千塚古墳群の範囲を含めた地域、TK209型式並行期には、南河内全域を含んだ地域が中心と考えられ、石室の変化状況から、摂津までの範囲を中心に対する周縁地域と捉えることが可能であろう。播磨などの地域は、その外縁地域として捉えるべき地域と考えられる。

　播磨の状況は、導入期から独自の動きをしており、そこにさまざまな地域との交流が加わって複雑な様相を示すようになる。逆に捉えれば、そこには核となるべき中心が存在しないということができ、小地域ないしは群集墳単位でさえ、違いをみせることすらあるのである。それらの動きをあらためてみてみると、さまざまな地域のなかに大和も含まれているのであり、先に述べた播磨塚古墳築造などは、大和との何らかの関わりがあると考えられる。しかしながら、明確な形で周辺地域に影響が認められるのは、TK43型式並行期から TK209型式並行期にかけての時期であろう。

　当初は大和の石室を受容しつつも在地の要素を加えたような石室が点在しており、その他の地域では依然として地域性を堅持している様子がうかがわれる。大和からの石室に限ってみれば、点在的な影響のあり方であって、決して面的ではないということである。それも、ほぼ地域の首長墓ないしはそれに準ずるクラスの古墳に限られている。

　これらのことから、大和からの影響に限ってみれば、大和の周縁部である北河内や摂津では距離的な暫時的変化であるものが、播磨など外縁部では局地的な伝播の様相を示しはじめる。しかもその石室の程度はさまざまで、地域の石室に大和の影響が部分的に認められるものから、ほとんど遜色のないものまである。

　もう少し播磨の群集墳の状況について考えてみると、身近な周辺地域のみの交流であるならば、岡山県総社市域の石室や島根県の石棺式石室のような分布を示す可能性もあるが、播磨の群集墳はそういった状況は認められない。あくまでも、群集墳単位または群集墳内でさえ、石室の違いが認められる。このような状況は、播磨の群集墳築造層が、かなり広範囲に多方面にわたって交流を行っていた結果とも考えられる。また、いくら多方面の交流を行っていたとしても、中心となるべき主体が存在している場合は、その規模や範囲の大小はあってもある程度の類似した石室が集中して分布するはずである。しかしながらそのような状況になっていないのは、どのようなことが考えられるのであろうか。

　播磨にも独立墳や大形の横穴式石室は存在しており、それらの石室にも近隣の石室の特徴の一部が組み込まれていることは、これまでにも多く指摘してきたところである。しかしながら、これらの古墳の石室が大和の影響を受けはじめたにもかかわらず、それの影響が群集墳に及んだ形跡はほ

とんど認められない。とするならば、規模などの関係から群集墳より優位であったはずの独立墳に
みられる首長墓には、在地的要素が取り込まれるにもかかわらず、独立墳からの影響はほとんど認
められないのである。大谷は地域の石室形態の類似性は首長による強制によるものではなく、石室形
態にみられる地域的単位は「大首長の造営に労働力を提供したエリア」を示す（大谷晃 1999）と
考えているが、首長の石室の影響が群集墳に認められない播磨においては、当然石室のまとまりは
存在しないのである。播磨の首長墓は、在地の要素が認められるところからして在地との関わりは
当然存在しており、規模の些少はあれ、群集墳築造層より優位であったことは間違いないと考えら
れる。通常、ここに強制力は働かないにしても本来なら何らかの相互の関係が石室にあらわされる
と思われる。しかしながら現実としてそこに存在しない以上、在地首長とその群集墳築造層との間
には断絶があったと考えざるをえない。それは少なくとも、播磨における在地首長層の求心力の欠
如とは考えにくく、おそらく社会の発展とともに、関係性の成熟をへて、相互間の断絶がうまれ、
それが石室の状況に現れていると考えられる。

第5節　石室伝播からみた集団関係の実態

　石室からみた限りでは、石室の個別の要素が他の石室との関係で、お互いに作用しはじめるのは
古くとも TK10 型式新段階並行期〜TK43 型式並行期にかけての時期と考えられる。
　それに対して、前方後円墳は MT15 型式並行期〜TK10 型式古段階並行期と TK10 型式新段階並
行期〜TK43 型式並行期にかけての 2 度にわたって各地に築造される。この 2 度の中心的な前方後
円墳築造の波に対しても横穴式石室は地域の様相を変えることなく独自性を基本的に堅持してい
る。大和の直接的な影響下による石室は展開していかない。
　この点についてはどのように考えるべきであろうか。播磨では、前方後円墳はほぼ70年近く築造
を停止したままであったものが、復活しはじめる。この時点での前方後円墳築造の基盤は、小地域
がその単位であったと考えられる（岸本道 2004）。また最初の築造の波は、大和の山間部や近江、
摂津などがその中心とみられ、今城塚古墳の被葬者の支持層と考えられるのである。その復活に
は、強い伝播性が石室からは認められないのであり、相対的に共通項は前代以来の墳形の共有とい
うレベルにとどまっているのである。
　それに対して、TK209 型式並行期には横穴式石室の大和の基本形の普及に対しては播磨ではすべ
てが越塚形態となっており、牧野形態は西野山 9 号墳 1 基のみである。このように、大和でみられ
た石室の階層性は外縁地域への普及においても正確に守られており、最上位に位置する石舞台形態
はほとんど築かれていないのである。
　このようにみてみると、前方後円墳築造段階には大和内部でも、またその周縁社会との関係にお
いても、量的な差による社会と考えられ、TK209 型式並行期以降に出現する石室の階層性は同一の
ものを共有しつつ、規模の差として示していた格差からの脱却でもあった。その視点であらためて
みてみると、大和からの直接的影響を確認できる事例に乏しいものの、その普及においては、大和
における最上位の石室を普及させていない状況が読み取れるのである。とするならば、この時期に

多数存在する地域の個性を残した石室群とともに、点的ではあるが、大和と対比して従属するような地域が存在しはじめていることをも示していると考えられる。

以上のことから、TK209型式並行期は、量的格差からの脱却という大きな社会の変換点であったと考えられる。そして、その範囲は、大和内部のみならず、播磨などを含むかなり広範囲に及びはじめたと思われるのである。

第6節　社会復元に向けて

これまで述べてきたように、大和内部の状況と播磨の状況はかなり異なった部分が含まれている。それは、それぞれの地域の状況によると考えられるが、今一度確認しておきたい。

大和では、2系統存在する段階から、墳形としては前方後円墳と独立墳ならびに群集墳が存在する。前方後円墳は、100m以上の規模をもつものと、60m以上、30m以下のそれぞれに量的な格差をもって存在している。また、独立墳も60m以下の墳丘規模であり、群集墳では30m以下が通例である。つまり、量的な3重の格差構造をもっていることになる。

それに対して播磨のなかでは、前方後円墳は存在するものの小型で、ほとんどが30m以下に準ずるものであり、群集墳との2重構造に過ぎない。この格差構造の重層性にみられる差が、石室のまとまりにも差として現れているともいえる。

なお、西播磨の西宮山古墳の石室は、周辺の群集墳築造層などに影響を与えている。この段階では、地域首長から群集墳築造層へと情報が伝達されており、領域支配へと移行しつつも断絶はしていなかった可能性が高い。ところが西野山9号墳などでは、周辺の群集墳の石室に似た要素が認められるが、周辺の群集墳には西野山9号墳の要素が認められない。群集墳築造層からの吸い上げ的な部分が見え隠れしはじめており、ここに変化が認められ、これを断絶と捉えたい。

では、播磨の在地首長と大和との関係はどうであろうか。わずかに在地首長墓との点的な繋がりが認められるのみであり、群集墳の動向を見る限り、群集墳築造層へは、支配関係は認められない。それも、時期としてはTK209型式並行期以降のことである。時期はともかくとしても、在地首長の支配といったところにはまだ及んでいるとは考えにくく、あくまでも、在地首長との点的な人的関係性にとどまっていたと考えられるのである。とはいえ、基礎社会集団の安定をもとにした掌握が、たとえ個別とはいえ、大和での最上位に位置する石室ではなく、やや下位に属する石室を播磨に移入していく様相は、間接的にではあるにしても階層構造へ組み込む足がかりともとれ、この後に起こる面的な群集墳の変化への重要な楔ともとれる。

では、大和を中心とした地域の社会的状況はどうであろうか。

先に述べたように、2系統並立段階では群集墳との関係が明確ではなく、そこに直接的な関係を求めることはできない。あくまでも群集墳築造層は、個別の地域首長との関係性のなかに成り立っており、中央政体からみて間接的な関係であったと考えられる。また、TK43型式並行期からTK209型式並行期以降については、大和（五條市周辺を除く）に南河内と中河内の高安郡を含めた領域が直接的な支配の領域と考えられる。その領域を中心とすると隣接する河内郡や摂津、南山

城、伊賀の一部が周縁地域と考えられ、それ以外の地域は、大和からみて、点的な関係へと変化する外縁地域となる。

　大和における２系統並立段階には、文献では合議制的政体の成立した時期とされている（水谷1999）。この政体の実態を明らかにすることは困難であるが、これまでに述べてきたことから事実関係をいくつか列挙してみよう。

　前方後円墳は各地で復活を遂げるが、規模による格差構造をみてみると、100m以上、60m以上、30m以上、30m未満の相対的な４ランクに区分される。今城塚古墳の石室規模が不明であるが、その他の石室の玄室規模は墳丘規模に関係なく、それぞれの系統ごとにほぼ等質である。石室内へ使用する石棺がそれぞれの系統で一致しており棺の配置状況も同じことから、石室内での祭祀行為が共通している可能性がある。２系統の存在から内部の統制が正常ではない。群集墳築造層との関係が各氏族に委ねられており、中央政体としての直接掌握とはなっていない。群集墳を築造する基礎的社会集団が親族的な氏族的関係に依拠している。２系統の石室から追葬可能な石室（複数棺配置構造の石室）と閉鎖的な石室（単棺構造の石室）が同時存在しており、この時期には首長墓において男性優位への移行を指向する側と、双系制を継続している側の２系統が存在している。石室への多数埋葬が顕著ではなく、群集墳築造層においても双系制的傾向が強い。またこの時期には、前方後円墳との関係から相対的に下位、つまり中間首長の墓と考えられるような独立墳の数が少なく、中間首長層が未発達である。双系制が残されており、氏族を中心とした共同体的な部分が色濃く残されている。親族でも家族を中心とした父系による直系へは移行段階にある。よって、基礎社会集団は依然として不安定な状況にあり、親族原理にもとづく氏族組織に組み込まれたままである。

　石室の中心的なまとまりとしての領域は、摂津を中心とした連合的地域圏から、大和内部で２系統を内包する領域へと移行する。古墳時代中期から継続して前方後円墳を墓制として採用しており、前期以来の擬制的族制表象を温存している。格差は相対的なもので、質的な格差は存在せず、あくまでも量的な格差にとどまる。群集墳への影響度の低さからみて、収奪関係が不明瞭であったと考えられる。

　播磨では１群集墳ないしは複数の群集墳に対してひとつの独立墳が単位となり、小さな領域が群在する。階層構造は、古墳からみれば、群集墳築造層と在地首長のみである。群集墳と前方後円墳の関係は、断絶による領域支配への移行しはじめた段階である。各在地首長を核とした中心の形成が認められない。石室の多様性から、石室内の祭祀も多様性を含んでいる。

　TK209型式並行期以降の大和では、２系統は発展的に解消され、内部の統一ならびに南河内への領域の拡大が図られる。前方後円墳の終焉とともに、量的格差の表象は解消に向かう。それに代わるものとしては文献にみられる冠位十二階であり、石室では上位層が３段階の階層で明示されるようになる。これにより中間層が表示されるようになり、その数は増加している。また、それぞれの石室内には石棺がセットとなっており、階層ごとに石室内での祭祀が異なっていた可能性がある。また都塚形態を除いて、追葬を前提とした石室内空間利用へと変化していった。群集墳でも多葬の事例が急増してきており、父系化の進展と傍系親族の分節運動の活発化による現象と理解される

（田中良 1995）。大和・南河内を中心として、摂津などの周縁地域、播磨などの外縁地域と明確な中心と周縁関係が存在する。大和内部での群集墳築造層の直接掌握が認められる[3]。

　この時期の播磨では、前方後円墳は終焉し、在地首長のなかに大和との関係性をもちはじめるものが現れる。情報の動きが下部から上部へと動きはじめる。これは、基礎的社会集団の構成が安定的な段階へ入ったことを示していると考えられる。しかしながら支配者集団の結集という、より上位の階層が欠如しており、社会構造上、重層化への動きがない。首長層の情報の独占化、ならびに領域的編成へと移行が進展しつつあった。在地首長制が確立しつつあったのである。

　これらから、2系統の段階から石室の階層性への移行において、社会の変化が認められる。

第7節　石室からみた後期古墳時代社会の変化──まとめにかえて──

　摂津では大和に先駆けて、横穴式石室を埋葬施設とする前方後円墳群を形成し、大和内部へ移行することによって、2系統並立段階へと移行する。南塚系統の支持層ともいえる古墳の立地は、当初大和盆地からはずれた部分にあり、新興の氏族であった可能性があり、墳丘規模のうえでは劣勢である。この2系統の動きは、TK43型式並行期には解消されるわけであるが、この動向は喜田貞吉の二朝並立論（喜田 1928）と対比することによって、より具体性を帯びてくるものと推察される。

　この2系統の段階からの癒合の時期を経て、南塚系統の石室と東乗鞍系統の石棺をもって最上位の石室群とし、東乗鞍系統の石室に南塚系統の石棺をセットにして下位の群とする動きは、今城塚古墳築造から五條野丸山古墳による前方後円墳の終焉までの動きを反映しているものと考えられる。前方後円墳の終焉は、前期以来の氏族的共同体の擬制的同族集団の表象の終焉であり、氏族制度の破砕を示すものでもあり、また量的な格差の表現の終焉でもある。それが石室の格差へと変化するのであるが、この変化こそが、古墳時代の量的な差の社会から新たな時代としての質的社会への移行を示しているものと考えられる。しかしながら、冠位十二階の制定後に築かれる岩屋山古墳の時期には、墳墓による優劣を示す社会自体の終焉を迎えはじめており、規模の格差はより縮まり質的な差へより強く移行していったと考えられる。

　以上のように、中期社会から今城塚古墳の出現、2系統の並列段階、石室の階層性への移行段階へと変化していく。この変化のなかでも特に石室の階層性への移行段階は大きな画期と考えられるが、この段階でも法の実態など国家としての整備には遠く及ばず、国家への移行をはじめた段階と考えられる。よって、これらの段階すべてを前国家段階（徳本 1975）として評価しておきたい。

　和田晴吾もいうように、古墳時代をとおして一貫して捉えることは困難であり（和田 2004）、いくつかの変化画期ごとに評価されるべきものであろう。

　また、時代ごとの評価とともに地域ごとの評価も重要な案件であろう。先に述べたように、大和を中心とした地域と播磨では社会の進展度に差があり、大和との関係において、明確な支配・被支配の関係、収奪の関係が明らかでない状態で、一体とした地域として、評価すべきであろうか。

　ある意味6世紀の社会においては、在地首長制社会や大和のような前国家段階の社会、また5世

紀後半には直系による父系制社会へと移行していた北部九州などさまざまな社会レベルが混在して日本列島内に存在していたと考えられ、依然として日本列島内を広範囲に一体として捉えない方がより実情に即していると考えられる。[4]

　以上のように大和と播磨では、社会構造ならびに発展的段階においてレベル差が生じており、そのため大和からみた社会レベルと周縁地域または外縁地域からみた民衆史的な社会レベルとではどうしてもギャップが生じてしまう。これはとりもなおさず、王権論と民衆史とのギャップにみられるような宿命的なものを感じてやまない。

註

（1）2系統の段階には、石棺と棺配置の差にとどまらず単棺配置構造の石室と複棺配置構造の石室という見方をしたとき、単棺配置構造の石室は伝統的な竪穴式石室からの流れととることも可能であり、南塚古墳にみられるような複棺配置構造の石室は九州の石屋形に通じるような、葬法の新たな思想を含めて導入されていたと考えられるのである。よってこの両者は、単なる棺体配置の差にとどまらず葬法や葬制といった差までも内包している可能性があり、これらの並立が大和内部において、7世紀に至るまで双系制を残す結果となったとも考えられる。

（2）畿内の親族関係の研究は、清家が精力的に推し進めてはいるが、まだまだ不明な点が多い。資料の不足も起因しているが、今後進めていかなければならない課題であろう。

（3）というのも、京都市域で最後の前方後円墳である蛇塚古墳の石室や丹波の兵庫県下最大の石室である洞中1号墳でさえ、越塚形態である。また蛇塚古墳の袖部は、奥壁からみて左右三角形をしており、羨道天井石近くでは、羨道側壁と玄室側壁が一体化しかかっている。

（4）石室の変化と影響の受け具合からみて、大和からの直接的な影響を頻繁に受けていたとは考えられず、その関係は単発的なものであった可能性が高い。それゆえ大和からの外縁部では、「倭人ないしは日いづるところ」といった意識は7世紀に入ってしばらくはまだなかったと考えられる。

第6章　流通からみた古墳時代社会の発展過程

第1節　学　史

かつて都出比呂志は、前方後円墳体制論を提示し、米国を中心とする文化人類学の初期国家論を援用しつつ世界的な比較の視点において古墳時代を説明しようとした（都出 1996）。都出が示した国家形成の指標として、1）階級関係と身分制、2）租税と搖役、3）支配組織と人民編成、4）物資流通と政治権力がある。これに対して、北條芳隆・溝口孝司・村上恭通の共通認識として示した『古墳時代像を見なおす』によれば、「下部構造を含めた列島内の地域間関係を見るならば、多岐にわたる諸側面の「政治」的関係が取り交わされており、広域を一元的に統治する「政治」的関係や列島の広い範囲を覆う公権力の形成に関しては、当該期はまだその途上にある。もとより下部構造関連機構の一元的掌握の事実は認められない。……（中略）……　初期前方後円墳の規模の階層秩序も、ある意味では造墓主体相互の「ポトラチ」的なすなわち戦略的「蕩尽行為」の可能性」（北條ほか 2000）とある。第2章でも播磨の古墳時代中期の状況は、必ずしも中央との密なる上下関係が締結されているとは言い難いものであり、5世紀後半における地域の小単位としてのまとまりに対して直接的掌握には至っていないと考える。

都出が示す階級関係と身分制も古墳時代中期の集落からは容易に見出し得ないものであり、居館自体の性格も単に王の居住域とは規定し得ない状況である。租税と搖役に関しては、鳴滝倉庫群や法円坂倉庫群の存在から成立していた可能性はあるが、対外交流のルート上にあり、単に税の穀物のみを入れる目的であったかなど倉庫自体の存在意義ならびに存続期間などからシステム的に租税が成立していたかは検討の余地があろう。

福永伸哉は、二次的国家形成としながら国家とは「①中心をなす王権を正当化するイデオロギーと儀礼、②中央の独占的な外交権、③軍事力を伴う公的な抑止力、④広域流通の中央管理、⑤機能分化した統治組織、⑥社会の余剰を吸い上げ戦略的に投資するしくみ、⑦法制度などを備えることによって、中心周縁関係の秩序を維持させる社会」（福永伸 2005）と捉えている。第2章での結論との関係でいえば、②の外交権は恒常的なものではなく不安定であること、④の広域流通は中央管理といえるまでには至っていないことがあげられる。⑤の地方と中央の関係は機能分化した統治組織といえるほどではないと考える。

松木武彦によれば、「倭王による地方軍事力の掌握を前提とする集権的なものであったとは想定しにくい。各地の有力者が足下の戦士船団を率いて牟礼集うという、4世紀までの盟約関係をやや

実効的にした程度の体制が、倭王を頂点とするこの時期の軍事力の実態」（松木 2005）としており、福永の③に関しても否定的である。

　菱田哲郎は上部構造（思想・宗教）と下部構造（生産・流通）という枠組みのなかで下部構造に注目し、須恵器生産・玉生産・鉄生産・馬の生産などから生産開始時期が揃うことを重視し、それらが生産を計画的に配置する準備が整った結果、一斉に大規模生産地が成立した（菱田哲 2007）と評価している。

　陶邑の専業については異論がないが、大規模生産が TK73 型式段階に成り立っているかどうかについては議論の余地があろう。馬の生産は長原遺跡にて行われた可能性はあるが、その規模は大規模と呼べるかどうかは不明であり、蔀屋北遺跡で馬の生産が本格化するのは 5 世紀後半である。森遺跡での鍛冶遺構の中心時期も 5 世紀後半であることから、菱田が指摘する 5 世紀初頭からの成立は厳しいと考える。

　菱田が想定する空間配置とその生産拠点のネットワーク化はむしろ 5 世紀後半に成立したと考える方が妥当であろう。5 世紀前半の流通経路は南郷遺跡群などにみられるように大和を目指したものであり、河内などの地域への流通は補完的なレベルでの交流と考えられる点で異なる。おそらくは、菱田が想定した交換交易を基本とする大和盆地を中心とした前代の生産システムの踏襲から新たな段階への過渡的な状況と捉えるべきであろう。

　5 世紀後半には、淡路島東岸以東の領域において、松野遺跡・郡家遺跡・蔀屋北遺跡・法円坂倉庫群が有機的に機能しており、生産拠点の配置などのある一定の領域を設定することは可能である。その領域は、菱田が設定する「王権の内部領域」の可能性はある。

　しかしながら、生産そのものは、小規模ながら、鉄または玉などが各集落に伴う場合が多く、玉や鉄などの専業的生産拠点も北河内や南河内、大和などに分散して存在しており、個別の単位での集落の連合形がより大規模に有機的に連携しネットワーク化したことにより中心を形成したかのようにみえるケースも想定する必要があろう。それは言い換えれば、各地域の協調的連携による政体の形成ということになる。それが菱田が設定した「王権の内部領域」の内部と外での連携の強弱が中心として浮かび上がる要因ともなろう。

　下垣仁志は、古墳時代前期の社会について、「巨大古墳や様々な器物及び物資の入手・流通の面で圧倒的に卓越していたのと裏腹に、それに相応した経済生産力や軍事的卓越性、中枢勢力の専制性の明証が見いだしえない矛盾をいかに考えるかが、当該期の政治・社会構造を解明する鍵になる」（下垣 2013）とする。これは、5 世紀においてもほぼ同様な問題として残る。おそらくは、中心政体の個人への神格化が擬制的なものであり、実質的な運営は複数の集団による協調的なものであったことが、軍事力の集中や政治の中心の不明瞭さに繋がっていると考えられる。

　三好玄は、「古墳時代前期には庄内期までに明瞭となった遺跡・居住域の機能分化が、近畿地方をこえて、広く西日本レベルで展開した可能性がある。ただし、このような新しい動きは、大和盆地東南部などを中心とするごく一部の遺跡間の関係性において進展したものであり、大多数の集落は、共同的戦略の性格を多分に温存していたのではないかと考えられる。集落からみた古墳時代成立過程は、一定領域の足並みをそろえた変化ではなく、政治的中心となった集団の変化が先行する

ことで社会全体の変化をリードしていくという構図によって理解することができる」（三好2013a）としている。本書第2章との関係では、前期以来のネットワークにもとづく共同的戦略の性格が解体されることなく温存されるのが5世紀前半の姿とも考えられるのであり、古墳時代の進展が一定流域の足並みを揃えた変化ではないとの主張は、5・6世紀をとおして本書と親和性をもつものである。

　辻田淳一郎は国家形成過程を3つの段階に分け、I段階を3～5世紀代の威信財システムの成立・展開過程、II段階を6世紀前～中葉を転換点としてミヤケ制・石造制・部民制を介した近畿中央政権による各地紀社会の間接支配への転換、III段階を7～8世紀段階における律令制国家の成立としており、都出と同様に都市の成立を認めない立場をとる（辻田 2006・2014）。また威信財については、常に首長間の交替ごとに更新されるものとして、再生産・再分配経済として位置づけている。本書第2章との関係では、都市の成立を認めていない点において親和性をもつ。I段階の威信財システムについては、5世紀後半には転換していたと考えられ、時期的な修正が必要であろう。II段階については、対等な競合という時期設定なしに社会の進展を説明しづらいため、大きく3段階に設定された社会の変化過程には詳細に区分可能である。なお、7世紀に至る3段階において、質的な転換を図ったとの主張は本書第5章の主張と一致する。

　この章との関係において議論が必要ないくつかの研究についても記しておく必要があろう。とはいっても本書の目的は、古墳時代の各場面において国家段階に入っているかどうかを議論することではない。それぞれにいくつかの要素がどのようなレベルであるかを示し、他地域との比較を容易にすることを目指している。よって、過去にいくつかの定義が示されているが、それとの比較による断定は避ける形で言及することになる。特にサーヴィスが示す類型（サーヴィス 1979）については、いずれかの部分においてどれかに親和性を示すものの、結局は日本の5・6世紀に社会は例外として扱わざるを得ないという不毛な議論と結論に帰結するからである。

　サーリンズによれば、ポリネシアの首長制社会の首長は、世襲によってすでに権威を保持し、集団の資源・労働力・生産物に対する権利をもっているとされている（サーリンズ 1976）。本書の関係では、5世紀に世襲制の首長の存在は特定できない状況にある。

　カーネイロによれば、地理的制限のために人口圧が高まり、資源をめぐる戦争の頻度が高まり、社会内部の政治体系が発展する（Carneiro 1970）とあるが、本書第2章からみて、山間部が多く地理的に耕作域が制限を受ける地域であっても、集落が防御施設を設置したり砦化することは認められないため、地理的制約のなかでも戦争が頻繁化するほどに地理的制約がかかっていないケースとも考えられ、カーネイロの理論は本研究の対象にはあてはまらないものと思われる。

　アールによれば、徴用において交換される財は、儀礼に必要なものであって、生存を維持する生計経済とは別なものであることを明らかにし、生業形態と社会形態には必然的な結びつきがないことを指摘する（Earle 1977）。本書第2章との関係では、余剰生産物の活用や郡家遺跡のような生産性以上の人口が想定されるケースにおいて大いに参考となる。

　クラストルは、「首長は、命令を下す者ではなく、部族の者は何ら服従の義務はない。首長制の空間は権力の場ではなく、『首長』（この呼び方も適切とはいえない）の形象は、来るべき専制王の

姿を先取りするものではない。国家装置一般は、未開の首長制から演繹しうるものではないことは確かなのだ」「首長は、個人どうし、家族間、リニジ間に生じうる係争を解消することを任務としており、秩序と協調をとりもどすのに、社会が彼に認めている威信以外に手段を持っていない」「首長は、言葉のみで争いを調停しなければならず、ゆえに中立的な立場を要求され、この調停に失敗した場合、威信を失い首長の座から追い落とされるのである」（クラストル 1987）として、反国家形成論を展開した。この理論から筆者は、第2章の5世紀段階の状況を理解するうえで多くの刺激を受けている。

　マンによれば、人口密度の増大が生産性の高まりへと要求させ、特産品の専業民を生じさせ長距離交易を成立させたとする。そのうえで灌漑、長距離交易の管理が、中央集権的な国家を生み出す要因となったとする（マン 2002）が、本書において長距離交易について流通経路を完全に管理できていたかは疑問が残る。中央によって管理可能であったのは、淡路島東海岸以東と考えている。

　ジョンソンは、集団のメンバーが6人以上になると、メンバーそれぞれの対面的な交渉による合意にもとづく意思決定が困難になることを確認し、これは人間の情報処理能力の限界によって情報を処理できなくなることによることを紹介した（Johnson 1982）。本書第2章との関係では、ある程度の人口の集中は認められるが、内部的には小集団の結節的密集であり、都市への進展が認められない点において、スケーラー・ストレスの低いそれぞれの段階を経ながら階層的に意思決定を行うような状況が想定される。

　クラークとブレイクによれば、政治的な行為者による活動は、システムの維持ではなく、それぞれの社会的な名声の獲得をめぐって行われる。重要なポイントは、物質的な資源の獲得はこの名声の獲得をめぐる競合の副次的な産物としてあるとしている（Clark and Blake 1994）。本書第1章との関係でいえば、環境による偶発性によって得られた余剰生産物では、相互互助的なネットワークは維持することができない。ネットワークを維持するためには余剰生産物を生み出す意志も必要であることを示している。

　クルムニーによるヘテラルキーは、諸要素が階層化されていない場合の、もしくは諸要素が多数の異なる仕方で階層化される可能性を保持している場合の、諸要素相互の関係として定義できるだろう。たとえば、権力は階層化されるよりもむしろ平衡状態になりうる。相対的な重要性と個人の権力の基盤は、その重要性や権力の問われるコンテクストに応じて変化し、優先性の断続的な階層化の結果として生じる価値の変化をもたらすとされる（Crumley 1995）。これに関しては、畿内ないしは王権と周辺ないしは他地域との比較という形で畿内ないしは王権の優位性や重要性が結論として示される論文の多さからみても、ヘテラルキーによれば、畿内の独占的優位性というよりは、他地域との相対的関係性において、その意味が見出されるものと考えられる。

　ファインマンとブライトンによるデュアルプロセス理論によれば、排他的で個人志向の政治活動と集団思考の政治行動という二つの社会戦略を独立した評価の軸とし、これと社会の複雑さを組み合わせた二つの軸によって社会を分析するというものである。社会の複雑さと階層性は常に関係するとは限らない、すなわち階層が非顕在的でありながら複雑化した社会を認める（Feinman *et al.* 2000、三好 2013a）。こういった理論は、本書第2章の5世紀における社会を考えるうえで大いに

参考となる。

　ポリティカルエコノミーとは、生産単位となる世帯が生活に必要最低限の生産物を入手使用とする生存経済と対になる余剰生産物が組織や制度、リーダーらの政治活動のために振り向けられることをさす（関 2006）。相互互助システムの中でも余剰生産物をどのように振り分けるかが重要な問題であり、ポリティカルエコノミーに関しては重要な視座といえよう。

　最後に、レヴィは、青銅器時代の墓から多くの金属器の埋葬品が出土していることから首長制社会とされてきたが、その一方でセトルメントパターンからはほとんど中心地とみなすことのできる遺跡がないこと、地域的な領域区分を見出すことができないこと、要塞化がみられないことを指摘している（Levy 1995）。すなわち、墓や埋葬品においてはよりヒエラルキーがみられ、セトルメントパターンからはあまりヒエラルキーがみられないのである。こういった事例は日本の古墳時代を考えるうえで、重要な比較対象となろう。

第2節　古墳時代中期古墳からみた集団の諸関係

　本書第2章における議論の中心は、畿内中枢と地域との関係ならびに地域内部における集団関係である。これらの議論について、まず古墳を観察し集落の実態と比較することによって、それぞれに想定できる社会像が一致するかどうかをみようとした。

　第2章第1節において、まずは五色塚古墳の存在から佐紀古墳群との関係が理解でき、直接海に面していない佐紀古墳群を中心とした勢力にとって播磨が物流を確保するうえで重要な拠点であったと理解できた。これらの技術や物資を入手する役割は宮山古墳やカンス塚古墳へと受け継がれ、当初は何とか命脈を保つものの、対外交渉による播磨の重要度は低下したと考えられる。そのため播磨では、勢力が減退し前方後円墳が消滅し古墳が小型化したと考えられる。ここでは、前方後円墳の一時的消滅は、播磨における役割の衰退と考えておきたい。また百舌鳥・古市古墳群を中心とした勢力との関係が再構築されるのは、甲冑の分布からみれば、横矧板鋲留短甲が播磨で広がる時期と考えられる。

　西条古墳群における古墳の規模の縮小は、時期的な変遷からみれば、対外交流の中心が壇場山古墳へと移り、そのために西条古墳群の勢力が急速に衰えたとも考えられる。その場合、壇場山古墳の墳形が仲津山古墳と類似している点は何らかの関係を考慮する必要もあろう。さらにいえば、佐紀古墳群西群より百舌鳥・古市古墳群の方が勢力を伸ばしていく動きも、西条古墳群の衰退と何らかの関わりがあったものと考えられる。

　また、時光寺古墳や小野王塚古墳などの大型円墳がこれまでに系譜の認められない地に出現する意味をあらためて考えれば、それは百舌鳥・古市古墳群を中心とした勢力との結びつきとともに、関係の再構築の過程で新たに勢力を得たことが大きく作用していたと考えられる。特に大仙古墳出現に関わる動きと取ることもできるが、その意味で玉丘古墳群中の亀山古墳も同様に考えられよう。

　この状況からすれば、玉丘古墳群以外では、規制よりも勢力の衰退としての要素の方が意味とし

ては強いと思われる。つまり播磨では物流の拠点的役割を段階的に失うことによって在地首長は衰退して中心となる勢力が姿を消し、明確なまとまりのない小地域ごとの首長の林立へと変化していくのである。この変化過程は、緩やかな段階的動きのなかにあり、規制によるような突発性は看取されない。特に中央との関係からみれば、前方後円墳の消滅よりもその後の大型円墳の出現にこそ、百舌鳥・古市古墳群を中心とした勢力との強い上下関係の再構築が認められるのである。

　以上の点をあらためて述べるならば、五色塚古墳築造にあたって周囲の古墳が消える傾向にあり、造墓にあたって周囲の力が結集された可能性がある。このような傾向が壇場山古墳にも認められ、これらの古墳の断絶以降、周囲では小型の古墳が復活する傾向にある。これは、ある基礎的な集団ごとに古墳を築いていたが、大型の古墳を生み出すために複数の基礎的な集団が結集し、大型の古墳が出現したと考えられる。その結集が解かれた段階で再び基礎集団ごとに造墓を行う状態に戻ったと考えられるが、地域によってはもとの基礎的な集団すら解体されるような状況が播磨には認められる。つまり播磨では、集団のまとまりの解体の傾向のなかで捉えることが可能である。そして、この解体には畿内中枢勢力の直接的な介在は認められない。

　ただ5世紀後半以降、大型円墳の導入など、畿内中枢の影響を受容している古墳も存在しており、眉庇付冑や横矧板鋲留短甲などの動きからも同様の傾向は看取される。ただし、埴輪の影響は限定的であり、必ずしもすべての古墳築造者ないしはその築造基盤としての基礎集団が畿内中枢の影響を受容したわけではなかった。

　特筆すべきは、5世紀後半以降では、大型古墳はほぼ姿を消してごくわずかな中型墳と小型墳で構成されるようになっており、格差構造はあまり重層的な様相を示さないことである。このことは、ある意味、地域間での横並びの連携関係ともとれる傾向がみてとれる。その連携関係の地域のなかにいくつかの畿内の影響を受容しようとした地域が存在したと考えられる。

　この畿内中枢との関係は、「強権力に直結しない」関係である以上（下垣 2011）、まとめようとする勢力に対して、それを受容するというそれぞれの地域の意志も重要な要素と考える。そのため播磨では、解体することで生まれた基礎的な集団のすべてが畿内中枢の影響下に入ったとはいえない状況にある。それは、考古学上立証すべき物証に欠けることに起因する。ないことについて立論することは危険ではあろうが、ひとまずは解体することで生まれた小地域集団が畿内中枢と密接な関係を締結するには及ばなかったと考えておきたい。

　下垣仁志がいう「強権力に直結しない」環境下での「差異化の装置」として、内的序列化への志向が明らかに存在するとの見解は非常に魅力的である（下垣 2011）。内的序列そのものは、権力と関係なく起こりうることであり、日常的なできごとでさえありえる。それゆえ常に再構築される構造を含んでおり、これにもとづく格差構造は壊れやすい関係ともいえる。

　それゆえ「差異化の装置」としての理由が複数あるとしても、地域ごとに微妙に異なっている可能性があり、地域と個々の時間的変化によってスクラップアンドビルドの状況は異なると思われる。この前提において、播磨は大型前方後円墳消滅後には畿内中枢が拡散させる格付けを同型的に反復することを積極的に行わなかった地域と考えられる。

　第2章第2節では、「強権力に直結しない」ということの実態を明らかにすべく、軍事権力の存

在ないしは出現を探るべく考察を行っている。

　学史をひもとけば、松木は古墳時代前期の鉄製甲冑、短剣、鋼鉄を副葬する古墳被葬者の間に軍事的機構の成立を推定し「公的権力」であると結論づけた（松木 1992：73-75頁）。新納泉は、畿内政権が有力な在地首長層を組織し、各地の首長は自己の傘下に私的な軍事組織をもっていたと推定した（新納 1983：67頁）。田中晋作は百舌鳥・古市古墳群の陪塚に埋納された大量の武器・武具に注目し、背景に常備軍の存在を推定した（田中晋 1993）。

　上記の状況から、古墳時代中期には各地の首長が独自の軍事力を保有し、畿内政権はそれらを支配下に置くことによって国家的な軍事組織を形成したとの見解が通説となってはいるが、軍事組織の歴史的評価をめぐって理論的な整理はまだ十分な状況とはいえないと筆者は考えている。

　つまり常備軍を立証するためには、職業武人のような存在を考古学の側から立証する必要があるが、第2章第2節の内容からみて首長層は軍事に関わることは否定できないものの、武力によってその地域を治めた人物のような性格は読み取れない。どちらかといえば、祭祀的、呪術的能力者の死に対して、古墳内に封じ込める様相をみてとれる。5世紀後半において、被葬者像から武人的性格を読み取れるのはあくまでも小型墳においてであり、被葬者は小集団をとりまとめる人物ないしはそれに近い人物と考えられる。また、小型墳すべてにおいて武人的性格を読み取れるわけではなく、様相はごく限られている。

　これらのことから、それぞれの基礎的集団内に鉄製の武器の保有は認められるものの、それを使用する専門的な人物の存在には否定的な見解となる。つまり日常的に軍事的強権力を発揮できるような状況は古墳時代中期には存在し得ないと考えている。あくまでも武器の所有は外的脅威が発生した段階で使用されるものであり、しかも主として使用される武器は弓箭であって狩猟など生活に密着した武器であったと考えられる。日本書紀における戦闘の記述でも、矢による「射殺す」などの記載は多数認められるが、刀による戦闘の記載は皆無であり、刀が使用される記述は処刑などでわずかに認められる程度である。

　現時点において持楯の出土が認められず置楯が中心であることからみても、古墳時代においては弓矢による戦闘が中心であったと考えられる。おそらくは、甲冑をまとい刀を装備する様相によって相手を威圧する効果が大きかったと考えられ、接近戦については否定的立場にある。

　つまり刀などを多量に保有することが武力の強大さを示すとは限らないと考える。甲冑などを保有することの意味は、戦闘用の武器や装備品の所有というよりは、畿内中枢が拡散させる格付けの一部であった可能性が高くそれらを諸地域が受容していたと考えられる。各々の武器が戦闘用として意識されるのは、5世紀後半以降のことであり、そのなかで一部に武人的性格が読み取れるような被葬者が出現すると考えられる。

　武人の存在についてさらに議論を進める。古墳時代中期において、大阪をはじめとする各地で被葬者に武人としての性格がうかがえるようになるのは中期後葉と考えられ、それ以前の古墳からも武器の多量副葬こそあるものの、実際のところ被葬者の性格と多量の武器には、やや乖離が認められる。多量の武器は被葬者個人が使用するとは考えにくく、集団で使用するべき武器であるとしても、埋葬された同時期の各古墳から、戦士のような性格はうかがえない。この中期前半には戦士は

未出現とする結論にはまだ多くの議論が必要ではあるが、古墳時代中期前半において、相互に戦闘行為を伴う支配・被支配の関係は想定できないと考えられる。古墳時代中期後葉以降に武人の出現を認めるとしても、武器の保有のみならず実際に使用する人員を備えた十分な軍事力の確保は不十分な段階であり、非常事態において非戦闘員が動員されるような形態であったと考えられる。このような状況下では、軍事的脅威を周囲に示せるような状態にあったとは到底考えられない。よって、古墳時代中期の諸地域との関係は「強権力に直結しない」関係と考えられる。

第3節　集落からみた集団の諸関係

　第2章第3節以降で述べた集落の状況は、基礎的な単位として2ないしは3の建物で最小単位をなすとの結果を得ている。それぞれに倉庫を伴う場合と伴わない場合があり、倉庫を基準とした場合は、2ないしは3の最小単位の集合をもって生産の場合の1単位と考えられる。それは、兵庫県上脇遺跡にみられる西群ないしは東群といった単位に相当する。この結果のうえで、それぞれの群単位での相互の格差は明確には看取されない。また、最小単位集団に物質的集中ないしは建物規模の明確な格差は存在しないといえる。

　さらに吉田南遺跡の状況を例にとれば、集落は集住が進み、集落規模が拡大し、防御機能が付随するような発達はみせない。安威遺跡の事例からみて、いくつかの集団が隣接して居住し、しかも格差や分業の進展はほとんどないケースも存在する。つまり、一見して集団と捉えられがちななかにも、実質的にはいくつかの群が集合した寄り合い的な集合によって集落が形成されている可能性を認める。そのため、集住が進まないだけではなく、時間の経過とともに分散や分節を繰り返す傾向が認められる。この結果からみて、集団の結びつきはきわめて流動的要素が強いと考えられる。

　集団の群ごとの内部では、格差は存在せず、集落間でも建物などに大きな格差は認められない状況にある。しかし古墳では、物量として個人に集中しているかのような状況を示しており、集落内部に認められない格差が古墳上で表現されている社会ということができよう。それは、中心的な集落の主導や付随的な集落の存在については否定的な答えともなっている。集落間の相互連携は上下関係よりも協調的融合による集団関係と考えるべきであろう。そこには、専業的な工房は存在せず、いずれかの集落内部での半農的作業にとどまっていたとみられる。ここにみられる集団関係からは、中心としての前方後円墳築造層が温存されながら前方後円墳の築造が停止されているような集団関係は認められない。集落の拠点化や拠点的集落の周囲に付随した専業工房としての集落の発達など、分業・専業化や中心集落の発達については、現状では否定的にならざるをえない。よって、集落というものを表現するとき、一見等質的に広がりながらも内部に物質的な表現以外での微妙な格差を内包した集団関係と説くことが、現時点では適切であるといわざるを得ない。生前の実体的社会構造と古墳によって表現される死後の社会構造が異なるような、そのような社会段階として古墳時代を捉えるべきなのかもしれない。

　これは、相互の個人レベルでの日常的反復の中で形成される人的区分装置としての機能、いわば「差異化の装置」が働き、自集団内の序列および人的区分を有効に表出しうる暗黙の環境が形成さ

れていたとも考えられる。たとえば、最小単位内の血縁関係における年齢階層など、明確に階層を相互に認める関係にはじまり、日々の生活の中で形成されていく人間関係によって生み出される格差によって集団はそのまとまりを保つものと考えたい。

古墳時代に至って、小規模の集団での完全な自立は困難になったと考えられ、生産の協業という目的以外でも物資の交換や融通など、相互にさまざまな関係を築く必要があったと考えられる。そのなかで、集団間の関係も平等ないしは対等なものから、格差をもつものまで生み出される状況に発展していく可能性を含んでいたと思われる。

つまり「強権力に直結しない」環境下での相互関係である以上、日常において個人に物資などの富が集中する状況は生まれ得ないのかもしれない。とすれば、古墳が表現する格差は、本質として生前の個人が保有する格差や富を映したものとはいいきれない部分を含むこととなる。そこから導き出される結論としては、古墳築造と副葬品の収集には、畿内中枢による物資の提供といった協力とともに、古墳を造らせようという力とそれを造ることに参加したいという意志が拮抗する状態にあることが古墳が生み出される条件と考えられる。そしてそれぞれが古墳築造に参加する過程で、相互の格差を再認識する装置として古墳築造過程が存在する可能性を含んでいると考える。古墳築造事業自体は、権力構造の如実な表現というよりも参加過程における儀式的・儀礼的要素の方が重要と考えられる。こういった関係性が古墳時代中期後葉に変化しはじめる兆候が認められるものの継続せず、後期初頭にはあらためて関係性の再構築が進められることとなる。

第4節　古墳時代後期の集団の諸関係

横穴式石室の類似性を観察した結果では、大和から距離的な関係をもって石室の情報が欠落する傾向が認められた。石室の多様性は、個々の地域がさまざまな地域と交流していた証であり、決して大和を中心としたものではなかったと考えられる。つまりそれぞれ小地域ごとに横のつながりを中心としたネットワーク内で、距離的な関係のなかでさまざまな情報を取捨選択していたと考えられる。

古墳時代前期などでは、地域の首長による畿内への「下向」による交流が考えられるが、古墳時代後期では、横方向の連続した結節点のなかに、畿内中枢へ「下向」し物資や情報を入手しようとした小集団の代表がしばしばいたと考えられる。これらの代表者により、その地域は畿内中枢との関係を読みとることが若干は可能ではあるが、決して他地域と規模などにおいて格差を見出すことはできない。このことは、畿内中枢との交渉が地域の代表者としてではなく、単に小集団の代表として行われていたことになる。これは、周囲へ大きな影響を与えていない点からみても証明可能と考えている。

古墳時代中期前半における地域の代表者としての畿内中枢への「下向」と交流による地域への影響の広まりと比較しても、畿内中枢との地域の関わり方が変化したことは容易に理解できよう。

おそらく、古墳時代前期から中期前半にかけては、地域はある一定の範囲（かなりの流動性を含むが）での中心からの垂直型のネットワークであり、後期には横方向のネットワークに変化したも

のと考えられる。この変化には、5世紀前半に最も盛んであった対外交流にが大きく影響を与えたと考えられる。言い換えれば、瀬戸内沿岸を中心とした西日本に限定された変化であった可能性もある。

第5節　流通経路の変化と社会の諸変革

　流通経路の中心であった淡路島北ルートは、5世紀初頭以降、金官伽耶を窓口とする淡路島南ルートに中心を移す。淡路島南ルートでは、南郷遺跡群や鳴滝倉庫群、木戸原遺跡などがセットとなって機能していたと考えられる。南郷遺跡群は、工房などの機能分化が進んだ集落ともとれるが、実態としては、複数の集落が近距離同士のネットワークによる有機的な結合による相互互助的なシステムを構築していたとの評価が妥当であろう。また、淡路北ルートでは渡来人などの痕跡は認められないが、淡路南ルート形成にやや遅れて、大伽耶を窓口とするネットワークが形成されはじめている。そして5世紀後半には、再び中心的なルートへと変化する。この変化に伴い、南郷遺跡群、鳴滝倉庫群、木戸原遺跡も衰退をたどる。淡路北ルートでは、蔀屋北遺跡、法円坂倉庫群、松野遺跡がセットで機能していたと考えられる。このルートでは、大和川流域とともにある程度淀川も東への流通経路として機能していたと考えられる。それは、安威遺跡でみられた甑の変化が松野遺跡や明石川流域で出土する甑と親和性をもっており、それらの甑が長原遺跡で出土する甑とは異なる点から導き出される。

　この淡路北ルートはそのまま6世紀前半までは継続すると考えられるが、5世紀末には九州経由の補完的な流通経路による東へとのネットワークが複数のルートで開拓され、出現していく。これに伴い、6世紀前半にはネットワークの二重構造が出現する。相互のネットワークは対等に存在し、競合することによって、相互に求心的な要素を必要とさせ、社会発展の起因的な出発点となっていく。

　5世紀から6世紀にかけて、流通経路は常に一定ではなく、動きがあることが理解できる。本来、前期以来の再分配経済において、流通経路の変化はシステムそのものの変化を示すものとして注目されるところであり、社会が前期以来、安定して発展したのではないことの査証のひとつとして重要な点となろう。

　古墳時代における流通経路は、前期に広域ネットワークが形成され、中期に幾度かの経路変更を行いながら大いに発展していく。しかしながら、わずかな経路の修正であっても経路上の集落や社会は大きな影響を受ける。6世紀初頭には大きな経路の変更が起きようとしていたが、結局は既存の経路と競合することをやめ、融和していくことになる。

　もともと古墳時代のネットワーク自体は相互互助的な要素をもって築かれたネットワークが基礎となっているため、社会自体は古い要素を残すことになる。また海上ルートを基本としており、陸路においても道路整備といった広域ネットワークに中心の力が積極的に介在していくような社会とはならなかった。それゆえ、相互互助的なネットワークにおいて需要と供給の中心的な地位が大和・河内に存在しており、その経済力と文化水準の高さが周囲へ大きな影響力をもたらしているか

のようにみえている。

　つまり古墳時代の6世紀末までは、社会の発展は認められるものの、相互互助的なネットワークの温存や量的な差の社会の継続など古い要素を払拭することなく移行してきた社会といえる。また集落と墓について考えるとき、格差の表現は墓においては顕著であって集落内部での格差は希薄である。集落自体に集住の傾向が薄く、小規模な集落が分散している状況にある。また集落自体に公共的な施設を特定できるのは稀で、建物の機能分化も未発達な状況と考えられる。ただし、6世紀後半の寺院の建築など新たな動きには注視する必要がある。

　以上の点を社会発展過程としてまとめると、5世紀前半は集落内部で格差は進まず、建物の機能分化はごく一部の地域以外では認められない。集落の人口増加や集住は進まず、都市の存在は認められない。また大和・河内周辺において、前方後円墳の築造は停止する傾向にあり、古墳祭祀の共有は崩れたと思われる。手工業生産では、集落内部で小規模な工房は認められるが、専業化を認めるには至らない。須恵器生産においても当初は小規模なものであり、専業集団を想定しうる経営へと発展するのは、5世紀後半以降、TK23型式以降と考えられる。一方で、巨大な前方後円墳が河内で築造されるなど、労働力の集約化とそれを組織する指揮命令系統を保持することから、日常生活における格差と古墳築造活動における格差には違いが存在していたとも考えられる。それはそのまま、集落からみた社会と古墳から復元される社会とのギャップとして存在する。

　5世紀をとおして、畿内とその周辺部では父系社会への移行は認められない。また、常備軍の存在は、一部地域を除いて否定的な状況にある。

　5世紀後半には、古墳の副葬品などに量的な差から質的な差への転換が試みられるが、継続性に乏しく貫徹しない。集落内部では量的な格差がやや進む傾向も認められるが、明確に認識できるほどではない。都市化は進まず、小規模な集団の連接型居住が主流を占める。連接型居住では、部屋北遺跡や長原遺跡西集落、郡家遺跡など、内部発展というより外部からの集団の参入が認められる集落もある。また、明石川流域のように、連接型集落から、分節して拡散する集落など、いくつかのパターンが存在する。また、郡家遺跡のように限られた生産域しかない地域の集落における外部からの集団の参入には、農業生産関連だけでは説明しきれない部分をもつ。

　6世紀前半には、前方後円墳と横穴式石室を利用した前期以来の関係性の再構築と新たな葬制と祭祀の共有を目指すようになるが、流通経路の二重性による対等な競合が相互に刺激を与えることとなる。大和・河内周辺部では父系制社会へとの移行が認められるが、大和・河内では上層部にて導入されはじめるにすぎない。

　6世紀後半には、畿内全体で双系的社会から変化の兆しが認められるが、貫徹するには至らない。流通経路の二重性は解消され、統一的な組織が形成される。量的な格差が進み、墳丘規模や石室規模などで複数の格差が存在するようになる。それでも外部への発進力は弱く、同一の石室を共有するといった点ではごく限られた範囲にとどまる。一方で、日常での農民も事態によっては武器を手にして戦闘に参加できる程度に武器の浸透は進んだ。

　大和や河内にて整備される陸上の交通網である道路は、外部へ伸びることなく内部の範囲にとどまる。海上交通が主流であり、5世紀以降、淡路島東岸以東の領域を保持するにすぎない。遠方ま

での流通経路の整備と確保は点的な関係性によって担保されているものであって、直接整備主導するものではない。

　日本の古墳時代の変化を概観していくと、集落によって示されるコアの部分とともに、古墳の変化といった現象面が存在することに気付かされる。それに加え、外部からの影響によって、徐々に社会に浸透しはじめる事項と単なる模倣による表層的変化の二種類が加わり、日本の古墳時代社会の本質的実態がどういったものであるかを評価するうえでは困難がつきまとう。多くの研究者の意見が分かれるのもここに根源的原因が存在する。要は、社会のコアの実態と現象面としての様相、表層的変化を総合的に見つめ直し、日常的な模倣による連鎖を見極め、一過性の模倣を排除することによって、その社会は評価されるべきであると考える。

　とはいってもやはり、それぞれの時代の社会を国家段階と捉えるかどうかは意見の分かれるところであろうが、一見して墓からみられる格差をもって社会レベルを高く見積もることは危険であろう。日本の古墳時代をどう評価するのか、本格的な議論が必要となってこよう。日本国内において、古墳時代をどう定義し、どの社会レベルであるかを決定することはあまり問題ではない。高く見積もって古代国家レベルとすることも可能かもしれない。

　しかしながら、海外の多くの地域での社会発展段階との比較においては、それはかえって大きな障害となり得るものである。日本の古墳時代と同様な発展過程を遂げる社会があるとは限らず、それぞれに古い要素を残しながら社会が発展しているとするのであれば、社会レベルの評価を下す前に、いったん個別に要素ごとに類似点を探ることによってはじめて諸外国との歴史の比較が可能となるのである。

第7章 日本における古墳時代中期の社会
──海外における社会発展過程との比較研究試論──

　これまでに議論はつきた感はあるが、本章では、日本における古墳時代中期の社会が海外の社会発展過程とどのような類似点・相異点があるのかについて、これまでの議論をもとにいくつか比較を試みることとしたい。とはいえ、すべてに言及することは到底及ばないと思われるため、基本的には日本における類例を追加しつつ海外の事例について資料紹介を行い、簡単なコメントを述べるにとどめたい。

第1節　集　落

1　黒井峯遺跡 （図100）

　黒井峯遺跡は（石井 1991）、火山の噴火によって瞬時に埋没した遺跡であり、古墳時代の集落を考えるうえで重要な位置を占める。黒井峯遺跡では、家畜を囲む柵がめぐらされた中に、いくつかの平地式建物などが建てられており、なかには家畜小屋や倉庫など建物の機能が分けられていた。また主要道路と補足的な道路が確認されており、それぞれの基礎単位との位置関係とともに道路にもとづいた位置関係の把握が可能となっている。それによれば、それぞれの基礎単位は相互に道路で区画された中にあり、近い位置関係にはある。しかしながら、それらは密集する形はとらず、ある程度の独立性がみてとれる。それぞれ近接して居住しているものの、相互の関係性には一体的様相までは看取できない。いくつかの単位をまとめる形での防御壁などの経営も認められない。

　この状況を第2章第4節で検討を行った蔀屋北遺跡（図22）と比較すると、蔀屋北遺跡でもいくつかの基礎単位が近接して居住する形態であり、それぞれの基礎単位ごとに柵などが設けられていた可能性が考えられる。

　蔀屋北遺跡や黒井峯遺跡をみても、それぞれが独立した基礎単位から形成されており、大きくまとまった集住による単位とはなっていない。また、防御に関連する施設を共同で造設、維持運営を行うような状況も認められない。古墳時代中期をとおして、居住における基礎単位は規模拡大傾向には至らず、小規模な単位ごとでの集住と離散、分節を繰り返す状況にあったと考えられる。

　また播磨の集落からみれば、集住と分節を繰り返す状況下では、集落の規模拡大に伴う集落数の減少といった傾向には至らない。集落は移動ないしは分散を繰り返しており、中心的集落の出現とその集落の拡大による周囲の集落の消滅といった傾向は看取できない。古墳時代中期の集落は、一貫して基礎単位が同等規模であり、集住と離散を繰り返していたと考えられる。

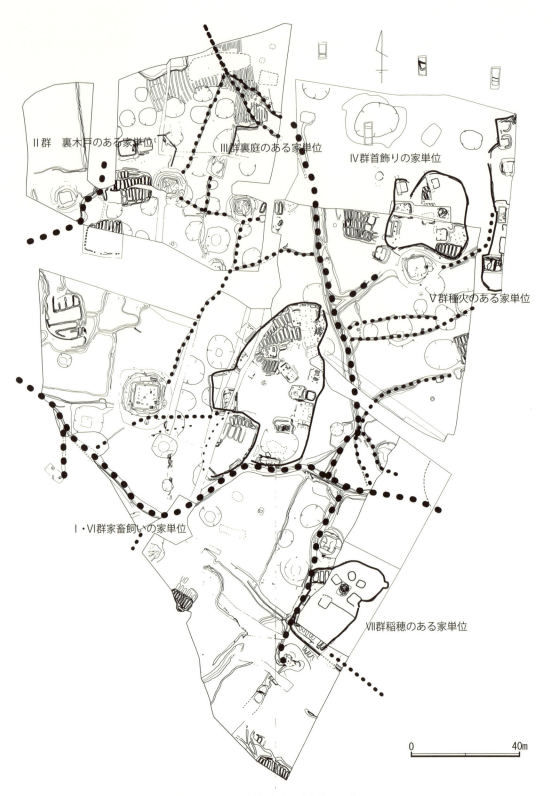

図100　黒井峯遺跡平面図（石井 1911）

2　海外の集落——防御機能の発達を中心として——

　Grimspound は、イングランド南西部の Dartmmor にある、青銅器時代後期（1450〜700年頃）の集落である（Newman 2011a）。海抜450m 程の高さの谷の部分に隅丸方形のような形状で石塁（The great boundary wall）がめぐらされており、137m ×145m を測る（図101）。石塁の幅は 3 m ほどであり、中心部分は土を固めてその外側を石垣で補強したものである。現存状態で高さ1.5m を測る。石塁には、幅1.8m の入口が 2 カ所あり、大きな石材を使用して丁寧に造られている。入口部分は大まかに舗装されており、直線的に進入できる。石塁内には、24棟の建物が確認されており、石で囲まれた基礎の部分が残されている。石の基礎の残存状況から、家の入口部分は L 字に曲がったものも存在している。建物はいくつかの単位にまとまった状態ではなく、また密集した形態もとらない。

　石塁は、防御にも耐えうるものであるが、通説としては、野生動物を飼って動物を飼育する単なる障壁と考えられている。石塁は一重であり、特に堀なども確認できない。北側半分には湧き水が流れており、水の入手に適した立地となっている。

　Hembury　遺跡は（Newman 2011b）、尾根の端に位置し、最大幅270m、面積2.8ha であり、内部にわずかな傾斜をもつ（図102）。北西の城壁は尾根を切り開き、土塁と堀の合計幅は平均24m を測る。堀の深さは 3 m 以上で、残存している14m 幅の堀は、いくつかの防御上の補強がなされている。溝の向こう側には道があり、入り口は南東側である。丘陵地帯の主な要素は、空間を囲むか部分的に囲むか、または自然の地形に適合して、防御を確立することができる丘陵を選地しており、一般的には、城壁は、堀を掘削した土で形成される。時期は鉄器時代で、紀元前 6 世紀から紀元後 1 世紀にあたる。城壁の内部には円形建物、倉庫、道路が存在していた。

　鉄器時代に入ると、大規模な土塁が出現し堀もめぐらし、集落に対する防護機能が顕著となってくる。まずは堅牢に集落を囲み、外部からの侵入に備えることから始まるが、二重の土塁と堀で囲む段階以降では、進入路部分が防御上の弱点と考えられたようで、折れ曲がって侵入するような形態をとるものや堅牢な城門を築くものなど、入口部分の防御は重要な課題としてさまざまな工夫がなされていく。

　Danebury Hill Fort は（Cunliffe 1983）、丘陵上に位置し、最大幅330m、面積約 5 ha であり、最終段階には三重の土塁をめぐらしていた（図103）。堀の深さは 6 m、幅は約11m であり、進入口は Crickley Hill（Dixon 1994）の入口（図104）と同様に複雑な形態へと変化しており、この状況から入口部分が複雑化し堀が二重に変化する過程を経て、堀や土塁といった明確な防御施設を備えた集落へと変化したと考えられる。

　Maiden Castle は（Sharples 1991）、紀元前600年頃に6.4ha の面積を囲む堀と土塁で囲まれた集落である（図105）。いくつかの農業コミュニティが城砦の中に居住し、共同して土塁と堀を築き、維持管理を行っていたと考えられる。防御壁は、堀底から1.5〜 7 m の高さを測り、同時に東部入り口周辺の防衛はより複雑になり、 2 つの入り口の外に土手と堀が築かれ、その間に堤が設けられた。さらに、Maiden Castle は西に堀と土塁をひろげ、その堀は隣接するホッグ・ヒルを取り込んだ。新しく大きな丘の砦に囲まれた 2 つの丘の頂点は浅い堀で仕切られる形をとっていた。広さは

1. SE 入口 (2016/3/13 筆者撮影)

2. 住居跡 (2016/3/13 筆者撮影)

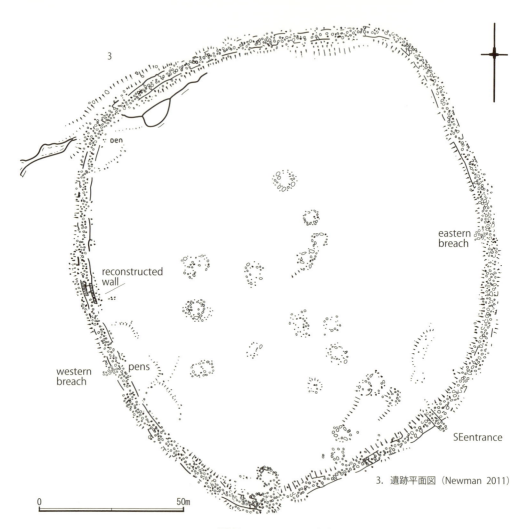
3. 遺跡平面図 (Newman 2011)

図101 Grimspound 遺跡

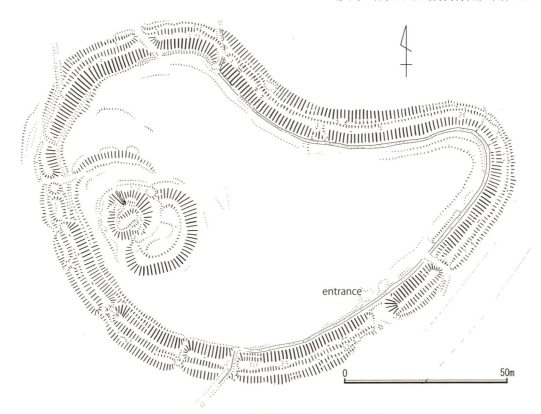

図102 Hembury 遺跡平面図（Newman 2011）

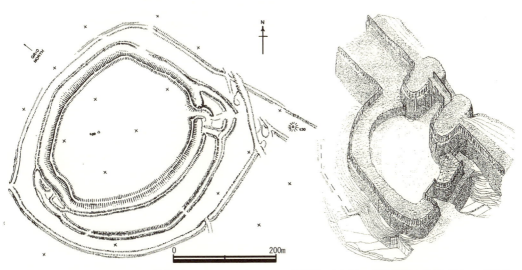

図103 Danebury Hill Fort 遺跡（Cunliffe 1983）　　**図104** Crickley Hill 遺跡の入口（Dixon 1994）

19haに拡張され、それに伴って土塁は3.5mの高さとなり、砦の南には4つの土塁と3つの堀が築かれた。

　Bibracte（France）は、135haに及ぶ巨大な集落であり、スペースを囲む2つの連続した防御壁で区切られている（図106）。内側の防御壁は、木と土と石で組み上げた頑丈なものであり、城壁と

1. 西入口を集落内から望む（2016/3/13 筆者撮影）　　2. 南の土塁と堀（2016/3/13 筆者撮影）

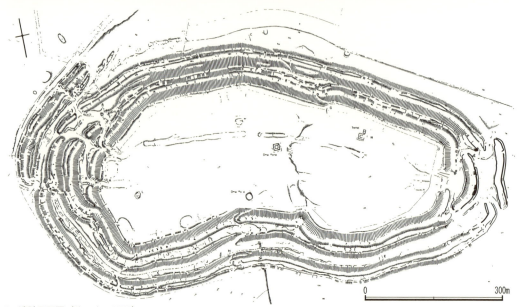

3. 遺跡平面図（Sharples 1991）

図105　Maiden Castle 遺跡

も呼ぶべきものである。城壁内の内部空間は主要道路に沿って編成されており、貴族の住宅街とともに、他の地区では、工芸品、金属、ガラス、エナメルや陶器などの手工芸品の生産に関する工房も備えている（Archèologique et musèe 2009）。

　この城塞都市は紀元前2世紀には造られており、ガリア戦記に登場する紀元前58年にはローマに征服されたと考えられている。そして、紀元後20年には集落は放棄されたと考えられる。

　これまでにみてきたように、ヨーロッパでは鉄器時代を通じて、すべてではないものの、周囲の集落を取り込みながら徐々に大規模なものへと発展していき、その周囲に大規模かつ堅牢な防御施設（図107・108）を設けるものが多く認められる。

　鉄器時代初期の段階には、Glastonbulyのように柵だけをめぐらしていた事例もあり（図109）、このような段階では、内部に柵で囲んだいくつかの建物が単位としてまとまって複数存在することが分かる。つまり柵や土塁などで囲まれた中に、いくつかの単位が存在していたと考えられる。それが、集落規模が拡大し防護壁の延長による集落面積が増加していく過程で、防護壁内部では、建

1. 北東城門（2013/9/16 筆者撮影）　　2. 北東城門（2013/9/16 筆者撮影）

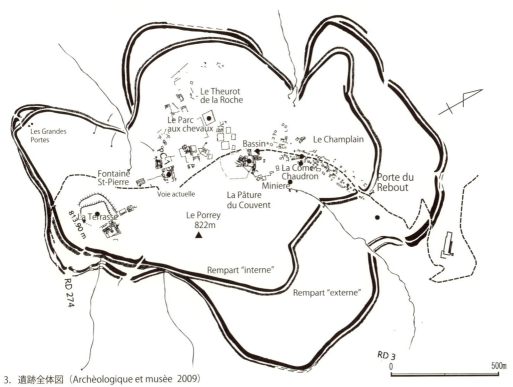

3. 遺跡全体図（Archèologique et musèe 2009）

図106 Bibracte（France）遺跡

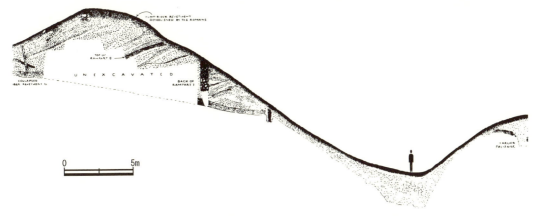

図107 Hod Hill の北側防御施設のセクション（Richmond 1968）

図108　Danebury 集落の防護壁（400B.C.）復元模式図（Pryor 2003）

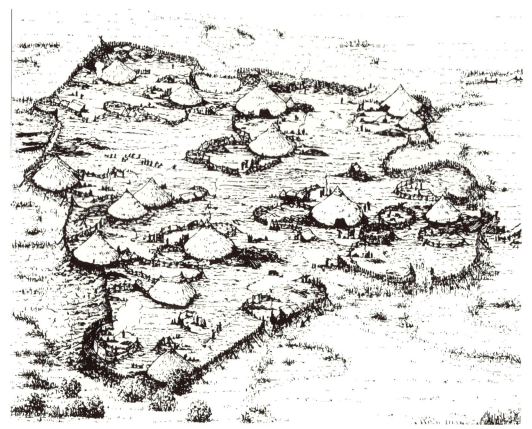

図109　Glastonbuly "lake village" 復元模式図（Pryor 2003）

物がいくつかの単位に分かれているものから、密集した建物群で構成される集団へと変化が認められ、一体化した集団が出現してくると考えられる。

　集落が大規模化する過程で、周囲の集落はどのように変化するかというと、一般的には図110のようになると考えられている。小地域ごとに集落が集約され、小規模な集落が消え、地域ごとにまとまりができてくるのである。

　日本の古墳時代中期の集落の状況とあえて比較してみるならば、青銅器時代後期から鉄器時代初

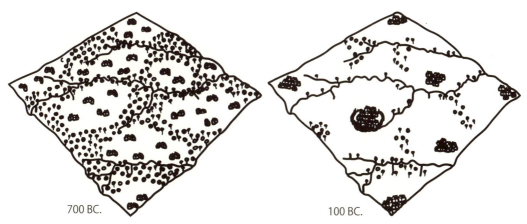

図110　集落群の変遷模式図（Kristansen 2003）

期の防護機能がまだあまり発達しない状況下で、いくつかの基礎単位集団が近接して集落を形成している状況と似た状況とも考えられる。しかしながら日本の古墳時代中期では、単位集団は温存されたままであり、集住と離散を繰り返すため集落数としてはあまり減少しないと考えられる。

また、戦争が激化する過程で防護壁は何重にもめぐらされ、入口部分の構造も複雑かつ堅牢に変化するのに比べれば、日本の古墳時代中期には集落を囲む施設はほとんどなく、一部に建物を囲む塀が存在する程度であり、明らかな差が存在する。

集落からみた場合の発展過程としては、日本の古墳時代は戦争という過程を経て発展した社会とは異なる社会と考えられる。

第2節　古　墳

1　埼玉稲荷山古墳の出土状況の分析

埼玉稲荷山古墳は（埼玉県立さきたま資料館 1998）金象嵌銘を有する鉄剣が出土したことで知られている。ここでは、第2章第2節で議論した副葬品配置を中心として議論を行うこととする。

鉄刀が出土した礫槨からは、多数の副葬品が出土している（図111）。まず、首から胸あたりに、勾玉を中心とする首飾りが出土している。その上に鏡が置かれており、鏡は、頭位ではなく胸の上に置かれていたと考えられる。頭位近くには三環鈴が置かれ、被葬者の左側の頭位そばには、鉄鉾が置かれていた。この鉄鉾は、柄が装着されていたと考えられ、長さ2mほどであったと推測される。腰には、龍文透彫帯金具のついた帯をしており、被葬者の左腰下には、金象嵌銘文入りの鉄刀が置かれていた。頭位周辺に刀などの武器は置かれておらず、第2章第2節にて確認した頭位を囲む副葬品配置とは異なっており、武人としての副葬品配置に刀などの配置がやや多い形と考えられる。

ところで、この埼玉稲荷山古墳からは鉄鉾が2点出土しており、筆者の分類によると、鉄鉾2aⅱ期と鉄鉾2b期の2つの時期の鉄鉾が出土している。鉄鉾2aⅱ期は宇治市二子山南墳出土のものと並行関係にあると考えられ、埼玉稲荷山古墳出土のもう一点の方はそれよりやや下がる時期と考

えられる。

　被葬者近くに置かれた鉄鉾は、鉄鉾2aⅱ期にあたり、腰に巻かれた帯金具の時期と比べても大きなずれは生じない。鉄鏃の長径化傾向は宇治市二子山古墳南墳とほぼ同程度ではあるが、関の形状に新しい傾向が認められる。

　これらから、被葬者が生前に入手した武器類として鉄刀・帯金具・鉄鉾があり、それらを身につけて埋葬されたと考えられる。そして、埋葬時に付け加えられたものが鉄鏃であり、新式の鉄鉾であったと考えられる。これらの副葬品の時期は連続していることから、鉄刀入手後に副葬されたと想定でき、この鉄鉾2aⅱ期の境を鉄刀の銘文に刻まれた辛亥年（471年）と考える。

2　楽浪郡大同江面9号墳

　埼玉稲荷山古墳事例と比較するために、まず東アジアにおける副葬品配置について事例をみておきたい。ただ東アジアといっても、時期が異なるため、相互に影響関係があったかは明らかではないが、東アジアにおいて戦闘が頻繁に起きた地域での副葬品配置と比較することを目的とするため、もっともわかりやすい事例として朝鮮半島北部に位置する本古墳を選択した。

　大同江面9号墳からは（関野 1927）、多数の土器や武器が出土している（図111）。しかし被葬者に直接関わると考えられる遺物は、被葬者に近接して配置された遺物群に限定できる。出土状況から、副葬品の配置は、耳には充耳を、両手の指には指輪を付け、左に玉印と刀子、右に剣を携えている。腰には帯を着け、胸には璧を置いている。剣をもつことから武人的性格がうかがわれ、生前に近いいでたちで埋葬されていることが理解できる。

　比較のうえでは、埼玉稲荷山古墳も似た状況であり、生前の姿で埋葬されていると思われる。

3　Hochdorf Chieftain Grab（Germany）

　Hochdorf Grab は、ドイツの Stuttgart 近くにある直径60m 程の墳墓である（図112）。ハルシュタット期（LH）の墓で、紀元前6世紀第2四半期と考えられている。1辺11m の墓壙の中に7.4×7.5m の木と礫で構成された槨があり、その中に1辺4.7m、高さ1.2m の木槨が配置されていた。　木槨内には東壁側に4輪のワゴン、南壁には飲用の角が9本かけられていた。北西隅に置かれた青銅製の大釜は、高さ0.8m を測り、500ℓ入りで、イタリア南部のギリシャ工房からもたらされたものである。西壁側に青銅製の6人がけの寝椅子が置かれ、頭を南に向けて寝椅子の上に被葬者は置かれていた。被葬者は、純金の腕輪と首飾りを付け、金で飾られた革製の履やベルト、そして短剣をもち、14本入りの矢筒、釣りフックなどが傍らに置かれていた。これらの状況は、Hochdorf Chieftain に限られたものではなく、この地域の当時のハイクラスの墓に一般的であったと考えられており、しばしば被葬者をプリンスとしている。また、被葬者に付けられたいでたちは特別ではなく日常的なスタイルで埋葬されたと考えられており、短剣も武器ではなくジュエリーと同等の意味でソーシャル・ランクの象徴とみなされるべきである。墓には防衛や攻撃のための武器はあまり目立っておらず、おそらく戦士ではないと思われる（Celtic Museum Hochdorf 2007）。このようなことから、Hochdorf のようなケースでは、被葬者の身分の高さを、戦争行為によって

第7章 日本における古墳時代中期の社会 *217*

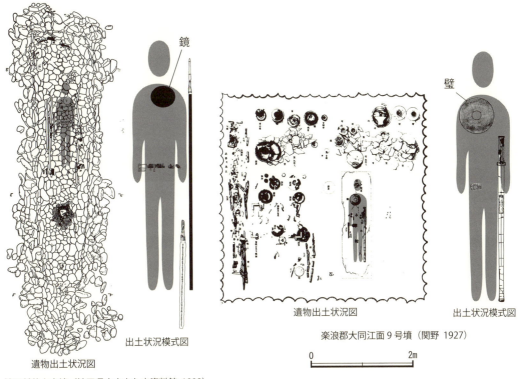

図111 遺物出土状況の比較

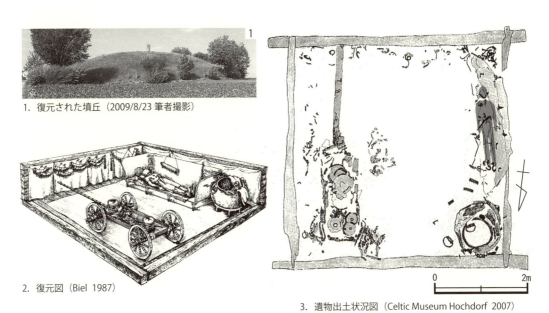

図112 Hochdorf Grab

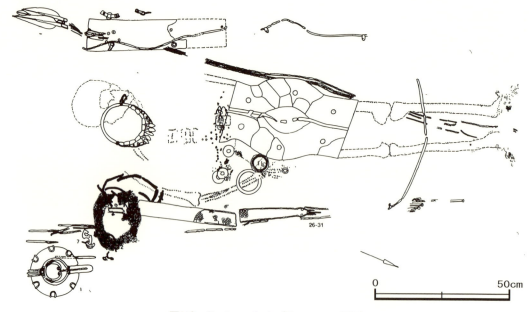

図113　Glauberg Grab（Herrmann 2005）

獲得したものというより商業的な拠点としての活動によって得られたものと説明できる。

4　Glauberg Grab（Germany）

　Glauberg Grab は、紀元前5世紀（ELT）の墓である（図113）。被葬者の左に3つの槍があり、その隣に3つの矢と弓が置かれていた。体の中央には木製の楯が、右には木製の鞘に収められた剣が置かれていた（Herrmann 2005）。戦士としての埋葬形態をとっている。Hochdorf と比較しても、剣が長くなり、配置も変化している。ただ、首には金のネックレスがかけられ、頭には布の王冠をかぶる点で、儀礼的性格も残している。この Glauberg Grab の事例以降、戦士葬では剣は右側に配置される。Glauberg Grab の北には、紀元前6世紀初頭以降に築かれた被葬者の居住地と思われる幅1.5km の城塞があり、木製の壁などの防御機能を備えていた。後に攻撃を受けて破壊されるが、一説には当初は神聖な場所としての意味合いもあったと考えられている。

5　中央ヨーロッパにおける戦車葬の開始と階層

　中央ヨーロッパでは、城塞（Oppidum）の防御機能の再構築や補強が始まる頃、紀元前5世紀後半以降（LTA）には戦車葬が出現する。出現時には、戦車葬となる者と、剣だけの副葬品または何ももたない者に分かれる（Jansen 2001）。また、マウンドをもつ墓は姿を消す傾向にあり、規模による表現は失われる。図114の1の戦車葬の事例では2輪車の車輪を外して下に敷き、その上に遺体を置いて、その上に荷台を乗せたものと思われる。2の剣を持つ戦士では、戦士の右側に剣を配置している。なお、戦車葬の出現とともに土器の副葬も再開されており、ハルシュタット期の貴族的要素も取り入れられた可能性がある。

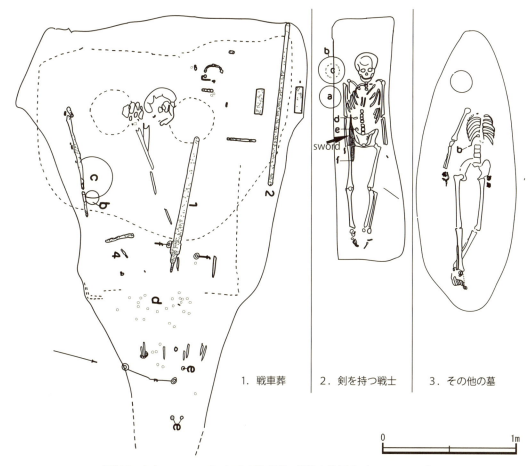

図114 中央ヨーロッパにおける戦車葬の開始と階層差（Jansen 2001）

6 紀元前3世紀以降の England の埋葬形態

　England においても、紀元前3世紀には、戦士としての埋葬が認められる。図115の1は戦車葬の事例であり、車輪を外して並べた上に遺体を置き、その上からカートをかぶせたものである。2は、腰にベルトを着け、左に槍、右に剣を配置した Celts に多くみられる出土状況の事例である。3は、紀元前1世紀ごろの埋葬状況である。Dorset 地域で丘の上の防御施設がもっとも発達する時期の埋葬であり、左に体のほとんどを覆う持楯を置き、右には剣が置かれている。頭には、銅製の王冠が付けられていた（Cunliffe 2005）。

　ブリテン島においても、中央ヨーロッパからやや遅れるものの、戦士が出現したと思われ、王冠をかぶった事例からみても、彼等が指導的立場にあったと考えられる。当然、鉄器時代開始以降、ブリテン島内で埋葬行為は行われるが、副葬品として武器が用いられるのは、紀元前4世紀後半以降のことと考えられる。なお、戦士葬について、中央ヨーロッパからブリテン島への移行は、まだ多くの研究課題が残されている。

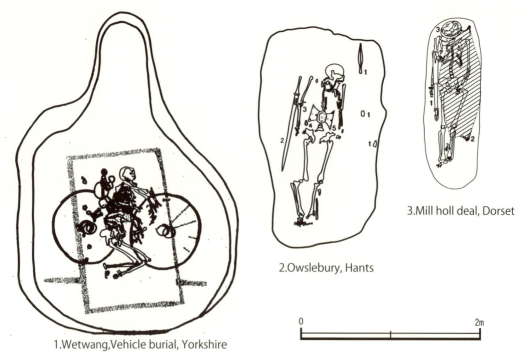

図115　紀元前3世紀以降のEnglandの埋葬形態（Cunliffe 2005）

7　Sutton Common 'marsh-fort'（South Yorkshire）

　Sutton Commonは、紀元前360年頃から40年間ほどの短い期間使用された、湿地帯に造られた堡塁であり（図116）、堡塁内のほぼ全面が調査された貴重な事例である（Noort *et al.*［Eds.］2007）。規模は、240×120mを測る。なかには150軒ほどの倉庫が確認されているが、通常生活するための家屋などはなく、内部での日常の生活については疑問視され防御壁内はすべて集落である可能性については再考する必要が生じた。ただし防御施設ではあるため、内部の食料をまもり、必要に応じて避難する場所とも考えられた。また、地域社会の社会的アイデンティティがコミュニティの物理的表現の構築を通じて強化された場所とも考えられている。また、Sutton Commonの使用が停止した頃から戦士の埋葬行為が開始されており、防御もより入念に変化することからみて、集落は堡塁のような施設をもった後に、戦争の激化が進み、防御を固め、戦士が出現したと考えられる。

8　中央ヨーロッパにおける剣の変化

　中央ヨーロッパでは、Hochdorfの事例のように、ハルシュタット末（LH）期には、装飾品としての性格が強い短剣が多く出土しているが、ラテーヌ（LTA）期になると、戦士としての性格がうかがわれる墓が出現しており、それとともに剣は長く変化する。ラテーヌ中期（LTB）には、やや短くなる。ブリテン島における鉄剣は、紀元前1世紀には、LTB期より、また長くなるとされている。

図116 Sutton Common 'marsh-fort' BC.350復元図（Noort *et al.*［Eds.］2007）

第3節　地域比較からみた社会発展の様相——まとめにかえて——

　これまでに、海外の事例を紹介してきた。そこからみえてくることは、中央ヨーロッパでは、流通経路の要衝にあることで富を得た集落の中心人物が貴族的な埋葬をされるようになり、その富を得るにつれて集落に防御施設を設けるようになる。この富を得た集落も流通経路の変化に応じて盛衰を迎える。ブリテン島では、防御施設の発達は、食料の生産と人口増に起因していると考えられている。いずれにしても、防御施設の発達の後に、埋葬に戦士としての性格が読み取れる状況があり、集落の変化と墓の副葬品配置の変化には相関関係があることが理解できる。また剣の変化（図117）も戦士の出現と関連性が認められるのであり、その変化に明確な流れと理由が読み取れる。
　一方、日本においては、古墳時代中期から被葬者愛用の短剣が出現するとされており（福永伸2000b）、豊島によれば（豊島 2010）、短剣から長刀へと変化していく過程が読み取れるとしている（図118）。この状況は、LH期と似た状況にあると考えられる。また、第2章第2節で指摘した古墳時代中期後半における武人の出現の状況からみれば、古墳時代中期は、LH期からLT期へ移行する墓の流れと表層的には類似した変化を遂げる。しかしながら、集落はほとんど変化しないのである。これは日本の社会の変化の特徴とも考えられる。しかし、韓国における蔚山早日里49-2号墳のような事例（図119）をみれば、近隣の戦争激化が進む地域での埋葬の影響による表層的受容も考慮に入れる必要があるのかもしれない。

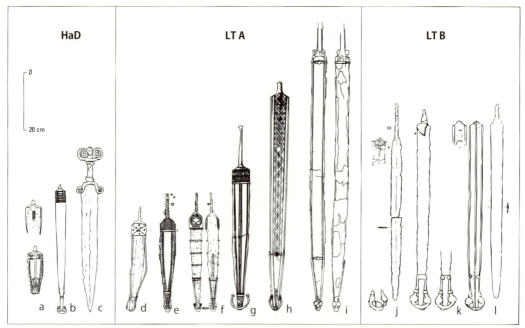

a Châlons-sur-Marnea , no context (NC); b Chouilly J82; c Heilz 1'Evèque 26; d La Croix-en-Champagne (NC);e Vraux; f Bouy Vl880.1.r; g St-Jean-sur-Tourbe (NC); h Vert-Toulon (NC); i Somme-Bionne HM; j VertToulon 3; k Oiry 1; l Juvigny (NC).

図117 HaD 期から LTB 期にかけての剣の変化（Jansen 2011）

　その意味で、武人を想起させる副葬品配置は小型の墳丘において認められるものの、大型の前方後円墳を含む全体的な傾向とはいえない状況は日本の社会事象を示している可能性がある。そこに、何らかの意味を見出すきっかけがあると考えられ、今後より一層の検討が必要となろう。

　さて、これまでの状況をヨーロッパの発展過程と比較すると、集落においては、防御施設の発達において明らかな差が存在する。また戦争エリートの誕生に関しても、日本では、古墳時代中期後葉に認められるのみである。武器からみても持楯を広く使用するヨーロッパにおける接近戦と、置楯を主に用いる弓矢中心の戦いにあらわれる戦い方の違いも認められる。集落における防御機能の発達の違いは、接近戦の有無に起因している可能性もある。それにしても接近戦を伴わない場合、多量の死傷者を伴った明確な勝敗がつく状況になるとも考えられず、支配・被支配の関係が確定されるとは言い難い関係であり、単に上下関係を決める儀式的要素を含んでいるのではないかとすら思われる。さらに、日常的危険性が低い状況では、集落の密集にも差が生じると考えられ、集団内部の結束にも異なる環境を生み出していると考えられる。

　最後に、纒向遺跡で他地域の土器が多数出土していることから、大和に複数の地域から人の動きがあったことは紛れもない事実である。そして、古墳時代は威信財経済で語られることからみても、交換経済の範疇であることはゆるぎないと思われる。そして、古墳時代においては、畿内中枢が交換経済における中心的なセンターとしての役割を果たしていたと思われる。その機能が、古墳時代中期前葉の渡来人という人を伴う動きという外的要因によって、揺らぐこととなる。また中期

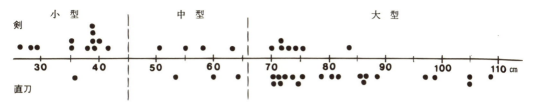

図118 日本における剣と刀の長さの分布（豊島 2010）

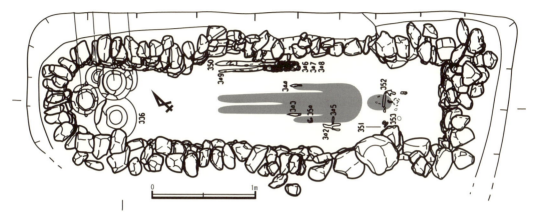

図119 蔚山早日里49-2号墳出土状況図（国立昌原文化財研究所編 2000）

末頃には、畿内中枢のセンター機能だけでは必要物資の需要と供給のバランスが保てなくなり、畿内中枢を経由しない別ルートの構築が模索されることも起きた。こういった動きに対して畿内中枢では、これまでの実績をもとに従前の立場を保全するべくさまざまな働きかけも行うため、一見して流通経路の変化は複雑で、単なる社会変化ととれない部分も認められるのである。

中国や朝鮮半島といった東アジア文化圏の中で、常に日本は影響を受ける立場にあった。それゆえ対象となる地域の本質的な社会発展であるか、影響を受容したことによって起こる表層的な変化であるかを判断することには危険性を伴う。多面的にさまざまな変化が一致してこそ、その地域の本質的な社会の発展を認めるべきであり、外来の風習などの受容をその地域の基礎的社会の変化と判断することは避けるべきであろう。

戦争行為がないことが社会の発展を遅らすとの判断は早計であるとしても、集落の防御機能が発達せず基礎的集団の融合が進まない関係性のなかで、戦士のような埋葬行為が出現するのは、戦争が頻繁に起こる地域からの影響が周辺地域で葬法の模倣として現れたものと考えるべきであろう。

つまりは、集落の地域研究にみられる状況が、その地域における本質的な社会の発展状況を示しており、墓に示されるさまざまな変化の中には、外来の影響によって受容された部分を含んでいると考えられる。この差が集落研究からみた社会と古墳から判断される社会レベルの差として現れているものと考えられる。

この章の内容については荒削りの部分があり、単なる資料の紹介にとどまるものである。にもかかわらず、あえて他地域の社会の発展段階と比較することは、かなりの無理が生じていることは承知している。このあたりは、おおかたのご批判を頂戴することになろうが、あえて記載することとした。被るであろうご批判については、今後の課題とさせていただきたい。

参 考 文 献

［和文］

相生市教育委員会 1982『入野大谷 2 号墳　緑ヶ丘 2 号墳　大避山 1 号墳調査報告書』

相生市史編纂室 1982『兵庫県相生市大字若狭野字寺山　若狭野古墳　1980.8 調査』

赤穂市史編さん専門委員編 1984『赤穂市史』第四巻　赤穂市

浅谷誠吾 1996「出合遺跡32次」『平成 5 年度神戸市埋蔵文化財年報』神戸市教育委員会

芦屋市教育委員会 1966「八十塚古墳群」『朝日ヶ丘縄文遺跡　八十塚古墳群』芦屋市教育委員会

芦屋市教育委員会 1967「八十塚 E 号墳」『芦屋市埋蔵文化財包蔵地台帳　八十塚 E 号墳発掘調査報告』芦屋
　　　　市教育委員会

芦屋市教育委員会 1992「八十塚古墳群岩ヶ平支群第50号墳」『芦屋市文化財調査報告第22集　芦屋廃寺ほか
　　　　発掘調査概要報告書』芦屋市教育委員会

芦屋市教育委員会 2006「業平遺跡第61地点」『芦屋市文化財調査報告第62集　芦屋市業平遺跡第61地点　月
　　　　若遺跡第79・81地点　寺田遺跡第178・181地点報告書』芦屋市教育委員会

網干善教 1959「大和三輪狐塚古墳について」『古代学』第 8 巻第 3 号

網干善教ほか 1968「奈良県明日香村坂田都塚古墳発掘調査報告」『関西大学考古学研究年報』 2　関西大学
　　　　考古学研究会

荒川　史 1992『五ケ庄二子塚古墳発掘調査報告（宇治市文化財報告　第 3 冊）』宇治市教育委員会

荒木幸治 2011『蟻無山古墳群・塚山古墳群・周世宮裏山古墳群測量調査報告書』赤穂市教育委員会

荒牧宏行・大塚法宣 1997「鋤先古墳群 A 群 3 次調査 9 号墳」『鋤先古墳群』 2 福岡市教育委員会

池田　毅 1992「印路遺跡」『平成元年度神戸市埋蔵文化財年報』神戸市教育委員会

池田市 1997『新修　池田市史』第 1 巻

石井克己 1991『黒井峯遺跡発掘調査報告書』子持村教育委員会

市川　創 2010「畿内地方における古墳時代集落出土の滑石製品」『遠古登攀：遠山昭登君追悼考古学論集』
　　　　『遠古登攀』刊行会

市川　創 2011「上町谷 1 ・ 2 号窯について」『韓式系土器研究』ⅩⅡ韓式系土器研究会

泉森　皎編 1982「南阿田大塚山古墳発掘調査概報」『奈良県遺跡調査概報』1980年度　橿原考古学研究所

泉森　皎 1999「刀剣の出土状態の検討」『近畿の古墳文化』120-125頁

一須賀古墳群発掘調査委員会 1996『太子カントリー倶楽部建設に伴う植田遺跡ほか発掘調査報告書』

一瀬和夫 1998「古墳時代前期における円筒埴輪生産の確立」早稲田大学考古学会『古代』105号

一瀬和夫 2008「古市・百舌鳥古墳群における古墳の小型化」『近畿地方における大型古墳群の基礎的研究
　　　　平成17年度～19年度科学研究費補助金（基盤研究(A)）研究成果報告書』

一瀬和夫ほか 2014「芦屋神社境内古墳墳丘測量・石室実測調査」『京都橘大学　歴史遺産調査報告2013』京
　　　　都橘大学文学部

井手町教育委員会 1979『小玉岩古墳群』井手町文化財調査報告第 1 集

伊藤宏幸 1999『引野遺跡発掘調査概要』東浦町教育委員会

伊藤宏幸 2002『貴船神社遺跡（製塩遺跡）―平林地区土地改良総合整備事業に伴う発掘調査報告書―』北
　　　　淡路町教育委員会

伊藤雅文 1986「芝塚古墳群発掘調査概報」『奈良県遺跡調査概報』1985年度　橿原考古学研究所

伊藤勇輔編 1985『沼山古墳　益田池堤』奈良県文化財調査報告書第48集　橿原考古学研究所

茨木市教育委員会 1963『古墳　茨木市の文化財第3号』茨木市史

茨木市教育委員会 1994『平成5年度発掘調査概報』

揖保川町教育委員会 1978『袋尻浅谷遺跡』揖保川町文化財調査報告書　I

揖保川町教育委員会 1988『兵庫県揖保郡揖保川町　埋蔵文化財分布地図　揖保川町文化財報告書V』新宮
　　　　町文化財調査報告8

揖保川町教育委員会 1994『黍田11号墳』揖保川町文化財調査報告書　VII

揖保川町教育委員会 2000『山津屋・黍田・原—町道山津屋・原線建設に伴う埋蔵文化財発掘調査報告—』
　　　　揖保川町文化財報告書VIII

揖保川町史編纂専門委員会 2001『揖保川町史』第3巻　資料編

今尾文昭 1983「市尾今田古墳群」『奈良県遺跡調査概報第2分冊』1981年度　440-443頁

今西康宏・清水一文 2009「まとめ」『時光寺古墳』高砂市教育委員会

入倉徳裕・十文字　健 2006「北今市古墳群」『奈良県遺跡調査概報』2005年　橿原考古学研究所

岩崎二郎・一瀬和夫・上林史郎ほか 1993『大阪府立近つ飛鳥博物館（仮称）用地一須賀古墳群I支群発掘調
　　　　査概要』大阪府教育委員会

上田健太郎ほか 2009『竹万宮ノ前遺跡』兵庫県教育委員会

上田哲也 1978『砂部遺跡』加古川市教育委員会・加古川市文化財保護協会

上田哲也 1985「播磨における横穴式石室の採用と展開」『末永先生米寿記念献呈論文集』

上田哲也ほか 1966『姫路丁古墳群』東洋大学付属姫路高等学校

上田　睦 2003「古墳時代中期における円筒埴輪の研究動向と編年」『埴輪論叢』第5号

植野浩三ほか 1998「谷川野田2号墳」『氷上郡埋蔵文化財分布調査報告書（5）』兵庫県氷上郡山南町　氷上
　　　　郡教育委員会

梅原末治 1920『久津川古墳研究』

梅原末治 1935「奥山古墳」『兵庫県史蹟名勝天然記念物調査報告』第十一輯　兵庫県

梅原末治 1937『近畿地方古墳墓の調査　上野国総社二子山古墳の調査』4

梅原末治 1938「大和赤坂天王山古墳」『日本古文化研究所報告』第9集

梅原末治 1940・1955「竹野産土山古墳の調査」上・下『京都府史蹟名勝天然記念物調査報告』第20輯　京都府

大久保基夫 1959「摂津川辺郡の3古墳を実測して」『古代学研究』第21・22号古代学研究会

大阪市教育委員会・大阪市文化協会 1988『昭和61年度大阪市内埋蔵文化財包含地発掘調査報告書』

大阪府教育委員会 1953『金山および大籔古墳の調査』

大阪府教育委員会 1969『大阪府南河内郡河南町東山所在遺跡発掘調査概報』

大阪府教育委員会 1970『大阪府南河内郡河南町東山弥生集落跡発掘調査概報』

大阪府教育委員会 1974『一須賀古墳群発掘調査概要（1）』

大阪府教育委員会 1975a『一須賀古墳群発掘調査概要II』

大阪府教育委員会 1975b『平尾山古墳群分布調査概要』

大阪府教育委員会 1982『一須賀古墳群分布調査概要』

大阪府教育委員会 1984『一須賀・葉室古墳群』

大阪府教育委員会 1986『寛弘寺遺跡発掘調査概要・IV』

大阪府教育委員会 1987a『寛弘寺遺跡発掘調査概要・V』

大阪府教育委員会 1987b『寛弘寺遺跡発掘調査概要・VI』

大阪府教育委員会 1989『寛弘寺古墳群発掘調査概要・VIII』

大阪府教育委員会 1990『寛弘寺遺跡発掘調査概要・IX』

大阪府教育委員会 1991『寛弘寺遺跡発掘調査概要・Ⅹ』

大阪府教育委員会 1993『一須賀古墳群Ⅰ支群発掘調査概要』

大阪府教育委員会 1994a『寛弘寺遺跡発掘調査概要・ⅩⅢ』

大阪府教育委員会 1994b『堂山古墳群』

大阪府立近つ飛鳥博物館 2000『一須賀古墳群WA支群』

大阪府立近つ飛鳥博物館 2004『一須賀古墳群の調査Ⅳ　B支群』

大阪府立近つ飛鳥博物館 2005『一須賀古墳群の調査Ⅴ　D/E/F/J/K/L/P支群』

大阪府立近つ飛鳥博物館編 2000a『一須賀古墳群の調査』Ⅰ

大阪府立近つ飛鳥博物館編 2000b『一須賀古墳群の調査』Ⅱ

大阪府立近つ飛鳥博物館編 2002『一須賀古墳群の調査』Ⅲ

大阪府立近つ飛鳥博物館編 2004『一須賀古墳群の調査』Ⅳ

大阪府立近つ飛鳥博物館編 2005『一須賀古墳群の調査』Ⅴ

大谷輝彦 2005「宮山古墳出土遺物」『開館記念特別展宮山古墳』姫路市埋蔵文化財センター

大谷晃二 1999「山陰の横穴式石室」『論争吉備』考古学研究会岡山例会委員会

大崎哲人ほか 1995「古墳時代の遺構と遺物」『大通寺古墳群』滋賀県教育委員会　74-90頁

大庭重信 1999『長原遺跡発掘調査報告Ⅶ』財団法人大阪市文化財協会

大庭重信 2005「まとめ」『長原遺跡発掘調査報告』ⅩⅡ

岡戸哲紀 1990『大庭寺・伏尾遺跡A地区』大阪府埋蔵文化財協会

岡戸哲紀 1991「陶邑・伏尾遺跡の検討」『韓式系土器研究』Ⅲ　韓式系土器研究会

岡林孝作 2016「古墳時代木棺の棺内空間利用と機能」『日本考古学』第42号

奥　和之 1999『安威遺跡』大阪府教育委員会

奥田智子編 2017『兵庫県宝塚市白鳥塚古墳・山本古墳群―ゴーランド調査古墳の研究1―』ゴーランドコ
　　　レクション調査プロジェクト

奥村清一郎 1988「南山城の後期古墳（3）」『京都考古』第48号京都考古刊行会

奥村清一郎 1990「南山城の後期古墳（4）」『京都考古』第55号京都考古刊行会

奥村清一郎 1996「南山城の後期古墳（6）」『京都考古』第81号京都考古刊行会

小椋たみ子・吉本祥江・坪田みのり 1997「母親の育児語と子どもの言語発達、認知発達」『神戸大学発達科
　　　学部研究紀要』5（1）　1-14頁

小浜　成 2003「円筒埴輪の観察視点と編年方法―畿内円筒埴輪編年の提示に向けて―」『埴輪論叢』第4号

小野山　節 1970「五世紀における古墳の規制」『考古学研究』第16巻第3号

加古川市教育委員会 1965『印南野―その考古学的研究―一（加古川工業用水ダム古墳群発掘調査報告）』加
　　　古川市文化財調査報告　3

加古川市教育委員会 1969『印南野―その考古学的研究―二（加古川工業用水ダム古墳群発掘調査報告）』加
　　　古川市文化財調査報告　4

加古川市教育委員会 2000『奥新田西古墳発掘調査報告書』加古川市文化財調査報告13

加古川市史編纂専門委員 1996『加古川市史』第4巻史料編1　加古川市

加西市教育委員会 1990『玉丘古墳』加西市教育委員会

加西市教育委員会 1993『玉丘遺跡群Ⅱ―マンジュウ古墳・小山古墳・黒福古墳発掘調査概要報告書―』

加西市教育委員会 2006『玉丘古墳群Ⅱ―亀山古墳2・笹塚古墳―』加西市教育委員会

加西市史編さん委員会編 2010『加西市史　第7巻（史料編1）』加西市

柏原市教育委員会 1980『柏原市埋蔵文化財発掘調査概要報告』

柏原市教育委員会 1983『平尾山古墳群』

柏原市教育委員会　1988『柏原市埋蔵文化財発掘調査概報』

柏原市教育委員会　1992a『柏原市東山地区分布調査概報』

柏原市教育委員会　1992b『平尾山古墳群　平野・大県支群』

柏原市教育委員会　1993a『柏原市遺跡群発掘調査概要』

柏原市教育委員会　1993b『平野・大県古墳群分布調査概報』

柏原市教育委員会　1998『平野・大県古墳群』

柏原市教育委員会　2001『柏原市遺跡群発掘調査概告2000年度』

交野市　1992『交野市史』考古編

加藤史郎　1986「出土遺物」『法花堂2号墳』20-21頁

鐘方正樹　1997「前期古墳の埴輪」『堅田直先生古稀記念論文集』

金子守恵　2011『土器つくりの民族誌―エチオピア女性職人の地縁技術』昭和堂

金澤雄太　2012「出土埴輪からみた尼塚古墳の位置づけ」『尼塚古墳』尼塚古墳発掘調査団・加古川市教育委員会

上郡町史編纂専門委員会　1999『上郡町史』第三巻　史料編 I

亀岡市教育委員会　1997『北ノ庄13・14号墳発掘調査報告書―千代川配水池施設増設工事に伴う埋蔵文化財
　　　発掘調査―』亀岡市文化財調査報告書第41集

亀田修一　1987「播磨出合遺跡出土の「陶質土器」朝鮮三国系軟質土器・初期須恵器」『古代文化談叢』18号
　　　九州古文化研究会

亀田修一　1989「森北町遺跡出土陶質土器・軟質土器」『古代文化談叢第20集（下）』九州古文化研究会

亀田修一　2004「日本の初期の釘・鎹が語るもの」『文化の多様性と比較考古学』考古学研究会

亀田修一　2008「播磨出合窯跡の検討」『岡山理科大学埋蔵文化財研究論集』岡山理科大学埋蔵文化財研究会

加茂町教育委員会　1981『西梛窯跡』加茂町文化財調査報告第2集

加悦町教育委員会　1983『入谷西 A-1号墳―調査の概要―』加悦町文化財調査概要2

河上邦彦　1978「御所市水泥塚穴古墳」『奈良県古墳発掘調査集報 II』奈良県文化財調査概報第30集　橿原考
　　　古学研究所

河上邦彦　2001「大和巨勢谷権現堂古墳の測量調査と副葬品（後期大型円墳の意義）」『実証の地域史』村川
　　　行弘先生頌寿記念論集　同記念会

河上邦彦編　1977『斑鳩・仏塚古墳』斑鳩町教育委員会

河上邦彦編　1984『市尾墓山古墳』高取町文化財調査報告第5冊　高取町教育委員会

河上邦彦・右島和夫編　1976『高取町の古墳』高取町文化財調査報告第1冊　高取町教育委員会

河上邦彦ほか編　1976『葛城・石光山古墳群』奈良県史跡名勝天然記念物調査報告　第31冊　奈良県教育委員会

河内考古刊行会　1979『河内太平寺古墳群』

河内四条史編さん委員会　1977『河内四条史』

河内長野市教育委員会　1994『三日市遺跡発掘調査報告書』III

川西宏幸　1978「円筒埴輪総論」『考古学雑誌』第64巻第2号

川西宏幸　1979「円筒埴輪総論、地籍文献総覧」『考古学雑誌』第64巻第4号

川端真治・金関　恕　1955「摂津豊川村南塚古墳調査概報」『史林』第38巻第5号62頁

川畑　純　2009「前・中期古墳副葬鏃の変遷とその意義」『史林』第92巻第2号

関西学院大学考古学研究会　1978「長尾山の古墳群1　中筋山手古墳群」『関西学院考古』No.4　関西学院大
　　　学考古学研究会

関西学院大学考古学研究会　1979「長尾山の古墳群（II）雲雀丘古墳群」『関西学院考古』No.5　関西学院大
　　　学考古学研究会

関西学院大学考古学研究会　1987「長尾山の古墳群（VI）雲雀山西尾根古墳群 B 支群の調査」『関西学院考

古』No.8　関西学院大学考古学研究会

関西学院大学考古学研究会 1991「長尾山の古墳群(V)天満神社古墳」『関西学院考古』No.9　関西学院大学
　　　　考古学研究会

菊池芳朗 1996「前期古墳出土刀剣の系譜」『雪野山古墳の研究考察編』八日市市教育委員会　56-68頁

岸本一宏 2002『上脇遺跡』I　兵庫県教育委員会

岸本一宏 2009「播磨竜山石製長持形石棺の分類と変遷」『兵庫発信の考古学』間壁葭子先生喜寿記念論文集
　　　　刊行会編

岸本一宏 2010「第三章　埋葬施設」『史跡　茶すり山古墳』本文編　87-148頁

岸本直文 2005a「三木市愛宕山古墳の測量調査」『前方後円墳の築造規格からみた古墳時代の政治的変動の
　　　　研究』大阪市立大学大学院文学研究科

岸本直文 2005b「姫路市壇場山古墳の測量調査」大阪市立大学大学院文学研究科『前方後円墳の築造規格か
　　　　らみた古墳時代の政治的変動の研究』

岸本道昭 2008『竹万遺跡』たつの市教育委員会

岸本道昭・古本　寛 1995『尾崎遺跡』II　龍野市教育委員会

岸本道昭 2000「播磨の前方後円墳研究序説」『播磨学紀要』第6号

岸本道昭 2001『北山遺跡』龍野市教育委員会

岸本道昭 2004「後期前方後円墳の時代」『古墳時代の政治構造―前方後円墳からのアプローチ―』

岸本道昭 2008『竹万遺跡』たつの市教育委員会

岸本道昭ほか 1999『長尾・小畑遺跡群』龍野市教育委員会

喜田貞吉 1928「継体天皇以下三天皇皇位継承に関する疑問」『喜田貞吉著作集3国史と仏教史』平凡社所収

北野耕平 1964「真名井古墳」『河内における古墳の調査』64-67頁

北野耕平 1976『河内野中古墳の研究』43-137頁

木下　亘 2006「須恵器からみた葛城の物流拠点」『韓式系土器研究IX』韓式系土器研究会

木場幸弘・水野敏典 1998『国指定史跡　市尾宮塚古墳石室発掘調査資料』高取町教育委員会

木許　守 2005『巨勢山古墳群V』御所市文化財調査報告書第28集　御所市教育委員会

木許　守・藤田和尊編 2002『巨勢山古墳群IV―巨勢山74・75号墳の調査―』御所市文化財調査報告書第26
　　　　集　御所市教育委員会

九州前方後円墳研究会編 1999『九州における横穴式石室の導入と展開』

京都市開発局洛西開発室 1970『洛西ニュータウン地域の歴史地理学的調査―福西古墳群の発掘調査報告―』
　　　　京都市文化市民局2005『京都市内遺跡試掘調査概報』平成16年度

京都市文化観光局 1981『名勝双ヶ岡保存整備事業報告』昭和55年度

京都市文化観光局 1987『御堂ヶ池1号墳発掘調査概報』昭和57年度

京都市埋蔵文化財研究所 1989『大枝山古墳群』京都市埋蔵文化財研究所調査報告第8冊

京都大学考古学研究会 1967『第20トレンチ』

京都大学考古学研究会 1971『嵯峨野の古墳時代』

京田辺市教育委員会 2006『堀切古墳群発掘調査報告書II』京田辺市埋蔵文化財調査報告書第36集

京都府教育委員会 1964『埋蔵文化財調査概報』1964　同志社大学校地学術調査委員会1985『下司古墳群』

京都府埋蔵文化財調査研究センター 1982『京都府遺跡調査概報』第2冊

京都府埋蔵文化財調査研究センター 1983『京都府遺跡調査概報』第7冊

葛原克人 1979『備中こうもり塚古墳』岡山県教育委員会

口野博史 2001『松野遺跡2～7次調査発掘調査報告書』神戸市教育委員会

久野邦雄編 1974『大和巨勢山古墳群（境谷支群）―昭和48年度発掘調査概報―』奈良県教育委員会

クラストル，P. 1987『国家に抗する社会：政治人類学研究』渡辺公三訳　書肆風の薔薇

桑野一幸・安村俊史 1996『高井田山古墳』27-52頁

神戸市教育委員会 1983『松野遺跡発掘調査概報』神戸市教育委員会

神戸市教育委員会 1986『昭和58年度神戸市埋蔵文化財調査年報』

神戸市教育委員会 1987『昭和59年度神戸市埋蔵文化財調査年報』

神戸市教育委員会 1988『昭和60年度神戸市埋蔵文化財調査年報』

神戸市教育委員会 1989『昭和61年度神戸市埋蔵文化財調査年報』

神戸市教育委員会 1990『昭和62年度神戸市埋蔵文化財調査年報』

神戸市教育委員会 1992『押部遺跡神戸市西区押部谷町所在第 2 次発掘調査概報』

神戸市教育委員会 1994a「北神 2 地点古墳・3 地点古墳」『神戸市埋蔵文化財年報』平成 3 年度　神戸市教
　　　育委員会

神戸市教育委員会 1994b『高塚山古墳群発掘調査概要』

神戸市教育委員会 1994c『昭和63年度神戸市埋蔵文化財調査年報』

神戸市教育委員会 1994d『平成03年度神戸市埋蔵文化財調査年報』

神戸市教育委員会 1995「狩口台きつね塚古墳」『神戸市埋蔵文化財調査年報』平成 4 年度　神戸市教育委員会

神戸市教育委員会 1998『平成07年度神戸市埋蔵文化財調査年報』

神戸市教育委員会 1999『平成08年度神戸市埋蔵文化財調査年報』

神戸市教育委員会 2000『平成09年度神戸市埋蔵文化財調査年報』

神戸市教育委員会 2001『松野遺跡 2 ～ 7 次調査発掘調査報告書』神戸市教育委員会

神戸市教育委員会 2002『平成11年度神戸市埋蔵文化財調査年報』

神戸市教育委員会 2004『平成13年度神戸市埋蔵文化財調査年報』

神戸市教育委員会 2005『平成14年度神戸市埋蔵文化財調査年報』

神戸市教育委員会 2006『史跡五色塚古墳小壺古墳発掘調査・復元整備報告書』

神戸市埋蔵文化財センター 2006「西神87地点」『西神ニュータウン内の遺跡』

広陵町教育委員会 1987『史跡牧野古墳』広陵町文化財調査報告第一冊1987

国立昌原文化財研究所編 2000『学術調査報告第 9 輯　蔚山早日里古墳群発掘調査報告書』国立昌原文化財
　　　研究所

小島俊次 1955「星塚古墳」（抄報 7 ）

小島俊次 1960「天理市石上町狐ヶ尾の古墳群」『奈良県史蹟名勝天然記念物調査抄報』第13輯

御所市教育委員会 2000『鴨都波 1 号墳―鴨都波遺跡第15次調査現地説明会資料―』

小玉道明 1988『井田川茶臼山古墳』三重県教育委員会

小林行雄 1950「古墳時代における文化の伝播」『史林』第33巻第 3 号　304-316頁、第 4 号　453-469頁

駒宮史朗ほか 2007『武蔵埼玉稲荷山古墳：史跡埼玉古墳群稲荷山古墳発掘調査・保存整備事業報告書』埼
　　　玉県教育委員会

小丸古墳群調査団 1985『兵庫県相生市野瀬字小丸　小丸古墳群』

西光慎治 2007「王陵の地域史研究～飛鳥地域の終末期古墳測量調査報告 II ～」『明日香村文化財調査研究紀
　　　要』第 6 号　明日香村教育委員会

埼玉県立さきたま資料館 1998『シンポジウムここまでわかった！稲荷山古墳：鉄剣銘文発見20年の成果：稲
　　　荷山古墳発掘調査30周年・金錯銘発見20周年記念事業：シンポジウム資料』埼玉県立さきたま資料館

齋藤正憲 2009「エジプトの土器づくり民族誌―土器生産様式に関する民俗考古学的検討―」『西アジア考古
　　　学』第10号日本西アジア考古学会

坂井秀弥 1976「関西学院構内古墳」『関西学院考古』No.3　関西学院大学考古学研究会

坂口英毅・藤井章徳 2006「武具」『小野大塚古墳』小野市教育委員会

桜井久之 1993a『長原・瓜破遺跡発掘調査報告Ⅴ』財団法人大阪市文化財協会

桜井久之 1993b『長原・瓜破遺跡発掘調査報告Ⅵ』財団法人大阪市文化財協会

桜井市教育委員会 1989『阿部丘陵遺跡群』

財団法人桜井市文化財協会 1995『桜井市内埋蔵文化財1994年度発掘調査報告書1』

笹川龍一 1992『史跡有岡古墳群（王墓山古墳）保存整備事業報告書』善通寺市教育委員会

定松佳重・谷口 梢 2006「南あわじ市出土の韓式系土器について」『韓式系土器研究Ⅸ』韓式系土器研究会

定松佳重ほか 2009「木戸原遺跡（2・3次調査）」『南あわじ市埋蔵文化財調査年報Ⅱ』南あわじ市教育委員会

定松佳重ほか 2010「木戸原遺跡（4・5次調査）」『南あわじ市埋蔵文化財調査年報Ⅲ』南あわじ市教育委員会

佐藤小吉 1915「東乗鞍ノ古墳」『奈良県史蹟勝地調査会報告書』第3回 奈良県

佐藤孝治 1996『大王墓の時代』堺市博物館

サーヴィス，E. 1979『未開の社会組織―進化論的考察』松園万亀雄訳 弘文堂

サーリンズ，M. 1976「プア・マン リッチ・マン ビッグ・マン チーフ―メラネシアとポリネシアにお
　　ける政治組織の類型―」『進化と文化』山田隆治訳 181-221頁 新泉社

三宮昌弘 2009「古墳時代和泉地域の製塩遺跡の動向」『大阪文化財研究』第35号 財団法人大阪府文化財セ
　　ンター

篠宮 正ほか 2006『溝之口遺跡』兵庫県教育委員会

篠原祐一 2011「五世紀における石製祭具と沖ノ島の石材」『「宗像・沖ノ島と関連遺産群」研究報告Ⅰ』「宗
　　像・沖ノ島と関連遺産群」世界遺産推進会議

島田 暁 1954「中央槨」『和泉黄金塚古墳』27-48頁

下垣仁志 2011『古墳時代の王権構造』吉川弘文館

下垣仁志 2013「青銅器から見た古墳時代成立過程」『新資料で問う古墳時代成立過程とその意義』考古学研
　　究会関西例会

城陽市教育委員会 2001『城陽市埋蔵文化財調査報告書』第40集

白石太一郎 1965「日本における横穴石室の系譜―横穴式石室の受容に関する一考察」『先史学研究』5
　　61-78頁

白石太一郎 2004「もう一つの倭・韓交易ルート」『第110集［国立歴史民俗博物館国際シンポジウム］／古
　　代東アジアにおける倭と加耶の交流』国立歴史民俗博物館

白石太一郎・関川尚功・大竹弘之 1978「橿原市小谷古墳の測量調査」『青陵』第39号 橿原考古学研究所

新宮町教育委員会 1992『新宮町文化財調査報告15 埋蔵文化財分布地図』

新宮町教育委員会 2002『姥塚古墳―城山周辺の古墳群と古代遺跡―』新宮町文化財調査報告 27冊

新宮町史編纂専門委員会編 2005『播磨新宮町史 文化財編』兵庫県たつの市

末永雅雄編 1991a「鞍塚」『盾塚鞍塚 珠金塚古墳』67-105頁

末永雅雄編 1991b「珠金塚」『盾塚鞍塚 珠金塚古墳』106-178頁

末永雅雄編 1991c「楯塚古墳」『盾塚鞍塚 珠金塚古墳』10-66頁

杉井健一 1996「竪穴式石室の遺物出土状況」『雪野山古墳の研究』報告編 62-86頁

杉本清美・藤沢眞依・小山田宏一 2007『寺田遺跡』大阪府教育委員会

杉本 宏 1991a「南墳の調査」『宇治二子山古墳』96-151頁

杉本 宏 1991b「北墳の調査」『宇治二子山古墳』26-95頁

杉本優子 1987「田辺町しお1号墳」『京都考古』第44号 京都考古刊行会京都府1930『京都府史蹟名勝天然
　　記念物調査報告』第11

精華町 1996『精華町史』本文編

清家　章 2004「古墳時代前・中期における埋葬人骨と親族関係―近畿の資料を中心に―」『西日本における
　　　　前方後円墳消滅過程の比較研究』大阪大学大学院文学研究科

清喜裕二 2002「玉津陵墓参考地墳丘裾・外堤内法裾護岸工事区域の調査」『書陵部紀要』第53号　宮内庁書陵部

関川尚功 1989「第3次調査　棺内の遺物配置状態」『斑鳩　藤ノ木古墳概報』62頁

関川尚功・卜部行弘編 1987『与楽古墳群』奈良県文化財調査報告書第56集　橿原考古学研究所

関　雄二 2006『古代アンデス権力の考古学』京都大学出版会

関野　貞 1927「楽浪郡大同江面9号墳」『古蹟調査特別報告　第4冊　楽浪郡時代ノ遺跡』朝鮮総督府

積山　洋 2004「大阪湾岸の古墳時代土器製塩」『畿内の巨大古墳とその時代』雄山閣

十河良和 1997「百舌鳥古墳群の立地に関する基礎的考察」『関西大学考古学研究室開設五拾周年記念考古学
　　　　論叢』

太子町 1989『太子町史』

太子町教育委員会 1995『内山戸古墳群―一般国道2号太子龍野バイパス建設事業に伴う埋蔵文化財発掘調
　　　　査―』太子町文化財資料　第50集

大東市教育委員会 1990『石宝殿古墳群』

高井健二 1987「城下マンション（仮称）建設工事に伴う長原遺跡発掘調査（NG85-23）『大阪市内埋蔵文化
　　　　財包蔵地発掘調査報告書昭和60年度』153-185頁

高倉洋彰 1989「遺物の配列」『老司古墳』福岡市教育委員会

高砂市教育委員会 1965『阿弥陀古墳群』高砂市文化財調査報告II

高槻市教育委員会 1965『塚脇古墳群』

高槻市教育委員会 1982『嶋上郡衙跡他関連遺跡発掘調査概要』6

高槻市教育委員会 1991『嶋上郡衙跡他関連遺跡発掘調査概要』15

高槻市教育委員会 1992『嶋上遺跡群』16

高槻市教育委員会 1993『塚穴古墳群』

高槻市教育委員会 2003『高槻市文化財年報』平成13・14年度

高槻市教育委員会文化財課埋蔵文化財調査センター 2001『高槻市文化財年報』平成11年度

高橋克壽 1994「埴輪生産の展開」『考古学研究』41巻2号考古学研究会

高橋克壽 1997「埴輪」『加古川市文化財調査報告書15行者塚古墳発掘調査概報』加古川市教育委員会

高橋克壽 2002「古墳の葺石」『文化財論叢』55-75頁

高橋克壽 2006「埴輪―場から群像に迫る―」『列島の古代史5　専門技能と技術』

高橋克壽 2007「対外交渉の変化から見た古墳時代」『花園史学』第28号

高橋克壽 2008「「特輯王陵系埴輪の地域波及と展開」に寄せて」『古代文化』第59巻4号

高橋　工 2002『長原遺跡発掘調査報告Ⅷ』財団法人大阪市文化財協会

高野政昭 1996「北大塚古墳」『加古川市史』第4巻史料編1　加古川市市史編纂委員会

高松雅文 2006「第一石室の編年的位置」『川西市勝福寺古墳発掘調査報告』川西市教育委員会

宝塚市教育委員会 1975『宝塚市雲雀山古墳群　東尾根A支群・西尾根B支群の調査』宝塚市文化財調査報
　　　　告第6集

宝塚市教育委員会 1980『長尾山の古墳群調査集報』宝塚市文化財調査報告第14集

宝塚市教育委員会 1985『中山荘園古墳発掘調査報告書』宝塚市文化財調査報告第19集

宝塚市史編集専門委員 1978「古墳時代後期」『宝塚市史　第4巻』資料編1　宝塚市

多紀郡教育事務組合教育委員会 1975『篠山・多紀町の古墳』

竹井治雄 1998「愛宕神社古墳群」『京都府遺跡調査概報』第83冊　49-63頁

武内雅人 1984『鳴滝遺跡発掘調査報告書』和歌山県教育委員会

竹谷俊夫 1990「塚穴山古墳発掘中間報告」『天理参考館報3号』 1

竹田正則・濱口和弘編 2001『橿原市埋蔵文化財発掘調査概報平成12年度』橿原市埋蔵文化財調査概要18　橿原市教育委員会

龍野市教育委員会 1978『龍野の文化財』龍野市文化財調査報告Ⅱ

龍野市教育委員会 1982『長尾・タイ山古墳群』龍野市文化財調査報告書Ⅲ

龍野市教育委員会 2001『北山遺跡』龍野市文化財調査報告23

辰巳和弘・森下浩行・吉村公男・辻川哲朗 1993「平群谷古墳群再論(上・下)」『古代文化』第45巻第10号・12号

伊達宗泰 1974「古墳」『明日香村史』明日香村史刊行会

伊達宗泰 1981a「新沢千塚第173号墳」『新沢千塚古墳群』391-396頁

伊達宗泰 1981b「新沢千塚第48号墳」『新沢千塚古墳群』253-277頁

伊達宗泰編 1981『新沢千塚古墳群』奈良県史跡名勝天然紀念物調査報告第39冊　奈良県教育委員会

伊達宗泰・小島俊次・泉森　皎 1966「アミダヒラ・ササヲ古墳群　および岩屋大塚古墳の調査」『奈良県文化財調査報告』第9集

伊達宗泰ほか 1962『大和二塚古墳』史跡名勝天然記念物調査報告第21冊　奈良県教育委員会

田中一廣 1984「巨勢山古墳群（タケノクチ支群）発掘調査概報—県道古瀬小殿線道路特殊改良工事に伴う調査—」『奈良県遺跡調査概報』1983年度　橿原考古学研究所

田中清美 1992『長原・瓜破遺跡発掘調査報告Ⅴ』財団法人大阪市文化財協会

田中清美 2001「播磨出合遺跡と瓦質土器」『韓式土器研究』Ⅶ韓式土器研究会

田中清美 2005a「河内湖周辺の韓式系土器と渡来人」『ヤマト王権と渡来人』サンライズ出版

田中清美 2005b『長原遺跡発掘調査報告Ⅻ』財団法人大阪市文化財協会

田中清美 2006『長原遺跡発掘調査報告14』財団法人大阪市文化財協会

田中清美 2010「長原遺跡出土の韓式系土器」『韓式系土器研究ⅩⅠ』韓式系土器研究会

田中禎昭 2016『日本古代の年齢集団と地域社会』吉川弘文館

田中晋作 1988「武器の所有形態からみた古墳被葬者の性格—山陽地域（1）—」『網干善教先生華甲記念考古学論集』網干善教先生華甲記念会

田中晋作 1993a「武器の所有形態からみた常備軍成立の可能性（上）」『古代文化』第45巻第8号

田中晋作 1993b「武器の所有形態からみた常備軍成立の可能性（下）」『古代文化』第45巻第10号

田中晋作 1995「古墳時代中期における軍事組織について」『考古学研究』第41巻第4号　96-102頁

田中晋作 2000「巴形銅器について」古代学研究会『古代学研究』第151号

田中晋作 2009『筒型銅器と政権交替』学生社

田中良之 1995『古墳時代親族構造の研究—人骨が語る古代社会—』柏書房

田辺昭三 1981『須恵器大成』角川書店

玉井　功 2009「副葬品配置から見た葬送儀礼—鏡と刀剣類のセットをもつ古墳—」『花園大学考古学研究論叢Ⅱ』花園大学考古学研究室30周年記念論集刊行会

タルド，ガブリエル 1890『模倣の法則』（池田祥英・村澤真保呂訳 2007年）河出書房新社

丹南町史編纂委員会 1994『丹南町史』上巻

千賀　久 1997「畿内の横穴式石室成立期の様相」『古文化論叢—伊達先生古希記念論集—』

千賀　久編 1988『寺口忍海古墳群』新庄町文化財調査報告書第1冊　新庄町教育委員会

千喜良　淳 2005『郡家遺跡発掘調査報告書第77次』

千種　浩 1983『松野遺跡発掘調査概報』神戸市教育委員会

陳　顕明 1965『土保山古墳調査概報』

辻田淳一郎 2006「威信財システムの成立・変容とアイデンティティ」『東アジア古代国家論プロセス・モデ

ル・アイデンティティ』すいれん舎

辻田淳一郎　2014「世界の中の古墳時代研究―比較考古学の観点から―」『考古学研究会第60回総会・研究集
　　　会世界の中の日本考古学』考古学研究会

土屋みづほ　2007『寺田遺跡Ⅱ』大阪府教育委員会

都出比呂志　1996「日本古代の国家形成論序説―前方後円墳体制の提唱」『日本史研究』第343号

都出比呂志編　2005『井ノ内稲荷塚古墳の研究』大阪大学文学研究科考古学研究報告第3冊

寺前直人　2006「ヨモツヘグイ再考―古墳における飲食と調理の表象としての土器」待兼山論叢第40号史学篇

天理市教育委員会　1990『星塚・小路遺跡の調査』天理市埋蔵文化財調査報告第4集

徳本正彦　1975「原始社会史の段階区分と前国家段階」『法政研究』第42巻第2・3号

冨田和気夫　1991「副葬品」『権現山51号墳』40-52頁

富山直人　1992「玉津田中遺跡」『平成元年度神戸市埋蔵文化財年報』

富山直人　1999「兵庫県千種川流域の横穴式石室について―支流矢野川流域を中心として―」『古代文化』第
　　　51巻第11号

富山直人　2000「畿内形石室成立以前」『古代文化』第52巻第9号

富山直人　2004a「横穴式石室の諸段階とその地域性―初期国家再編過程への一視点―」上・下『古代文化』
　　　第56巻第9・10号

富山直人　2004b「明石川流域所在の木槨墓について」『神戸市立博物館研究紀要』第20号　神戸市立博物館

富山直人　2006「カンス塚古墳」『喜谷美宣先生古稀記念論集』喜谷美宣先生古稀記念論集刊行会

富山直人　2007「篠山市洞中1・2号墳測量調査報告」『研究集会　近畿の横穴式石室』

富山直人　2009「芝山古墳の遺物出土状況からみた横穴式石室の利用実態」『古代学研究』184号

富山直人　2012a「大英博物館におけるゴーランド・コレクション芝山古墳と鹿谷古墳」『古代学研究』196号

富山直人　2012b「播磨における5世紀の政治変動―古墳と渡来人の動向を中心として―」『古代文化』第64
　　　巻第2号

富山直人　2015「芝山古墳出土土器」『大英亜博物館　ゴーランドコレクションの調査から』ゴーランドプロ
　　　ジェクト

富山直人　2017「近畿地方出土鉄鉾の基礎的研究」『考古学研究』第64巻第1号

富田林市　1985『富田林市史』

豊島直博　2000「鉄器埋納施設の性格」『考古学研究』第46巻第4号　89頁

豊島直博　2010『鉄製武器の流通と初期国家形成』塙書房

豊中市　2005『新修　豊中市史』第4巻考古

永井信弘　1995『小谷遺跡（第6次）』兵庫県加西市教育委員会

永井正浩　2003「北部九州における横穴式石室導入の一側面―埋葬時の遺体配置方法に注目して―」『関西大
　　　学考古学研究室開設五十周年記念考古学論叢』

中井さやか　2006『吉田南遺跡第17・18時調査発掘調査報告書』神戸市教育委員会

中川　渉編　2002『上脇遺跡』Ⅱ兵庫県教育委員会

中久保辰夫　2009「古墳時代中期における韓式系軟質土器の受容過程」『考古学研究』第56巻第2号

中久保辰夫　2010「渡来文化受容の地域格差―古墳時代中期の播磨地域を中心に―」『持兼山考古学論集Ⅱ―
　　　大阪大学考古学研究室20周年記念論集』大阪大学考古学研究室

中久保辰夫　2012「渡来人がもたらした新技術」『古墳時代の考古学』第7巻　同成社

中溝康則　2005「鏡の出土状況」『綾部山39号墓発掘調査報告書』47頁

中浜久喜　1990「白毛9号墳・13号墳をめぐる二・三の問題」『播磨考古学論叢』今里幾次先生古希記念論文
　　　集刊行会

中浜久喜 2001「播磨における横穴式石室の構造と変遷」『横穴式石室からみた播磨』

中野雅美 1984『箭田大塚古墳』真備町教育委員会

中野　咲・篠宮　正 2011「ススとコゲからみた古墳時代中期の調理法―兵庫県玉津田中遺跡出土土器を中心に―」『日本考古学協会第77回総会研究発表要旨』日本考古学協会

中村　浩 1993「大阪府茨木市海北塚古墳出土須恵器の再検討」『考古学雑誌』第78巻第3号

中村　浩 1993『土井ノ内遺跡』加西市教育委員会

奈良県教育委員会 1960a「桜井市粟原越塚古墳」奈良県文化財調査報告第3集

奈良県教育委員会 1960b「大三輪町穴師珠城山2号・3号墳」『奈良県文化財調査報告』第3集

奈良県教育委員会 1964「桜井市桜井島見山麓古墳群」『奈良県文化財調査報告』第7集

奈良県教育委員会 1966a「小泉狐塚古墳」『勢野茶臼山古墳』奈良県県文化財報告第23集

奈良県教育委員会 1966b『勢野茶臼山古墳』奈良県文化財調査報告第23集

奈良県教育委員会 1971『奈良県古墳発掘調査集報I』奈良県文化財調査報告第28集

奈良県教育委員会 1972a「ツボリ山古墳」『烏土塚古墳』奈良県文化財報告第27集

奈良県教育委員会 1972b『烏土塚古墳』奈良県文化財報告第27集

奈良県教育委員会 1975a『宇陀・丹切古墳群』奈良県史跡名勝天然記念物調査報告書第30冊

奈良県教育委員会 1975b『天理市石上・豊田古墳群I』奈良県文化財調査報告20集

奈良県教育委員会 1976a「別所大塚古墳」『天理市石上・豊田古墳群II』奈良県文化財調査報告書27集

奈良県教育委員会 1976b『天理市石上・豊田古墳群II』奈良県文化財調査報告第27集

奈良県教育委員会 1982『飛鳥・磐余地域の後・終末期古墳と寺院跡』奈良県文化財調査報告第39集

奈良県教育委員会 1985『石田1号墳』奈良県文化財調査報告書第44集

奈良県教育委員会 1986『能峠遺跡群I（南山編）』奈良県史跡名勝天然記念物調査報告第48冊

奈良県教育委員会文化財保存課 1980『奈良県指定文化財』昭和54年度版

奈良県立橿原考古学研究所 1977『平群・三里古墳』奈良県史跡名勝天然記念物調査報告第33冊

奈良県立橿原考古学研究所 1990『藤ノ木古墳第1次発掘調査報告書』

奈良県立橿原考古学研究所 1993a『藤ノ木古墳第2・3発掘調査報告書』

奈良県立橿原考古学研究所 1993b『龍王山古墳群』奈良県史跡名勝天然記念物調査報告第68冊

奈良県立橿原考古学研究所 1999『黒塚古墳　調査概報』

奈良県立橿原考古学研究所 2003『粟原カタソバ遺跡群』奈良県史跡名勝記念物調査報告第65冊

奈良県立橿原考古学研究所 2010『御所市秋津遺跡現地説明会資料』

奈良県立橿原考古学研究所 2011『御所市秋津遺跡5次調査現地説明会資料』

奈良大学考古学研究室 1996「兵庫県見長大歳神社古墳の石室測量報告」『文化財学報』第14集　奈良大学文学部文化財学科

新納　泉 1983「装飾付大刀と古墳時代後期の兵制」『考古学研究』30巻3号67頁

新納　泉 1999『鉄器時代のブリテン』岡山大学文学部研究叢書17

西田　弘 1961「2新開古墳1発掘の経過」（『滋賀県史跡調査報告』第12冊　滋賀　34-37頁

西本和哉 2009「生駒西麓地域における古墳時代中期の古墳群形成の特質」『考古学研究』第55巻第4号

西宮市教育委員会 1977a『具足塚古墳発掘調査報告書』西宮市教育委員会

西宮市教育委員会 1977b『老松古墳発掘調査終了報告・剣谷3号墳発掘調査終了報告』西宮市文化財調査記録1977-1

西宮市教育委員会 1978『苦楽園の古墳』西宮市教育委員会

西　弘海 1978「土器の時期区分と変化」『飛鳥・藤原宮発掘調査報告』II

西　弘海 1982「土器様式の成立とその拝啓」『考古学論考』

日本考古学協会2007年度熊本大会実行委員会編 2007『九州系横穴式石室の伝播と拡散』

西村匡広 2003「主体部」『奈良県文化財調査報告書第92集奈良県高市郡明日香村─細川谷古墳群─上 5 号墳』奈良県立橿原考古学研究所

丹羽恵二 2007「珠城山 1 号墳」『桜井市 国史跡 珠城山古墳』桜井市教育委員会

丹羽恵二ほか 2010a「ムネサカ古墳群」『桜井の横穴式石室を訪ねて』財団法人桜井市文化財協会

丹羽恵二ほか 2010b「赤坂天王山古墳群」『桜井の横穴式石室を訪ねて』財団法人桜井市文化財協会

寝屋川市 1998『寝屋川市史』考古編

長谷川 眞編 1990『兵庫県文化財調査報告第79冊 雨流遺跡─淡路縦貫道関係埋蔵文化財調査報告書Ⅶ─』兵庫県教育委員会

八賀 晋 1982「西宮山古墳出土遺物」『京都国立博物館蔵 富雄丸山古墳・西宮山古墳出土遺物』京都国立博物館

花園大学考古学研究室 1983『松源院境内香具山古墳』花大考研報告 3

花園大学考古学研究室 1998『古墳測量調査集成』花大考研報告13

花田勝広 2015「越前塚古墳」『平成26年度 野洲市内遺跡発掘調査年報』野洲市教育委員会

羽曳野市 1994『羽曳野市史』

羽曳野市教育委員会 1985『古市遺跡群』Ⅵ

羽曳野市教育委員会 1996『羽曳野市埋蔵文化財発掘調査報告書』33

羽曳野市教育委員会 1997『大阪府羽曳野市埋蔵文化財調査報告書』38

林田憲三 1991「梅林古墳の調査」『梅林古墳』福岡市教育委員会

播磨考古学研究集会実行委員会 2001『第 2 回播磨考古学研究集会資料集 横穴式石室からみた播磨』播磨考古学研究集会実行委員会

坂 靖編 1991『寺口千塚古墳群』奈良県史跡名勝天然記念物調査報告第62冊 奈良県教育委員会

坂 靖編 1994『平林古墳』當麻町埋蔵文化財調査報告第 3 集 當麻町教育委員会

坂 靖・青柳泰介 2011『葛城の王都南郷遺跡群』新泉社

東大阪市教育委員会 1973『山畑古墳群Ⅰ』

東大阪市教育委員会 1986『東大阪市埋蔵文化財発掘調査概要 昭和60年度』

東大阪市教育委員会 1989『東大阪市埋蔵文化財発掘調査概要 昭和63年度』

東大阪市教育委員会 1996『東大阪の古墳』

氷上郡教育委員会 1995『氷上郡埋蔵文化財分布調査報告書（2）─兵庫県氷上郡春日町─』

菱田淳子 1994「第Ⅳ部第 5 節古墳時代中期」『玉津・田中遺跡第 2 分冊』兵庫県教育委員会

菱田淳子 1996「第 3 章 6 節古墳時代中期～古墳時代後期」『玉津田中遺跡第 5 分冊』兵庫県教育委員会

菱田淳子 2001『長坂遺跡』兵庫県教育委員会

菱田哲郎 1993「副葬品から見た古墳時代の前期と中期」『紫金山古墳と石山古墳』京都大学文学部博物館 114-115頁

菱田哲郎 2007『古代日本国家形成の考古学』京都大学学術出版会

菱田哲郎 2010『加西市史第七巻 史料編 1 考古』

菱田哲郎 2014a「海北塚古墳」『茨木市史第七巻史料編考古』茨木市市史編纂委員会

菱田哲郎 2014b「耳原古墳」『茨木市史第七巻史料編考古』茨木市市史編纂委員会

菱田哲郎 2014c「将軍塚古墳」『茨木市史第七巻史料編考古』茨木市市史編纂委員会

菱田哲郎 2014d「真龍寺 1 号墳」『茨木市史第七巻史料編考古』茨木市市史編纂委員会

菱田哲郎編 2005『玉丘古墳群 1 ─亀山古墳─』加西市教育委員会

菱田哲郎ほか 1999『東山古墳群Ⅰ』中町教育委員会

菱田哲郎ほか 2002『東山古墳群Ⅱ』中町教育委員会

姫路市教育委員会　1970『宮山古墳発掘調査概報』

姫路市教育委員会　1972『宮山古墳第2次発掘調査概報』

姫路市史編集専門委員会編　2010『姫路市史　第七巻　下　資料編考古』姫路市

姫路市埋蔵文化財センター　2006『企画展　見野長塚古墳』

姫路市埋蔵文化財センター　2009『春季企画展発掘調査速報展2009』

兵庫県教育委員会　1984a「八十塚古墳群岩ヶ平支群第19・27・30号墳」『兵庫県埋蔵文化財調査年報』昭和
　　　　57年度　兵庫県教育委員会

兵庫県教育委員会　1984b「八十塚古墳群岩ヶ平支群第（22号墳）」『兵庫県埋蔵文化財調査年報』昭和58年度
　　　　兵庫県教育委員会

兵庫県教育委員会　1984c『龍子長山1号墳　―山陽自動車道関係埋蔵文化財調査報告　II―』兵庫県文化財
　　　　調査報告　第23冊

兵庫県教育委員会　1986『多利向山古墳群』―近畿自動車道舞鶴線に伴う埋蔵文化財調査報告書（Ⅳ）―

兵庫県教育委員会　1993『箱塚古墳群』近畿自動車道舞鶴線関係埋蔵文化財調査報告書（XXII）兵庫県文化
　　　　財調査報告第127冊

兵庫県教育委員会　2001a『奥新田東古墳群』山陽自動車道建設事業に伴う埋蔵文化財調査報告書（XXXV）
　　　　兵庫県文化財調査報告第222冊

兵庫県教育委員会　2001b『大亀谷山古墳』山陽自動車道建設事業に伴う埋蔵文化財調査報告書（XXXIII）
　　　　兵庫県文化財調査報告第212冊

兵庫県教育委員会　2002『兵庫県文化財調査報告第234冊三木市所在年ノ神古墳群―山陽自動車道建設事業に
　　　　伴う埋蔵文化財調査報告ＸＸＸⅥ―』

兵庫県教育委員会埋蔵文化財調査事務所　2002『三釈迦山北麓の遺跡―丹波並木道中央公園整備事業に伴う
　　　　埋蔵文化財調査概要―』

兵庫県教育委員会埋蔵文化財調査事務所　2003『太市中古墳群』兵庫県文化財調査報告　第258冊

兵庫県教育委員会埋蔵文化財調査事務所　2005a『火山古墳群・火山城跡・火山遺跡』――般国道483号北近
　　　　畿豊岡自動車道（春日和田山道路Ⅰ）建設事業に伴う埋蔵文化財調査報告書Ⅰ―　兵庫県文化財調
　　　　査報告第283冊

兵庫県教育委員会埋蔵文化財調査事務所　2005b『丹波市所在　野坂大谷古墳群　西大谷川災害関連緊急砂防
　　　　事業に伴う発掘調査報告書』兵庫県文化財調査報告書第282冊

兵庫県教育委員会埋蔵文化財調査事務所　2006『加西南産業団地内遺跡調査報告書』兵庫県文化財調査報告
　　　　第302冊

兵庫県史編集専門委員会編　1992『兵庫県史　考古資料編』兵庫県

兵庫県日高町教育委員会　1980『日高町史』資料編

兵庫県埋蔵文化財発掘調査事務所　1995「兵庫県内甲冑出土古墳一覧表」『ひょうごの遺跡』19号

枚方市役所　1967『枚方市史』第1巻

深加見泰彦編　2003『西庄遺跡都市計画道路西脇山口線道路改良工事に伴う発掘調査報告書』財団法人和歌
　　　　山県文化財センター

福尾正彦・徳田誠志　1993「畝傍陵墓参考地石室内現況調査報告」『書陵部紀要』第45号　宮内庁書陵部

福崎町史専門委員会　1990「福崎町の考古・金石文資料」『福崎町史』第3巻資料編1　福崎町

福島孝行　2001「今林6号墳」『京都府遺跡調査概報』第97冊　52-61頁

福永伸哉　2000a「古墳時代の首長墓系譜変動と墳墓要素の変化」『古墳時代の首長系譜変動パターンの比較
　　　　研究』

福永伸哉　2000b「古墳における副葬品配置の変化とその意味：鏡と剣を中心にして」『待兼山論叢　史学篇』

34　1-34頁

福永伸哉　2005「倭の国家形成過程とその理論的予察」『国家形成の比較研究』学生社

福永伸哉ほか　2006『川西市勝福寺古墳発掘調査報告』川西市教育委員会

福永清治　2001「小篠原遺跡「林ノ腰古墳」の発掘調査」『滋賀考古』第18号

藤井寺市教育委員会事務局編　2013『津堂城山古墳』藤井寺市文化財報告　第33集　古市古墳群の調査研究
　　　　　報告4　藤井寺市教育委員会事務局

藤井章徳　2006「第2章発掘調査記録整理報告　2　図面再整理作業の成果」『小野大塚古墳　出土遺物保存
　　　　　処理報告』4-10頁

藤井直正　1967『原始・古代の枚岡』

藤井祐介　1975『三原至山遺跡』氷上郡山南町

藤田和尊　1988「古墳時代における武器・武具保有形態の変遷」『橿原考古学研究所論集第八』467頁

藤田和尊　1993「鏡の副葬配置からみた前期古墳」『考古学研究』第39巻第4号

藤田和尊編　1987『巨勢山古墳群II—御所市みどり台総合開発事業に伴う発掘調査1—』御所市文化財調査
　　　　　報告書第6集　御所市教育委員会

藤田和尊編　2002『巨勢山古墳群III』御所市文化財調査報告書第25集　御所市教育委員会

藤田忠彦ほか　1994「有年原・田中遺跡出土の初期須恵器と軟質土器」『韓式系土器研究』V韓式系土器研究会

藤田道子　2011「蔀屋北遺跡の渡来人と牧」『ヒストリア』229号　大阪歴史学会

藤田道子　2012『蔀屋北遺跡2　なわて水みらいセンター建設に伴う発掘調査』大阪府埋蔵文化財調査報告
　　　　　大阪府教育委員会

藤田道子ほか　2010『蔀屋北遺跡I　なわて水みらいセンター建設に伴う発掘調査』大阪府埋蔵文化財調査報
　　　　　告　大阪府教育委員会

藤原　哲　2015「古墳時代における軍事組織像の検討」『古代文化』第67巻第2号　1-21頁

北條芳隆・溝口孝司・村上恭通　2000「提唱」『古墳時代像を見なおす—成立過程と社会変革』青木書店

朴　天秀　2007『伽耶と倭』

堀田啓一　2010「芝山古墳の墳丘と石室」『古代学研究』186号古代学研究会

埋蔵文化財研究集会　2003『埴輪—円筒埴輪制作技法の観察・認識・分析—』

松木武彦　1992「古墳時代前半期における武器・武具の革新とその評価　軍事組織の生成に関する一試考」
　　　　　『考古学研究』第39巻第1号　58-84頁

松木武彦　1994「古墳時代の武器・武具および軍事組織研究の動向」『考古学研究』第41巻第1号　94-104頁

松木武彦　2005「日本列島の武力抗争と古代国家形成」『国家形成の比較研究』学生社

松本正信　1972「第3主体の石室」『宮山古墳第2次発掘調査概報』23-28頁

松本正信　1982「埴輪」『兼田』姫路市教育委員会

松本正信　2010a「壇場山古墳」『姫路市史』第7巻下考古資料編　姫路市史編纂委員会

松本正信　2010b「奥山1・2号墳」『姫路市史』第7巻下考古資料編　姫路市史編纂委員会

松本正信ほか　1984「龍野市とその周辺の考古資料」龍野市『龍野市史』第4巻

マン，M.　2002『ソーシャルパワー：社会的な〈力〉の世界歴史I先史からヨーロッパ文明の形成へ』森本
　　　　　醇・君塚直隆訳　NTT出版

水谷千秋　1999『継体天皇と古代の王権』和泉書院

南河内郡河南町教育委員会　1983『一須賀古墳群P支群発掘調査報告書』

宮原晋一編　2002『三ツ塚古墳群』橿原考古学研究所調査報告第81冊

宮原晋一ほか　1992『史跡新沢千塚古墳群整備事業報告書（ふるさと歴史の広場事業)』

宮原文隆　1999『糀屋・里の垣内遺跡』多可郡中町教育委員会

宮川禎一・矢野健一 1999「兵庫県加西市剣坂古墳調査報告」『辰馬考古資料館考古学研究紀要3』財団法人辰馬考古資料館

宮本康治 1994「堂山三号墳出土陶棺の位置付けとその系譜」『北河内における遺跡の調査Ⅰ堂山古墳群』大阪府文化財調査報告書第四五輯大阪府教育委員会

三吉秀充 2010「伊予市市場南組窯跡の研究」『愛媛大学法文学部論集. 人文学科編』28号　愛媛大学

三好　玄 2013a「集落から見た古墳時代成立過程」『新資料で問う古墳時代成立過程とその意義』考古学研究会関西例会

三好　玄 2013b『寺田遺跡Ⅲ』大阪府教育委員会

向日市教育委員会 1988『物集女車塚』向日市埋蔵文化財調査報告書23集

向日市埋蔵文化財センター 2001『寺戸大塚古墳の研究』

武庫川女子大学考古学研究会 1976『兵庫県城崎郡日高町　楯縫古墳・岩倉古墳群調査報告書』

武藤　誠 1956『西宮山古墳発掘調査略報』『論叢』終刊号　関西学院短期大学

武藤　誠 1967「埋蔵文化財調査記録」『西宮市史第七巻』資料編4　西宮市役所

武藤　誠・石野博信 1962「考古編」『家島群島』家島群島総合学術調査団・神戸新聞社

村尾政人 1992「淡河中村遺跡出土の韓式系土器について」『のじぎく文化財だより』淡神文化財協会

村尾政人ほか 1992『淡河中村遺跡』淡神文化財協会・淡河中村遺跡調査団

村社仁史 1995『西宮古墳発掘調査概報』平群町教育委員会

名神高速道路内遺跡調査会 1998a『梶原古墳群』

名神高速道路内遺跡調査会 1998b『土室古墳群』

森岡秀人 1983「追葬と棺体配置―後半期横穴式石室の空間利用原理をめぐる二、三の考察―」『関西大学考古学研究室開設参拾周年記念考古学論叢』

森岡秀人 2009『旭塚古墳と城山古墳群：県下最大級の横穴式石室』

森下浩行 1986「日本における横穴式石室の出現とその系譜」『古代学研究』111号

森下章司 2009『南所3号墳』大手前大学史学研究所オープンリサーチセンター

森下章司 2012『尼塚古墳』加古川市教育委員会

森　浩一 1954「東槨」『和泉黄金塚古墳』49-86頁

森　浩一 1990『園部垣内古墳』24-37頁

森本　徹 2007「横穴式石室と葬送儀礼」『研究集会近畿の横穴式石室』横穴式石室研究会

八尾市立歴史民俗資料館 1994『河内愛宕塚古墳の研究』

安田　滋 2000『白水遺跡3次白水遺跡第3・6・7次発掘調査報告書』神戸市教育委員会

野州町教育委員会 2001『史跡大岩山古墳群　天王山古墳・円山古墳・甲山古墳調査整備報告書』

柳本照男 1987「第3節　第2主体部の調査　3副葬遺物の出土状態」『豊中大塚古墳』64-81頁

柳本照男 2005「御獅子塚古墳」『新修豊中市史』第4巻考古

山口英正 2000「新方遺跡野手西方地区第1・2次調査」『平成9年度神戸市埋蔵文化財年報』神戸市教育委員会

山口英正 2002「新方遺跡野手西方地区第4～6次調査」『平成11年度神戸市埋蔵文化財年報』神戸市教育委員会

山崎真二 1985『横穴式石室の地域別比較研究』1984年度文部省科学研究費奨励研究A

山城町教育委員会 2001『神童子稲葉古墳群』京都府山城町埋蔵文化財発掘調査報告書第27集

山城町教育委員会 2003『車谷古墳群』京都府山城町埋蔵文化財発掘調査報告書第31集

山田清朝 2005『市ノ郷遺跡』兵庫県教育委員会

山本三郎 1996「里古墳」加古川市市史編纂委員会『加古川市史』第4巻史料編1

山本雅和 1995「第4章第9節1韓式系土器」『堂山遺跡』兵庫県教育委員会

山本雅和 1999「資料紹介西岡本遺跡3次調査出土の非陶邑系須恵器」『神戸考古百選』神戸市教育委員会

横穴式石室研究会編 2007『近畿の横穴式石室』

吉井秀夫 2005「コメント 宮山古墳の石室について」『渡来系文物からみた古墳時代の播磨』第5回播磨考
　　古学研究集会実行委員会

吉田南遺跡発掘調査団 1980『吉田南遺跡現地説明会資料Ⅳ』神戸市教育委員会

吉田野乃 2012『高安千塚古墳群 基礎調査総括報告書』八尾市教育委員会

吉村幾温ほか 1994「島ノ山・車ヶ谷古墳群発掘調査報告」『奈良県遺跡調査概報』1993年度 橿原考古学研究所

吉村和昭 2003a「C.3号墳」『後出古墳群』43-68頁

吉村和昭 2003b「G.7号墳」『後出古墳群』74-89頁

和田晴吾 1996「大王の棺」『仁徳陵古墳—築造の時代—』大阪府立近つ飛鳥博物館

和田晴吾 2003「棺と古墳祭祀—（2）—『閉ざされた棺』と『開かれた棺』—」『立命館大学考古学論集』Ⅲ
　　立命館大学考古学論集刊行会

和田晴吾 2004「古墳文化論」『日本史講座1東アジアにおける国家の形成』東京大学出版会

和田晴吾 2008「黄泉の国と横穴式石室」『吾々の考古学』和田晴吾先生還暦記念論集刊行会

［英文］

Carneiro, Robert L. 1970 A Theory of the Origin of the State. *Science* 21: 733-738.

Carroll, M. and Lang, A. 2008 Iron age. In *The Handbook of British Archaeology,* edited by Roy
　　Adkins, Lesley Adkins and Victoria Leitch, 94-133. Constable：London.

Clark, John E. and Blake, Michael 1994 The power of prestige: Competitive generosity and the
　　emergence of rank societies in lowland Mesoamerica. In *Factional competition and political
　　development in the New World*, edited by E. Brumfiel and J. Fox, 17-30. Cambridge
　　University Press: Cambridge.

Collis, J. 2003 *The European iron age*. Routledge.

Collis, J. 2013 Iron Age Oppida. In *Parallele Raumkonzepte*, edited by Svend Hansen and Michael Meyer,
　　263-280. De Gruyter: Berlin, Boston.

Crumley, Carole L. 1995 Heterarchy and the analysis of Complex Societies. *Archaeological Papers of
　　the American Anthropological Association*, 6：1-5.

Coles, J. and Minnitt, S. 1995 *Industrious and Fairly Civilized: the Glastonbury Lake Village*. Somerset
　　Levels Project.

Cunliffe, B. 1983 *Danebury hill Fort*. The History press.

Cunliffe, B. 2005 *Iron age Communities in Britain: An account of England, Scotland and Wales from
　　the Seventh Century BC until the Roman Conquest*(fourth edition). Routeedge: London.

Cunliffe, B. 2011 *Danebury Hillfort*. The History Press.

Dent, J. S. 1982 Cemeteries and Settlement Patterns of the Iron Age on the Yorkshire Wolds.
　　Proceedings of the Prehistoric Society, 48: 437-457.

Dixon, P. 1994 *Crickley Hill Volume1: The Hillfort Defences*. Crickley Hill Trust and the Department
　　of Arcaeology, University of Nottingham.

Earle, Timothy K. 1977 A Reappraisal of Redistribution: Complex Hawaiian Chiefdoms. In Exchange
　　Systems in Prehistory, edited by Timothy K. Earle and Jonathon E. Ericson, 213-229.
　　Academic Press: NewYork.

Feinman, M. G., Kent G. Lightfoot and Steadman Upham 2000 Political hierarchies and organizational
　　strategies in the puebuloan southwest. *American Antiquity*, 65(3): 449-470.

Gowland, W. 1897 The Dolmens Burial Mounds in Japan. *Archaeologia*, 55. Nichols：London.

Gowland, W. 1899 The Dolmens of Japan and their Builders. *Transactions and proceedings of the Japan Society, London*, 4: p149 Paul: London.

Harding, A. F. 2000 *European societies in the Bronze Age*. Cambridge University Press.

Harding, D. W. 2007 *The archaeology of Celtic art*. Routledge.

Jansen, D. M. 2001 *People, Ideas and Goods: New Perspectives on 'Celtic Barbarians' in Western and Central Europe*(500-250 *BC*). Amsterdam University Press.

Jay, M., Montgomery, J., Nehlich, O., Towers, J. and Evans, J. 2013 British Iron Age chariot burials of the Arras culture: a multi-isotope approach to investigating mobility levels and subsistence practices. *World Archaeology* 45(3): 473-491.

Jennings, L. M. 2011 *The Changing Importance of Horses Within the Celtic Society*. Diss. University of Wisconsin-La Crosse.

Johnson, Gregory A. 1982 Organizational Structure and Scalar Stress. In *Theory and Explanation in Archaeology: The Southampton Conference*, edited by Colin Renfrew, Michael Rowlands and Barbara A. Segraves, 389-421. Academic Press: NewYork.

Karl, R. 2001 Iron Age chariots and medieval texts: a step too far in breaking down boundaries? Theoretical Archaeology Group Conference, Dublin, Ireland.

Kristansen, K. 2003 *Europe Before History*. Cambridge University Press.

Levy, Janet E. 1995 Heterarchy in Bronze Age Denmark: Settlement Pattern, Gender, and Ritual. *Archeological Papers of the American Anthropological Association*, 6 : 41-53.

Newman, P. 2011a Grimspound. In *The Field Archaeology of Dartmoor*, 66-69. English heritage.

Newman, P. 2011b Hembury. In *The Field Archaeology of Dartmoor*, 66-69. English heritage.

Noort, V. R, Chapman, H. and Collis, J.(Eds.) 2007 *Sutton Common: The Excavation of an Iron Age 'Marsh-fort'*. Council for British Archeology.

Pryor, F. 2003 *Britain BC: Life in Britain and Ireland before the Romans*. Harper Collins.

Richmond, I. 1968 Hod Hill. *Excavtions Carried Out between 1951 and 1958: for the Trustees of the British Museum*. Trustees of the British Museum: London.

Sharples, N. M. 1991 Maiden Castle: Excavations and field survey 1985-6. *English Heritage Aechaeological Report* 19.

Simon, J. 1993 *Exploring the World of, "The Celts"*. Thames & Hudson: London.

［英文以外の欧文］

Archèologique et musèe 2009 Bibracte, Capitale gauloise sur le Mont Beuvray, Bourgogne.

Baitinger, H. 2005 Der frühkeltische Fürstensitz auf dem Glauberg(Hessen). na.

Biel, J. 1987 Hochdorf. L'équipement du mort: richesse dans la tombe, reflet de sa puissance in Trésors des princes celtes. Galeries nationales du Grand-Palais.

Bordenave, J., Martinole, H. and Martin, T. 1970 Saint-Martin, site paléo-chrétien et pré-roman. Revue archéologique de Narbonnaise, 3(1), 141-172.

Celtic Museum Hochdorf 2007 Celtic Museum Hochdorf/Enz. Municipality of Eberdingen, Germany.

Hermann, R. F. 2005 Glauberg-Olympia des Nordens oder unvollendete Stadtgründung? In *Frühkeltische Fürstensitze. Älteste Städte und Herrschaftszentren nördlich der Alpen? Internationaler, Workshop zur keltischen Archäologie in Eberdingen-Hochdorf 12. und 13. September* 2003. (=*Archäologische Informationen aus Baden-Württemberg,* 51), edited by Biel. J and Krausse. D, 18-27. Schr. Keltenmuseum. Hochdorf/Enz 6.

挿図表出典一覧

図2　蟻無山古墳：荒木 2011、宿禰塚古墳8：松本ほか 1984、池尻2号墳：加古川市教委 1965、カンス塚古
　　　墳8：富山 2006。

図3　久津川車塚古墳：梅原 1920、津堂城山古墳：藤井寺市教委編 2013。

図6　市之郷遺跡8：山田清 2005、長尾谷遺跡8：岸本道ほか 1999、出合遺跡8：浅谷 1996、吉田南遺跡：
　　　中井 2006、長坂遺跡：菱田淳 2001、白水遺跡：安田 2000、上脇遺跡：岸本一 2002、中川 2002。

図7　吉田南遺跡発掘調査団 1980 をもとに作成。

図8　岸本一 2002、中川 2002 をもとに一部改変して作成。

図9　菱田淳 2001。

図11　木戸原遺跡：定松 2009・2010 をもとに作成。

図12　雨流遺跡：長谷川眞編 1990、それ以外：定松 2006。

図13　玉津田中遺跡：菱田淳 1994・1996、吉田南遺跡：中井 2006、寒風遺跡：神戸市教委 1999、西森南遺
　　　跡：神戸市教委 1994c。

図15　神楽遺跡：神戸市教委 1986。

図16　松野遺跡：神戸市教委 1983・2001。

図18　安威遺跡：奥 1999。

図19　奥 1999。

図20　長原遺跡：桜井 1993a・b、大庭 1999、高橋工 2002、田中清 2005b・2006。

図22　藤田道 2010・2012。

図25　寺田遺跡：杉本清ほか 2007、土屋 2007、三好 2013。

図27　伏尾遺跡：岡戸 1990・1991。

図29　香川県善通寺市の有岡古墳群（王墓山古墳）：笹川 1992 をもとに筆者作成。

図30　三重県亀山市井田川茶臼山古墳：小玉 1988 をもとに筆者作成。

図31　高井田山古墳：桑野・安村 1996 をもとに筆者作成。

図32　大阪市七ノ坪古墳：高井 1987 をもとに筆者作成。

図33　滋賀県大通寺古墳群36号墳：大崎ほか 1995、奈良県ナシタニ1号墳：関川・卜部編 1987 をもとに筆者
　　　作成。

図34　一須賀古墳群I支群：岩崎ほか 1993 をもとに筆者作成。

図35　剣坂古墳：宮川・矢野 1999 をもとに筆者作成。

図36　長尾タイ山1号墳：龍野市教育委員会 1982 をもとに筆者作成。

図37　太市中4号墳：兵庫県教育委員会埋蔵文化財調査事務所 2003 をもとに筆者作成。

図38　丁古墳群3次調査：上田ほか 1966 をもとに筆者作成。

図40　状覚山4号墳：兵庫県教育委員会埋蔵文化財調査事務所 2006 をもとに筆者作成。

図41　丁古墳群3次調査：上田ほか 1966、剣坂古墳：宮川・矢野 1999、状覚山4号墳：兵庫県教育委員会埋
　　　蔵文化財調査事務所 2006、太市中12号墳：兵庫県教育委員会埋蔵文化財調査事務所 2003。

図42　丁古墳群3次調査：上田ほか 1966、剣坂古墳：宮川・矢野 1999、状覚山4号墳：兵庫県教育委員会埋
　　　蔵文化財調査事務所 2006、太市中12号墳：兵庫県教育委員会埋蔵文化財調査事務所 2003、西宮山古

墳：八賀 1982。

図43　芝山古墳：富山 2009・2012a・2015）をもとに筆者作成。

図44　富山 2009。

図45　富山 2009。

図46　富山 2009。

図47　富山 2009。

図48　富山 2009。

図49　南塚古墳：川端・金関 1955。

図50　井原至山古墳：藤井祐 1975。

図51　多利向山 C 2 号墳：兵庫県教委 1986。

図52　医王谷 3 号墳：（財）京都府埋蔵文化財調査研究センター 1983、北ノ庄13号墳：亀岡市教育委員会
　　1997、北ノ庄14号墳：亀岡市教委 1997、入谷西 A-1号墳：加悦町教委 1983。

図53　ムネサカ 4 号墳：奈良県教委 1971。

図54　越前塚古墳：富山 2000。

図55　円山古墳：野州町教委 2001。

図56　越前塚古墳：富山 2000、南塚古墳：川端・金関 1955、勝福寺古墳：福永伸ほか 2006 をもとに筆者作
　　成。

図57　物集女車塚古墳：向日市教育委員会 1988。

図58　勝福寺古墳：福永伸ほか 2006。

図59　北神 N.T 3 地点古墳：神戸市教育委員会 1994a。

図60　西宮山古墳：八賀 1982。

図61　播磨塚古墳：龍野市教委 2001、養久山19号：揖保川町教委 1988、龍子長山 2 号墳：兵庫県教委 1984、
　　揖保川町史編纂専門委員会 2001。

図62　小丸山古墳：揖保川町史編纂専門委員会 2001、揖保川町教委 1988。

図63　五條野丸山古墳：福尾・徳田 1993、不動塚 1 号墳：奈良県教委 1985、市尾宮塚古墳：木場・水野
　　1998、ウワナリ塚古墳：奈良県教委 1976、勢野茶臼山古墳：奈良県教委 1966b、東乗鞍古墳：千賀
　　1997、珠城山 1 号墳：丹羽 2007、市尾墓山古墳：河上編 1984、奈良県新庄二子塚古墳：伊達ほか
　　1962。

図64　石上大塚古墳：奈良県教委 1976、南阿田大塚山古墳：泉森編 1982、烏土塚古墳：奈良県教委 1972。

図65　柿塚古墳：奈良県教委 1972a、与楽鑵子塚古墳：河上・右島編 1976、宮裏山古墳：辰巳ほか 1993、真
　　弓鑵子塚古墳：伊達 1974、河上 2001。

図66　赤坂天王山古墳：丹羽他 2010、牧野古墳：広陵町教委 1987、越塚古墳：奈良県教委 1960、ツボリ山古
　　墳：奈良県教委 1972、藤ノ木古墳：奈良県立橿原考古学研究所 1990、都塚古墳：網干ほか 1968、乾城
　　古墳：河上・右島編 1976、奈良県教育委員会 1972b、巨勢山708号墳（新宮山古墳）：奈良県教委文化
　　財保存課 1980。

図67　茅原狐塚古墳：網干 1959、塚穴古墳：河上 1978、塚穴山古墳：竹谷 1990、西光 2007、水泥塚穴古
　　墳：河上 1978、谷首古墳：桜井市教委 1989、峰ヶ塚古墳：奈良県立橿原考古学研究所 1977、文殊院東
　　古墳：奈良県教委 1982、小谷古墳：白石・関川・大竹 1978、西宮古墳：村社 1995。

図68　ムネサカ 1 号墳：丹羽ほか 2010a、秋殿古墳・岩屋山古墳・艸墓古墳：奈良県教委 1982。

図69　芝塚古墳：伊藤雅 1986、大阪府南塚古墳：川端・金関 1955、不動塚 1 号墳：奈良県教委 1985、勝福寺
　　古墳：福永伸ほか 2006、物集女車塚古墳：向日市教委 1988、勢野茶臼山古墳：奈良県教委 1966b、石
　　上大塚古墳：奈良県教委 1976、千賀 1997、権現堂古墳：河上 2001、市尾墓山古墳：河上編 1984、井

　　　　ノ内稲荷塚古墳：都出編 2005、甲山古墳：野州町教委 2001。

図70　ウワナリ塚古墳：奈良県教委 1976、牧野古墳：広陵町教委 1987。

図71　山辺郡石上・豊田古墳群アミダヒラ支群：伊達ほか 1966。

図72　城上郡龍王山古墳群：奈良県立橿原考古学研究所 1993。

図73　粟原カタソバ古墳群：奈良県立橿原考古学研究所 2003。

図74　与楽古墳群ナシタニ支群：関川・卜部編 1987。

図75　寺口忍海古墳群：千賀久編 1988。

図76　巨勢山古墳群71号：田中一 1984、75号：木許・藤田和編 2002、408号：木許 2005、421号：藤田和編
　　　2002。

図77　一須賀古墳群 WA11：大阪府教委 1969、WA 1：大阪府教委 1970、切土 2号墳：羽曳野市教委 1985、
　　　飛鳥千塚 A-12号墳：羽曳野市教委 1996、奉献塔山古墳群 1号墳・2号墳・大谷古墳群 2号墳：羽曳野
　　　市 1994、金山古墳：大阪府教委 1953、寛弘寺45号墳：大阪府教委 1989、嶽山古墳群22号墳：富田林市
　　　1985、河内長野市教委 1994。

図78　愛宕塚古墳：八尾市立歴史民俗資料館 1994。

図79　平尾山古墳群15-5号墳：柏原市教委 1988、山畑古墳群12号・14号・21号墳：河内四条史編さん委員会
　　　1977、山畑22号墳：東大阪市教委 1973、交野市寺・中山 3号墳：交野市 1992。

図80　交野市寺・中山 3号墳：交野市 1992、白雉塚古墳：枚方市役所 1967。

図81　車谷 2号墳：山城町教委 2003、塚穴 1号墳：奥村 1988、前椚 2号墳：京都府埋蔵文化財調査研究セン
　　　ター 1982、井出塚古墳：加茂町教委 1981、畑ノ前東 1号墳：精華町 1996、黒土 1号墳：城陽市教委
　　　2001、堀切 1号墳：京田辺市教委 2006、西芳寺川 B-2号墳：京都大学考古学研究会 1967、福西 4号
　　　墳：京都市開発局洛西開発室 1970、御堂ヶ池 1号墳：京都市文化観光局 1987、大枝山14号墳・22号
　　　墳：京都市埋蔵文化財研究所 1989、甲塚古墳・双ヶ岡 1号墳：京都大学考古学研究会 1971。

図82　海北塚古墳・将軍塚古墳・青松塚古墳：菱田哲 2014a・b・c、新屋神社33号墳・26号墳：茨木市教委
　　　1994、塚穴 4 a号墳：高槻市教委 1993、梶原 D 1号墳：名神高速道路内遺跡調査会 1998a、塚脇12号
　　　墳：高槻市教委 1965、安満 B 4号墳：高槻市教委 2003、勝福寺古墳：福永伸 2006、池田市二子塚古
　　　墳・鉢塚古墳：池田市 1997、中井山 3号墳：豊中市 2005。

図83　中筋山手東 3号墳：宝塚市史編集専門委員 1978、雲雀丘 C群北 3号墳・雲雀丘 C群北 4号墳：関学考
　　　研 1979、雲雀山西尾根 B-2号墳：宝塚市教委 1975、天満神社古墳：関学考学 1991、雲雀山東尾根 C-2
　　　号墳：大久保 1959、中山寺白鳥塚古墳：奥田 2017、中筋山手 4号墳：関学考研 1978、中山荘園古墳：
　　　宝塚市教委 1985。

図84　具足塚古墳：西宮市教委 1977、関西学院構内古墳：坂井 1976、五ヶ山第 2号墳：武藤 1967。

図85　芦屋市業平 1号墳：芦屋市教委 2006、城山17号墳：兵庫県教委 1984、八十塚古墳群岩ヶ平支群 3号
　　　墳：芦屋市教委 1966、旭塚古墳：森岡 2009、芦屋神社境内古墳：一瀬ほか 2014、老松 1号墳：西宮市
　　　教委 1977。

図86　灰高 2号墳・すえが谷西 1号墳：兵庫県教委 2002、地蔵山古墳：多紀郡教育事務組合教育委員会
　　　1975、洞中 1号墳・洞中 2号墳：富山ほか 2007。

図87　坂 2号墳：氷上郡教委 1995、見長大蔵神社古墳：奈良大学考古学研究室 1996、火山10号：兵庫県教委
　　　2005。

図88　白毛13号墳：中浜 1990、神戸市狐塚古墳：神戸市教委 1995、高塚山古墳群：神戸市教委 1994b。

図89　奥新田西古墳：加古川市教委 2000、神戸二塚古墳：加古川市史編纂専門委員 1996、池尻16号墳：加古
　　　川市教委 1969、山15号墳：加古川市教委 1965。

図90　阿弥陀第 I号墳・II号墳：高砂市教委 1965、池尻 8号墳・11号墳：加古川市教委 1965、池尻17号墳・

挿図表出典一覧 *245*

18号墳：加古川市教委 1969、火山 7 号墳：兵庫県教委 2005、ヒシノタイ古墳：武藤・石野 1962。

図91　牧野古墳：広陵町教委 1987、勝福寺古墳：福永伸ほか 2006、鴨谷大塚古墳・新村 7 号墳：菱田哲 2010、播磨塚古墳：龍野市教委 2001、妙徳山古墳：福崎町史専門委員会 1990、養久山19号墳：揖保川町教委 1988。

図92　山崎大塚古墳・妙徳山古墳：福崎町史専門委員会 1990。

図93　山田大山 4 号墳：播磨考古学研究集会実行委員会 2001、黒岡神社古墳：太子町 1989。

図94　丁山頂古墳：上田哲ほか 1985、御輿塚古墳：兵庫県史編集専門委員会編 1992。

図95　新宮町教委 2002、袋尻浅谷 3 号墳：揖保川町教委 1978、宮内 1 号墳・馬立 6 号墳：新宮町教育委員会 1992、黍田12号墳：揖保川町教委 2000。

図96　養久山19号墳：揖保川町教委 1988、金剛山 4 号墳：揖保川町史編纂専門委員会 2001、播磨塚古墳：龍野市教委 2001、龍子長山 2 号墳：兵庫県教委 1984。

図97　岩倉 3 号墳：武庫川女子大学考古学研究会 1976、市野保41号墳：新宮町史編纂専門委員会編 2005、黍田19号墳：揖保川町史編纂専門委員会 2001、剣坂古墳：宮川・矢野 1999。

図98　入野大谷古墳：相生市教委 1982、木虎谷 2 号墳：富山 1999、小丸第 1 号墳：小丸古墳群調査団 1985。

図99　新宮町天神山古墳：新宮町教委 1992、たつの市狐塚古墳・中垣内群集墳 1 号墳：龍野市教育委員会 1978、西野山 8 号墳・西野山 9 号墳・新明寺 1 号墳・与井 1 号墳：上郡町史編纂専門委員会 1999、大塚古墳：赤穂市史編さん専門委員編 1984。

図100　石井 1991。

図101　1 ・ 2 ：筆者撮影、3 ：Newman 2011。

図102　Newman 2011。

図103　Cunliffe 1983。

図104　Dixon 1994。

図105　1 ・ 2 ：筆者撮影、3 ：Sharples 1991。

図106　1 ・ 2 ：筆者撮影、3 ：Archèologique et musèe 2009。

図107　Richmond 1968。

図108　Pryor 2003。

図109　Pryor 2003。

図110　Kristansen 2003。

図111　埼玉稲荷山古墳：駒宮ほか 2007、楽浪郡大同江面 9 号墳：関野貞 1927、模式図：筆者作成。

図112　1 ：筆者撮影、2 ：Biel 1987、3 ：Celtic Museum Hochdorf 2007。

図113　Herrmann 2005。

図114　Jansen 2001。

図115　Cunliffe 2005。

図116　Noort *et al.*（Eds.）2007。

図117　Jansen 2001。

図118　豊島 2010。

図119　国立昌原文化財研究所編 2000。

※図版番号のないものおよび表はすべて筆者作成。

初出一覧

序　章　新稿。

第1章　新稿。

第2章

　第1節　「播磨における古墳時代中期の政治変動―古墳と渡来人の動向を中心として―」『古代文化』第64巻第2号、2012年。

　第2節　新稿。

　第3節　「播磨・淡路における古墳時代の集落―渡来人の動向を中心として―」古代学研究199号、2013年。

　第4節　新稿。

第3章

　第1節　「横穴式石室内部の利用実態とその変化過程」『古代学研究』191号、2011年。

　第2節

　　1　「芝山古墳の遺物出土状況からみた横穴式石室の利用実態」『古代学研究』184号、2009年。

　　2　新稿。

　　3　新稿。

第4章

　第1節　「畿内型石室成立以前―南近江における横穴式石室の導入と展開から―」『古代文化』529号、2000年。「後期前方後円墳の消長と横穴式石室からみた6世紀の社会」『研究集会近畿の横穴式石室』横穴式石室研究会、2007年。

　第2節　「後期前方後円墳の消長と横穴式石室からみた6世紀の社会」『研究集会近畿の横穴式石室』横穴式石室研究会、2007年。

第5章　「後期前方後円墳の消長と横穴式石室からみた6世紀の社会」『研究集会近畿の横穴式石室』横穴式石室研究会、2007年。

第6章　新稿。

第7章　新稿。

あとがき

　本書は、2016年、奈良大学に提出した博士論文に加筆・修正を加えたものである。博士論文から基本的な考え方は変えていないが、審査委員の先生方からご指摘、ご批判いただいたいくつかに関しては、本書の中で修正を加えている。審査いただいた、坂井秀弥先生、白石太一郎先生、豊島直博先生には感謝申し上げる次第である。

　さらに、大学4年間、初歩から、密接に考古学の手ほどきをしていただいた水野正好先生や、海外の研究にも目を向ける必要を示していただいた酒井龍一先生をはじめ、山中一郎先生、丹羽祐一先生、泉拓良先生、各先生方には言い尽くせない学恩があり、重ね重ね感謝申し上げる。

　それにしても、一介の地方公務員でしかない筆者が博士論文を出しえたのは、多くの方々との幸運な出会いによるものと思っている。

　大学卒業後、滋賀県野洲町へ嘱託勤務となり、その後、財団法人大阪市文化財協会（現大阪文化財研究所）へ嘱託として勤務することとなった約4年間は、考古学を学ぶ基礎を築くことができた。各職場での昼夜を問わず、若輩の私に対しても真剣な考古学の議論をし、たわいもない学説につきあっていただいたことは、何事にも代えがたい財産となっている。そして、大阪と滋賀という中心地域と周辺地域の比較という視点が形成できたのも、このふたつの職場を経た経験があったからこそといえる。また、この時期に、考古学研究会関西例会に参加させていただき、大御所から新進気鋭の研究者ならびに真剣に学問に取り組む学生など多くの方々と出会うことができた。研究会の場で、意見交換を交わした学兄たちから多くを学びえたし、また、学生たちの熱意にあらためて奮起することもあり、研究会は、研究を継続するための重要な拠点でもあった。

　本文の前半部分を構成する古墳時代中期の研究については、韓式系土器研究会への参加ならびに代表の田中清美氏をはじめとする研究会で出会った多くの方々との交流抜きにはなしえないものであった。

　また、大田弘明氏をはじめとする横穴式石室研究会におけるメンバーとの議論は常に熱いものがあり、多くを学ぶ機会を得た。

　さらに、森岡秀人氏には、隣接市の誼で、折に触れご厚情を賜った。

　一瀬和夫氏・菱田哲郎氏・森下章司氏・諫早直人氏・前田俊雄氏・土屋隆史氏・金宇大氏・サイモン，ケイナー氏・ティモシー，クラーク氏には、ゴーランド研究をはじめとして、さまざまなご教示を受け、また研究の機会をいただいた。

　これらのさまざまな学会や研究会を通して多くを学び、また出会った諸学兄のご厚情により、なんとか、ここまで続けることができた。多くの助言をいただきながら、生かし切れていない憾はあるが、これまでのご厚誼に対して心より、感謝申し上げたい。

　最後に、これまでに出会ったすべての研究者の方々に心より深謝申し上げる。さまざまな出会い

によって、私は機会を得、研究を継続できたと信じているためである。

　文末ではあるが、本書を出版するにあたり、お世話いただいた同成社佐藤涼子社長ならびに編集担当の金原美恵子氏にも感謝申し上げる。

　　2017年7月

　　　　　　　　　　　　　　　　　　　　　　　　　　　　　　　　　　　　　富山直人

古墳時代社会の比較考古学

■著者略歴■

富山　直人（とみやま・なおと）

1960年　兵庫県生まれ。
1984年　奈良大学文学部史学科卒業。
2016年　博士（文学）。

〔主要著作論文〕
「横穴式石室内部の利用実態とその変化過程」『古代学研究』191
　　号、2011年。
「播磨における古墳時代中期の政治変動―古墳と渡来人の動向を
　　中心として―」『古代文化』第64巻第2号、2012年。
「播磨・淡路における古墳時代の集落―渡来人の動向を中心とし
　　て―」『古代学研究』第199号、2013年。
「近畿地方出土鉄鉾の基礎的研究―古墳時代中期を中心として
　　―」『考古学研究』第64巻第1号、2017年。

2017年9月25日発行

著　者　富　山　直　人
発行者　山　脇　由紀子
印　刷　亜細亜印刷㈱
製　本　協　栄　製　本㈱

発行所　東京都千代田区飯田橋4-4-8　　㈱同成社
　　　　（〒102-0072）東京中央ビル
　　　　TEL 03-3239-1467　振替 00140-0-20618

©Tomiyama Naoto 2017. Printed in Japan
ISBN978-4-88621-766-0 C3021